中国社会舆情蓝皮书

BLUE BOOK
OF PUBLIC OPINION IN CHINA

中国社会舆情年度报告
（2014）

ANNUAL REPORT
ON PUBLIC OPINION IN CHINA
(2014)

主　编 / 喻国明

Edited by Yu Guoming

人民日报出版社

图书在版编目（CIP）数据

中国社会舆情年度报告.2014/ 喻国明主编. —北京：人民日报出版社，2014.6
ISBN 978-7-5115-2685-4

Ⅰ.①中… Ⅱ.①喻… Ⅲ.①社会调查—调查报告—中国— 2014 Ⅳ.① D668

中国版本图书馆 CIP 数据核字（2014）第 128540 号

书　　名：	中国社会舆情年度报告（2014）
主　　编：	喻国明
出 版 人：	董　伟
责任编辑：	梁雪云
封面设计：	春天书装工作室
出版发行：	人民日报出版社
社　　址：	北京金台西路2号
邮政编码：	100733
发行热线：	(010) 65369527　65369846　65369509　65369510
邮购热线：	(010) 65369530　65363527
编辑热线：	(010) 65369526
网　　址：	www.peopledailypress.com
经　　销：	新华书店
印　　刷：	北京鑫瑞兴印刷有限公司
开　　本：	710mm×1000mm　1/16
字　　数：	273 千字
印　　张：	16
版　　次：	2014 年 7 月第 1 版　2014 年 7 月第 1 次印刷
书　　号：	ISBN 978-7-5115-2685-4
定　　价：	39.00 元

本报告是喻国明教授所承担的2014年北京市哲学社会科学规划重大项目"十八大以来中国社会舆情变化趋势及治理研究"的科研成果

《中国社会舆情蓝皮书》编委会

主　　编	喻国明
副 主 编	李　彪
编委会成员	（按音序排列）
	梁雪云　刘建明　倪　宁
	欧　亚　王　斌　杨建武
主　　笔	李　彪　喻国明
主要撰稿人	郑满宁　杨　雅　何　睿
	刘燕锦　胡杨涓　潘佳宝

《中国社会舆情蓝皮书（2014）》联合出品方

中国人民大学舆论研究所

百度公司

技术支持单位

北大方正智思研究院

序言：现阶段中国社会的舆情态势与治理逻辑的创新

——基于传播学观点的理论思考

喻国明

由于网络的崛起及其日益主流化的影响力，以及它对于社会生活及其结构、规则的巨大改变，使一门原本相当年轻和边缘性的学科——传播学——已然进入社会舞台的中央，受到了越来越广泛的关注和具有社会操作关键意义的价值认知。据香港城市大学祝建华教授所领导的团队在2012年对于迄今30年SSCI的研究[1]表明，一贯以来处在社会科学研究显学地位上的经济学的研究，在最近5年已经让位于以网络研究为代表的传播学研究。传播学日益成为今天社会科学中最为活跃、最受重视和最具影响力的学科之一。

一、传播学成为理解并把握舆论态势的一种最为重要的方法：互联网的强势崛起和对于社会的深刻改变促使传播学越来越具有显学的特征和意义

所谓显学，通常是指与现实联系密切，引起社会广泛关注的学问；相反，隐学则是离现实较远，不那么为世人瞩目的学问[2]。显学更接近于现在的科学物理研究，被称为实践学派；显学强调存在就是现实，对于显学研究的成就根源于对发展变化和谐治理制衡的理解。

---

[1] SSCI即社会科学引文索引，由美国科学信息研究所创建，是目前世界上可以用来对不同国家和地区的社会科学论文的数量进行统计分析的大型检索工具，是世界最重要的社会科学期刊索引。

[2] 参见百度百科相关词条。

以网络研究为代表的传播学之所以日益具有显学的地位是因为它符合作为显学的一般特征:"(1)显学同其他学科相比,具有较高的社会地位,是人们趋之若鹜的热门学科。它不仅受到群众的重视,也受到当权者的重视;(2)从事显学的学者队伍比其他学科庞大;(3)显学的出版物覆盖全社会,比其他学科的出版物多得多;(4)显学的理论掌握了较多的群众,它的不少看法被群众接受。"[1]

促使传播学成为显学的关键性推动因素是互联网的崛起及其对于现实世界的深刻改变。一般而言,从政治学的角度看,构成社会权力基础的有三大资源:暴力资源、财富(市场)资源以及信息资源。随着社会的发展,社会权力的行使所倚重的有效性的重心越来越向着后者(信息资源)倾斜。今天的人们越来越深刻地领会到半个多世纪前加拿大的著名传播学者麦克卢汉所作出的"媒介即信息"的断言是具有何等的洞察力:一种深具影响力的新的媒介的产生并不仅仅给我们提供了新的传播渠道、通路和平台,更为关键的是,它将改变世界的结构方式、将社会资本在全社会成员间重新分配,并导致人们把握世界的方式及规则的深刻而巨大的改变。而互联网正是这样一种"深具影响力的新的媒介"。

这种"深具影响力"我们仅从微博的近年来的强势崛起就可略见端倪:2009年新浪微博正式上线,使微博这样一种新型的社交媒介第一次实现在中国社会的普及化。据中国人民大学舆论研究所的舆情监测平台上的数据显示:作为"中国微博元年"的2010年,微博就一跃成为中国社会舆情形成的第二大传播平台;而到了2011年微博已然成为中国社会舆情形成的第二大传播平台;至2012年,微博已经成为中国老百姓获知社会信息的居第一位的消息来源。在短短三年的时间里,微博就拿下中国社会资讯传播——意见信息和事实信息传播——的两大高地,这在过去的传媒发展史上是从来没有的。

如今的互联网已经当之无愧地成为社会传播中的领导者。作为传播领域的领导者给这个传播领域和整个社会带来的影响是什么?我们比较容易看得到的是它对于市场份额的强力分割和占有,但我们不大容易看到的是它对于市场标准、市场运作法则乃至市场基础设施的重大改变。譬如,当年好莱坞

---

[1] 杨继绳:《显学的危机》(http://www.chinavalue.net/Finance/Blog/2009-10-13/777581.aspx)

大片进入中国市场，它不仅占有了中国电影院线的巨大票房，也在相当大的程度上改变了中国人进电影院看电影的"胃口"和标准。而今天传媒领域的领导者是谁？毫无疑问，是互联网。互联网对于我们今天的传媒领域而言，不仅仅是它攻城拔寨、摧枯拉朽的市场进取的态势，更为重要的是，它已经从传播领域的底层设计上改变着传播运营和价值实现的基本法则。

二、互联网逻辑的再认识：作为社会传播基础架构意义上"操作系统"

一个社会的传播架构由两类因素构成：一是它的基础架构；二是基于基础架构的应用。一直以来，我们往往只是把互联网及互联网所创造的种种传播形态（如网站、微博、微信、APP、客户端等）视为是传统的社会传播链条上的一种延伸和补充，这其实是我们基于传统观念的自信傲慢所导致的战略操作上的一个严重误区。只要我们睁开眼睛看世界，我们就不能不承认，互联网已经成为今天传播领域的基础性的底层设施，就像一台计算机的操作系统一样，规定着你的运作逻辑，决定着你的价值评估，划定着你的运营空间。你不依循它的规则和逻辑，你就会在这个日益由互联网建构起来的新世界里成为一个"过气的"、画地为牢的、坐以待毙的、没有未来的"活化石"，你就无法真正地有效利用今天由互联网所带来的种种机会、便利和资源。我们今天大至社会政治、小到传统媒体的运作所面临的种种压力、挫败和困境大体上都来自于对于互联网逻辑的懵懂无知。

那么，互联网的核心逻辑是什么？我认为就是"互联互通"。这看上去是一种同义重复的说法，其实却是具有关键性的、把握意义的。我们今天反过来看互联网给我们带来的种种变化，其实都是因为它的"互联互通"所造成的。在传统社会被闲置、被轻视、被忽略的"一盘散沙式"的各种资源和相关要素，由于互联网的"互联互通"而被激活，成为种种现在和未来社会可以创建的新的价值、新的力量和新的社会结构，并由此带来了一系列社会规则和运作方式的深刻改变。

面对这一逻辑，社会传播的操作关键是什么呢？我认为，至少有这样两个关键词应该记取：

1. 关联。互联网就是对于一切社会要素、市场要素的关联整合的过程。因此，只有架构在这种关联之上的有效社会整合和协同才是今天社会组织和社会管理的支点所在。

互联网进入我们生活的最初阶段,是利用它的海量存储、超级链接实现了对画地为牢、各自为政的内容供应状态的互联互通,以新浪、搜狐、网易为代表的第一代综合门户构成了最初的"内容网络";紧接着,它以包含现实体验又超越现实体验的方式实现了某些内容服务与人的需要的极致化对接,如第二代功能型门户——百度、腾讯和淘宝——所做到的那样。目前我们所面对的微博和微信的社交媒体,则实现了人际网络的互联互通,使人和人的沟通和社会协同呈现出一种无远弗届、无所不至的巨大可能。这种巨大的可能性空间大于社会协同的意义就在于:原本散落在每个人身上的闲置的时间、闲置的智能与智识以及闲置的资源在全人际的范围内得以最大限度地开发、调用和功能性配置,形成种种价值协同的社会形态。以维基百科、互动地图的智识生产为代表的"众包生产"就是这种资源配置、社会协同所创造价值的典型。

下一步的互联互通就是物联网。接下来的就是内容网、人际网和物联网之间的互连互通及基于这种连接的社会协同,其所创造的巨大的价值增量空间是难以想象的。由是观之,如果我们不搭上互联网这列通向未来的列车,我们还有多少自我盘整的空间呢?

这是迄今为止正在发生的社会改变的基本逻辑和趋势。如果我们的社会管理、社会政治、社会传播不能构建在这种对于"长尾资源"重新认识和整合协同的基础之上,我们就会让自己处在"过气"、尴尬和衰败的境地。

2. 开放。这是关联整合逻辑上的题中应有之意。今天的任何社会性的管理和运作都必须建立在开放的基础之上。过去我们所熟悉并且一度有效的关起门来自说自话、包揽一切的做法已经越来越不合时宜,并且失去它的有效性和合法性的基础。

开放,首先是自我的开放。要打开自己的视野和运作格局,不能仅仅盯着自己把控的有限的资源、经验所涵盖的那传统的"一亩三分地"。要将眼光投向更为广阔的社会和市场空间,在社会整合和市场协同中利用更为广泛的社会资源、品牌及主体和渠道去做传播和社会服务,这是媒体融合和社会构造"碎片化"给我们带来的最大机遇,对于这样一个机遇视而不见是最大的机会丧失。

互联网的精神就是开放。什么是机会？只有能够生出新的机会的才是真正的机会。进一步说，在互联网时代，如果我们不能成为别人的机会，我们就没有机会。"中国梦"的实现首先应该建立在多元主体的"分众梦"的实现的基础上。合作共赢是互联网时代功能创造和价值实现的基本法则。

三、互联网逻辑之下社会治理的关键：营造"利益共同体"，在规则化、透明化和公平化的意见博弈中达成社会共识

美国政治哲学家约翰·罗尔斯写过一部重要著作《正义论》。在他看来，正义是社会体制的第一美德，而对正义观的规定构成社会发展的基石。《正义论》成书的1971年，美国社会正面临一系列问题，经济危机、通货膨胀、种族歧视、民权运动、贫困蔓延。对于种种不公正现象，罗尔斯表示：政治生活中依然存在着我行我素的权势集团，经济生活中依然存在着巨大的分配鸿沟，徘徊于街头车站的无家可归者依然构成对制度的最大挑战……而他试图通过用"正义即公平"的观念来取代盛行的功利主义的正义观念，以推动社会变革。跨越时空的比较不无裨益，尤其是，罗尔斯提出的正义的两个原则，已成为处理当代社会问题的有益的参照系。第一个是平等的自由原则，即每个人应该在社会中享有平等的自由权利。第二个包括差别原则与机会平等原则，前者要求在进行分配时，如果不得不产生某种不平等，这种不平等应该有利于境遇最差的人的最大利益，即利益分配应该向处于不利地位的人倾斜；后者要求将机会平等的原则应用于社会经济现实的不平等，使具有同等能力、技术与动机的人享有平等的获得职位的机会。

近年来，中国社会的戾气在上升。一事当前，以我划界；只问利害，罔顾正义。在为自身利益最大化的过程中，几乎撕碎了传统社会所有的构建起来的脉脉温情的面纱而变得赤裸裸。有人把这一现象形容为社会的"裂口现象"。微博的所谓乱象恰恰是这种现象在舆情表达上的呈现。它像一个不断流着脓血的疮疤，消解着人与人之间的信任，摧毁着社会的公序良俗，恶化着市场环境，极大增加着社会的协同协作的成本……要知道，今天的中国早已不是那个高度同质化的利益的"一块整钢"。随着市场经济的发展，出现不同的利益群体，各自有不同的利益诉求和价值取向乃至诉求偏好，这是非常正常的现象。如何让这种"多元"的竞争实现共生共荣、健康发展,有三个支撑其健康运行的关键点:现实社会利益博弈的规则化、透明化和公平化。而这三个关键点构建,第一点无疑是矛盾的主要方面。汉代刘向说:"君子欲和人,譬犹水火不相能然也。而鼎在其间,水火不乱,乃和百味。"我认为,在社会的运行中,有些分歧是不能消除的,它们尖锐对立如同水火。但如果能够找到一只鼎锅隔在其间,让它发挥出各自的作用指向共同目标:煮熟食物,调和百味,那么势如水火的分歧也能和谐共处,这便是一个好的规则的价值所在。

在这一规则之下,我们需要一个所谓的"利益共同体",就是无关"你的"、"我的",不论甲方或乙方,超越魏阙与江湖,概括承认不同意见、不同利益诉求的合法性,所有受规则保护的各方进行公开透明的表达和多元参与的平等性。社会最大公约数的达成需要不同价值取向的意见"制衡"和"对冲",需要在批评与反批评中实现价值逻辑的"自净"。为此,不妨像维护自己的表达权一样,维护对方说话的权利,不试图垄断话语权,不能在对方没有答辩权的情况下单方面作出裁决;就事论事,尽量避免给对方贴品格标签、做道德审判,更不能企图借助资源和权力上的优势剥夺其话语权;利益诉求的实现"次优化",尊重和包容对手的利益,有时"让步就是进步"。

在这个"利益共同体"内,无论争辩多么激烈,无论己方有多强的正义感、责任感和智商优越感,始终诚心诚意打算与对方立于同一个屋檐下,认真努力寻找彼此之间的"最大公约数",而不是扩大社会分歧。每一个体、每一方,都要警惕和反思为什么彼此经常成为"互质数",警惕和反思那种"不是东风压倒西风,就是西风压倒东风"的"零和思维"在灵魂深处留下的遗毒。

2008年喻国明教授所领导的中国人民大学舆论研究所与北大方正智思研究院合作,共同开发基于网络内容的价值挖掘分析软件,这套软件的引入极大地提升了我们在网络舆情分析、网络内容的价值挖掘等方面的技术水平,奠定中国人民大学舆论研究所在中国网络舆情研究方面的引领地位。从2009年1月起,中国人民大学舆论研究所推出中国舆情监测的月度报告及专项报告,并从2010年起每年度以舆情蓝皮书的形式推出系列年度报告,已经在中国社会及政府高层产生重大反响,并受到学术界的重视与好评。目前,这套系统在热点事件追踪、主题演化分析、正负情感评价等方面已经能够得到应用级的分析水平，并且我们在意见领袖的分析、网络舆情危机的预警及传播修辞学语料库等方面的研究也在顺序展开，随着系统的完善，可以为人们开展舆情研究提供很好的学术意义上的技术平台。2011年底，中国人民大学舆论研究所与百度公司开始了一项具有重要意义的新的合作——中国人民大学舆论研究所与百度公司合作成立"人大—百度"中国社会舆情研究中心，共同出品《中国社会舆情年度报告》（社会舆情蓝皮书），这是中国社会舆情研究的一个重要的标志性事件。一个具有一流水平的舆情分析机构与掌握着最为全面丰富和实时采集的舆情"语料库"的结合，必然为中国的民意研究，进而对中国社会的健康发展做出重要贡献。百度公司旗下的全球最大的中文搜索引擎用排行榜的形式实时呈现出中文网络社会关注热点的全景图，覆盖了超过95%的中国网民，每天至少40亿次的搜索无形之中组成了一个真实庞大的数据库，而这一无形资产为当下的舆情分析提供了更为有效的参考依据。针对百度搜索的海量数据做出的深度分析和价值挖掘，无疑为中国社会的舆情把握增添了新的认识维度和重要的分析视角。这也可以视为是中国舆情研究的大数据方法的一个重要开端。

这本舆情蓝皮书便是我们团队在与北大方正智思研究院组建的"人大—方正社会舆情研究中心"和与百度组建的"人大—百度社会舆情监测基地"的平台上所完成舆情研究的重要成果。

从某种意义上说，尽管我们对于现阶段的舆情态势和发生发展规律做出了较为详尽、系统和科学的研究，但它并没有终结如何把握互联网背景下的社会舆情的态势和发展这样一个重大而又复杂的大课题。作为本领域的前沿探索者，我想引用一个寓言来结束我的导言：有人问米开朗基罗为什么能够把大象雕琢得如此栩栩如生。米开朗基罗说，大象就在石头里存在着啊，我不过是把不是大象的那部分石头去掉了而已。我想说的是，互联网舆情变化发展的趋势和逻辑就在那里，我们所需要做的就是，存活在那个趋势和逻辑中，把不是属于那种趋势和逻辑的东西抛弃掉，以形成具有新的时代特点的新型社会舆情的格局，以使我们的社会更加昌明、人心更加舒畅、发展更加和谐。

目　录

第一章　2013年媒体生态演变和社会变化

第一节　当前媒介生态的变化 001
一、微博的用户增长和用户活跃度水平放缓 001
二、微信崛起使得无线移动舆论场域蔚然形成 003

第二节　打击网络谣言行动引起社会舆情生态变化 008
一、打击网络谣言行动 008
二、社交媒体时代的舆论生态新变化 008

第三节　当前社会舆情研判的现状及趋势分析 012
一、当前社会舆情研究的现状分析 012
二、当前社会舆情研判的困境 013
三、社交媒体时代的舆情研判的趋势 016

第二章　2013年中国社会舆情总报告

第一节　社会网络热点事件舆情指数的构建 019

第二节　2013年中国社会舆情运行的特点分析 020
一、2013年中国社会舆情总体特点和趋势分析 020
二、社会网络发展趋势分析 024
三、舆情热点事件的月度数量分布：全年呈M型波浪分布 027
四、月度舆情指数均值分布：6月舆情指数均值最高 028

五、全年热点舆情事件数量：55个，较2012年减少了5个·················029

六、全年舆情事件的词频分析：质疑、官员、城管等词频最高·················032

七、舆情的烈度分布：以橙色警戒级别为主·················033

八、舆情事件集中的领域：官员违纪、社会民生等重点集中领域·················034

九、舆情事件的关涉主体：公检法、县级以下政府是主要关涉主体·················036

十、舆情事件分布的行政级别：全国范围和地市级以下的事件更容易引起民众关注·················037

十一、舆情热点事件的省域分布：集中在湖南、广东和河南等·················038

十二、舆情事件的首发主体：移动互联舆论场跃然纸上·················040

十三、舆情事件的议题活跃天数：平均每个话题活跃天数为23.2天·················041

第三章 2013年中国社会舆情月度报告

第一节 1月社会舆情报告·················045

一、舆情事件列表·················045

二、各省域舆情指数分布·················046

三、本月度舆情特点·················047

第二节 2月社会舆情报告·················048

一、舆情事件列表·················048

二、各省域舆情指数分布·················049

三、本月度相关舆情特点·················049

第三节 3月社会舆情报告·················051

一、舆情事件列表·················051

二、各省域舆情指数分布·················052

三、本月舆情特点·················053

第四节 4月社会舆情报告·················055

一、舆情事件列表·················055

二、各省域舆情指数分布·················056

三、本月舆情特点 ··· 057

第五节　5月社会舆情报告 ··· 059

一、舆情事件列表 ··· 059

二、各省域舆情指数分布 ··· 060

三、本月舆情特点 ··· 061

第六节　6月社会舆情报告 ··· 063

一、舆情事件列表 ··· 063

二、各省域舆情指数分布 ··· 064

三、本月舆情特点 ··· 065

第七节　7月社会舆情报告 ··· 066

一、舆情事件列表 ··· 066

二、各省域舆情指数分布 ··· 068

三、本月舆情特点 ··· 068

第八节　8月社会舆情报告 ··· 070

一、舆情事件列表 ··· 070

二、各省域舆情指数分布 ··· 071

三、本月舆情特点 ··· 071

第九节　9月社会舆情报告 ··· 073

一、舆情事件列表 ··· 073

二、各省域舆情指数分布 ··· 074

三、本月舆情特点 ··· 074

第十节　10月社会舆情报告 ··· 076

一、舆情事件列表 ··· 076

二、各省域舆情指数分布 ··· 077

三、本月舆情特点 ··· 078

第十一节　11月社会舆情报告···079

一、舆情事件列表···079

二、各省域舆情指数分布···080

三、本月舆情特点···081

第十二节　12月社会舆情报告···082

一、舆情事件列表···082

二、各省域舆情指数分布···083

三、本月舆情特点···084

第四章　2014年两会舆情专项报告

第一节　昆明"3·01"事件影响下的社会公共安全态势的舆情研判····085

一、昆明"3·01"事件的舆情研判分析··085

二、近几年暴恐事件的发展特点及变化趋势···087

三、民众对暴恐事件及社会公共安全的舆情研判···093

四、民众对公共安全政策的社会舆情研判···097

第二节　从网络反腐主导到中央反腐主导——当前反腐败形势的社会
舆情研判···102

一、民众对反腐问题的关注情况···102

二、民众对反腐问题的社会期待舆情研判···110

第五章　十八届三中全会社会舆情分析报告

第一节　总体情况···115

第二节　三中全会公报内容分析··116

一、词频分析···116

二、高频词语义网分析···117

三、改革开放以来历届三中全会高频词···117

第三节　舆情分析 ··· 124

一、民众关注话题 ··· 124

二、关注人群分析 ··· 125

三、传播情况 ··· 128

四、社会支持及社会期待 ··· 129

五、对具体出台政策的社会舆情分析 ······································· 132

六、单独二孩政策舆情分析 ··· 133

七、渐进式延迟退休政策舆情分析 ··· 137

八、外媒的相关报道及舆情分析 ··· 138

第六章　用信息公开解H7N9之慌：禽流感社会舆情专项报告

第一节　H7N9总体情况判断 ·· 143

一、禽流感已经成为当前老百姓最为关心的话题，超过其他任何话题，并有进一步演变为社会恐慌情绪的可能性 ································· 143

二、新闻媒体报道在数量和质量上与民众的信息需求存在错位偏差 ············ 144

三、民众整体情绪相对稳定，但一些民众存在恐慌情绪，质疑瞒报声不断 ··· 144

四、男性和40岁以下的年轻人群对禽流感更恐慌，积极利用新媒体平台进行宣传 ··· 145

五、广东、江苏、上海、北京、浙江等地民众恐慌情绪最为严重，社会各类谣言并起 ··· 146

六、民众对禽流感严重性研判：75%左右的人群认为禽流感严重，研判相对消极 ··· 148

七、男性和25岁以下青年群体对禽流感评估相对严重 ······················· 148

八、民众关注最多的是禽流感疫情和担心被感染 ··························· 149

九、民众急切要求获取公共卫生、医药费用等信息，信息要及时、真实地公开，消除信息盲点，平复社会紧张情绪 ································· 150

第二节　相关对策建议 ··· 152

一、要有绝对真实的、有效的信息公开，及时回应民众的疑问和质疑，
而不要一味"讲政治" ··· 152

二、面对疫情要允许多元化的权威信息开放表达 ······················· 152

三、借助媒体和微博等社交网络加大预防宣传力度 ····················· 153

四、集中资源进行危机处理，启动跨部门的应急预警体系，建立灵活多
变的预防措施，细化预警机制，及时发现新问题并修正 ············· 153

五、在县级以上人民政府设立重大疫情专项资金，定点对相关疫情进行
免费诊断、治疗 ··· 153

六、在加紧预防病毒变异扩散的同时，不能忽视对民众尤其是年轻群体
的心理疏导 ··· 154

七、加强民众科学素养和健康意识的提升和教育 ······················· 154

八、加强重大疫情和突发公共事件的模拟演习，验证各政府部门的预警
与合作能力 ··· 154

九、切实重视经济发展和公共卫生、公共安全的关系 ··················· 154

第七章　2012-2013年媒体官方微博运营报告

第一节　2012-2013年媒体微博运营报告研究说明 ······················· 155

一、数据来源和甄选 ··· 155

二、研究方法和标准 ··· 155

三、指标体系说明 ··· 156

第二节　媒体微博运维的背景分析 ····································· 157

一、媒体生产已经由内容信息生产转向产品生产 ······················· 157

二、用户对信息的消费转为个人page化和应用card化，为媒体微博商业
化铺平了道路 ··· 157

三、私信推送功能使得媒体微博成为重要的内容分发平台 ··············· 157

四、媒体微博在标签化和大数据挖掘等方面尚存在不足 ················· 158

五、微博用户活跃度的下降成为媒体微博未来面对的不争事实 ··········· 158

第三节　媒体微博运维现状分析 ································· 159
一、媒体官微整体发展情况分析 ································· 159
二、媒体官微粉丝分析 ··· 169
三、媒体微博覆盖力总结 ······································· 171

第四节　媒体微博影响力分析 ····································· 172
一、媒体微博影响力综合排行 ··································· 172
二、媒体微博影响力分类排行 ··································· 173
三、媒体微博影响力总结 ······································· 186

第五节　微博平台特性分析 ······································· 187
一、总体情况分析 ··· 187
二、不同类别媒体微博平台特性分析 ····························· 189
三、微博平台特性总结 ··· 194

第六节　微博案例分析 ··· 196
一、微博账号案例分析 ··· 196
二、具体运维案例分析 ··· 212

第七节　媒体微博营销趋势 ······································· 221
一、采编层面趋势分析 ··· 221
二、商业化方面的趋势分析 ····································· 222

第八节　媒体微博运营指导 ······································· 225
一、媒体微博运营指导：从账号到云平台，从媒体到产品 ············ 225
二、媒体微博运维建议及策略 ··································· 225

附录：媒体官微综合影响力 TOP500 ································ 228

第一章 2013年媒体生态演变和社会变化

第一节 当前媒介生态的变化

一、微博的用户增长和用户活跃度水平放缓

（一）微博使用率下降及原因

2013年，微博的增长遭遇挫折。据中国互联网络信息中心第33次《中国互联网络发展状况统计报告》（中国互联网络信息中心，2014），报告显示，2013年，是中国微博发展的转折之年，用户规模和使用均大幅下降。具体说来，就是在2013年，22.8%的网民减少了微博的使用，而微博产品的使用时间，仅增加了12.7%。在手机端，使用微博的网民数量也呈下降趋势，使用热度也在下降。截至2013年12月，中国手机微博用户数为1.96亿，较2012年年底减少了596万。同时，手机微博的使用率仅为39.3%，比2012年底降低了8.9个百分点。虽然在这儿有个容易被忽略的事实是，微博不仅包括新浪微博，还有腾讯、搜狐、网易、人民网、和讯网等，但那几家的用户数量和新浪微博比起来少之又少。

对于微博等的活跃度下降，《报告》认为，主要原因有以下几点：一是一些用户认为"社交类网站浪费时间"，减少使用；二是网民转向微信等替代性产品，报告调查显示在减少使用微博的用户中，37.4%的人转而使用微信；三是长期间使用后，丧失新鲜感，就像2006年前后开心网中偷菜游戏的火爆，随着用户新鲜感的下降而风光不再，在互联网界，互联网产品有所谓的两年活跃期之说；四是微博作为一种产品，媒介属性高于社交属性，朋友的互动减少，社会黏性降低。

《报告》数据显示，更多的高收入、高学历用户大幅减少了微博的使用。最

近一年，月收入5000元以上的用户中，有26.1%的减少了微博的使用；大专以上学历的用户，有23.7%的人减少了微博的使用。对此，资深互联网评论人士谢文表示，微博用户规模及使用率下降并不意外。他认为原因主要有以下几点："一是由于2013年下半年后，微博受到了比较严厉的管制；二是微信的冲击；第三则是因为缺乏创新，用户体验变差。"谢文进一步解释说，随着微博的发展并进入稳定期，一些营销账号、僵尸账号的主动或被动消失，可能是微博用户下降的重要因素。对已注册了微博的人，用户体验不好，最多只是不用；减少的大部分可能还是机器人。

（二）社交媒体与社交网络之惑

社交媒体和社交网络虽然仅两字之差，但存在着根本性差异，其根本性差异在于"关系"的定义以及"关系"两头所扮演的角色，社交媒体说到底还是媒体，关系是一种仰望关系，关系两头的主体是不平等的，而社交网络才是真正的关系网络，关系的两头是平等的，微博一直面临的问题就是社交媒体的定位属性。有互联网观察家评论新浪微博是"批着Twitter的皮，揣着Facebook的心，做着腾讯QQ的梦"。媒体化的运营让新浪自身固有的媒体属性在新浪微博的发展期起到了极好的助推驱动作用，几乎复制了新浪的博客运营经验，把名人指标用数字的方式派发到人头，一个一个的拉、教、推，最后坐等闻风而来的粉丝。然而，"媒体"这个中心化的形态本身，却正在世界范围内走着下坡路，Twitter的首席执行官Dick Costolo曾说Twitter"就是要做一家媒体公司"，后来发现美国的媒体们都在一家接着一家地倒闭，Twitter的APP们都已经开始赚钱，而Twitter的利润仍然上不去，于是改口说Twitter"是一家媒体领域的技术公司"，放弃了做内容提供商的战略，转而去让工程师去利用Twitter挖数据。

社交媒体的用户与用户之间的关系只能被定义为"粉丝"，这个称谓一定程度上就说明其根深蒂固的媒体属性，在微博中，你关注另一名微博用户，是因为对方是名人或明星、对方段子写得好、对方常发生活性感照⋯⋯而社交网络的游戏规则是你与对方成为"好友"，是因为这个用户的身份与你相关——同学、同事、聊友、朋友、家人、暗恋对象⋯⋯所以你在新浪微博上看到的是信息的滚动，应接不暇的热门话题被运营出来，似乎真的"每天都有新鲜事"，但真正与自己相关的几乎没有，新浪微博也从来无法像Facebook那样从零开始完成一场朋友间的聚会的发起、筹备、争论、互动等过程。这种名人战略到了最后就成了更多明星、名人、企业家被新浪用平台资源推荐关注、并成为热话题，而普通人说话基本无人喝彩，久了后者会厌倦，造成社会话语权的差距越来越大。

另一方面，既然是社交媒体，那么媒体一定程度上是社会真实的映射和反映，塑造了虚拟社会现实，但微博中塑造的虚拟现实又和真实现实存在一定的脱节和差异，在微博上可以看到处处是热心人，现实里却得不到陌生人的笑容；在微博上行善消息不转发就觉得对不起别人，而在现实里中国本就不多的NGO大都困于经济能力举步维艰；在微博上嫉恶如仇让恶势力无处可藏，而在现实里连几年前还存在的"反扒志愿者"都已然消亡。因为微博只是媒体，媒体映射的始终只是个案，它与你的生活无关。因此，目前微博上暴戾之气太重，动辄意见相悖，大家站队、骂街、人肉甚至约架流行，社交氛围也越来越差。

再者，根据上面的报告显示，微博中中坚用户在不断流失，金字塔尖上的人不愿互动，最下层的用户又没人理会，中间那些勤于原创擅长互动的人，因为内容常被营销账号和名人无偿复制拿来赚人气，长此以往这样的中间用户的积极性就受到了压制，原创内容的缺失加速了活跃度下降。总体看来，表面上是社交氛围变差、营销泛滥、中产流失造成了目前活跃度不断下降的困局。但实质上，微博活力的下降一定程度上在其产品属性就注定了，"媒体"的定位和运营形式使得民众在新鲜劲过了以后都觉得索然无味了。

虽然微博兼顾媒体属性和社交属性，但社交属性相对于媒体属性是被严重弱化了的，没人会选择微博进行社交，因为微博的社交功能和体验都远远无法和其他产品——甚至QQ相比。

与之相比，大量用户和开发者正在向微信迁移，微信承担的是社交工具属性，强关系社交让微信一下掌握了移动端的用户入口，朋友圈的熟人分享正在逐渐代替微博中对价值内容的转发传播。微信公众账号的逐渐开放和功能附加正在丰富微信的媒体角色，打通微信弱关系下的传播功能。

二、微信崛起使得无线移动舆论场域蔚然形成

（一）微信用户增长迅猛

截至2013年12月，我国手机即时通信网民数为4.31亿，较2013年底增长了7864万，年增长率达22.3%。手机即时通信使用率为86.1%，较2013年底提升2.2%。可以看出，在"手机即时通信"的快速发展下，"手机微博"的市场份

额遭受冲击，更多的微博用户将时间和注意力资源投入到"手机即时通信"类应用中。在"手机即时通信"中，微信以极其庞大的用户群独占鳌头。根据腾讯2013年11月13日公布的第三季度财报，截至2013年9月30日，"微信"和"WeChat"（微信海外版）的合并月活跃帐户数达到2.719亿，比上年同期增长124.3%。

（二）微信的传播模式及对社会舆情的影响

1. 微信的传播模式及特点

微信作为一种新的社交媒体平台具有和微博不同的传播模式和传播机制，首先，其传播特点具有以下几个基本特征。

一是与移动互联网天然结合。如果说微博是PC端和移动互联网之间的过渡产品的话，那么微信就是天生的移动互联网产品，微博刚一出现还是满足网页浏览为主要功能指向，媒体属性更强烈，而微信天生就具备社交功能，无论是语音传输、摇一摇、私密性更强等这些功能都是与移动互联网的基因完全一致的，甚至到现在为止，腾讯都没有开发直接可以在PC端登陆微信的产品，并且微信在很短的时间内迅速占据了移动互联网的第一入口，移动互联网的特点是个性化、便捷性和社交化等，更符合现代传播社会人人希望拥有社会表达权的要求。

二是传播方式多元，以点对点传播的人际传播方式为主。微信中主要有三种传播方式：一是基于点对点的人际传播，可以通过图文音画进行立体传播，传播的对象来自于手机通讯录、QQ好友等，属于传通效率最高的人际传播；二是以"朋友圈"传播形式的群体传播，微信用户通过手机接收朋友圈好友的动态，或者通过手机将自己的所思所想或照片在朋友圈分享，朋友圈被界定为私密的圈群，所有的信息只有是好友才可见，并且传播功能只有"点赞"和"评论"，不支持转发，因此无法形成大规模的传播，因为相对封闭，更具有一对多的群体传播的属性；三是通过公共账号进行个性化信息定制实现大众传播的功能，微信用户根据自己的爱好选择性关注公众账号，公众账号定时定量对其粉丝进行信息推送，传播方式更接近于传统的大众传播模式，但更加精准化和窄众化。

三是微信更具有实名性。微博只要拥有邮箱就可以注册，虽然后来推行了实名制但收效甚微，而微信是具有准实名制特征的，微信好友的主要来源是手机通讯录，因此带有典型的准实名特征，微信会引导用户将微信号与手机号绑定起来，同时也鼓励实名交友，通过提供扫描名片等功能插件和完善个人信息等方式鼓励用户进行实名使用该社交平台。

四是微信更强调私密性和封闭性。微博是广播，微信是窄播，微信用户发布的信息只有自己的好友才能看到，非好友无法看到，甚至同样一个账号发布的信息，只能看到已经加为好友的账号评价，非好友的评价都看不到，从微信产品功能上来看，微信是基于个人社交通讯而开发的，主要适用于熟人网络，属于强关系产品，因此必须严密保护用户隐私，虽然随着功能的完善，也提供进行弱连接的插件，但总体上还是以私密性为主要特点，微博相对微信更具有开放性和无界性，媒体的大众传播属性更显著，而微信具有很强的黏性，拥有更好的交流体验和情感归属性。

五是微信以熟人网络和强关系为主要社交关系。虽然在微信中存在着强弱两种社会连接，但微信最基本的关系网络是以线下真实的社会关系，以依靠学缘、血缘和业缘等形成的"同学"、"同事"、"亲戚"、"朋友"关系，这种关系改变了微博中45°仰角的明星关注模式，而带有相互关注的特性，联系更为亲密和私密，主要以点对点的传播方式为主。其实，微信为用户提供三个层次的社交圈群，一是熟人网络；二是依靠"查看附近的人"功能形成的千米交际圈；三是依靠扫一扫、摇一摇和漂流瓶等功能形成的陌生人网络，但从交往的频次和信任程度上都是熟人网络为最，这也符合社会个体的基本人际交往习惯和特征，有研究表明，人类经常联系的人数一般不会超过150人，符合小世界理论，因此微博是广播，而微信则是窄播。

微信的基本传播模式图如图1-1所示。

值得一提的是，微信公共账号虽然提供了关注功能，但与其粉丝之间的联系和微博比起来比较松散化和封闭性，虽然信息能够大规模传播，但腾讯对其传播的数量和频度都做了严格的限制，社会影响力与微博不可同日而语。

2. 微信的社会功能指向

微信作为一种社交平台，在其社会功能属性上具有以下功能属性指向。

一是满足人际交往需求、重新部落化。作为社会人，都是生活在一个个社会关系网中，都与别人发生交往互动，人际交往是人类的基本社会活动。如果说工业革命将以往依靠血缘等形成的社会群体原子化了，整个社会由原来的熟人网络转变为陌生人网络，那么社交媒体将这种原子化的社会个体重新部落化、圈群化，将人类社会网络重新熟人网络化，其中微信所体现出来的功能和作用更加明显，以往的社交平台提供的是文字的交往，这种冷媒介会流失很多信息，而微信可以

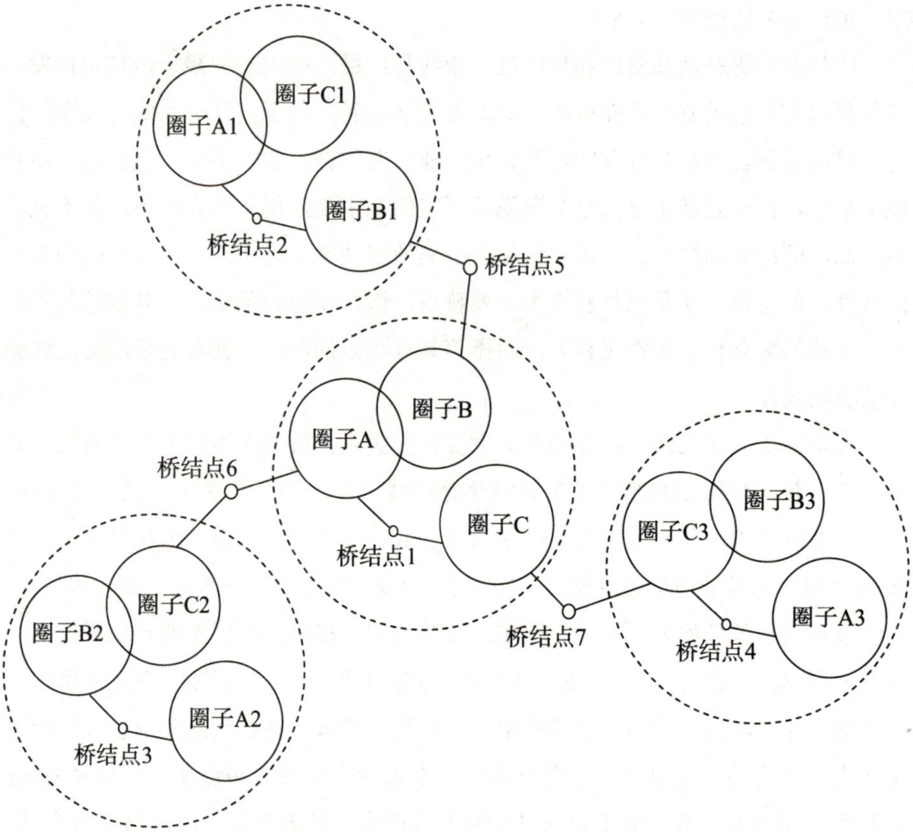

图 1-1 微信的传播模式（核心—边缘结构）示意图

通过声音、视频等最大限度地缩短社会个体的交往距离，人类的社交需求得到了极致化的满足。

二是休闲娱乐功能。娱乐是人类的基本需求之一，也是媒介的重要社会功能，电视时代是娱乐至死的时代，在社交媒体时代，娱乐依然是民众对社交媒体的基本需求，尤其是后现代社会，民众的社会压力和身心都处于高度紧张状态，更需要一些渠道和载体进行情感的释放和宣泄，同时娱乐也成为泛娱乐时代民众进行社会交往的基本手段之一。微信作为一种媒介，在其中扮演着重要的社会功能，我们可以看到在微信中是满屏的神医、萌娃、饭菜、旅游、转来转去的感悟、内幕和标题党等信息，大大缓解民众的社会情绪，段子文化也成为微信时尚风潮的基本特点之一。

三是最高的社会功能指向，即社会情感支持和归属感的营造。随着现代化进程的加剧，社会个体的社会情感越来越呈现出虚无主义和悬浮状态，社会信任成为一种稀缺资源，缺少了对权威主义的信服，与社会主流价值观也日益疏离，个体呈现出原子化的生存状态。微信作为一种社交平台，它为社会不同群体再次形成群落提供了工具和渠道，熟人网络不仅仅提供信息，而且提供情感慰藉和社会信任，在这个由现实关系平移到虚拟世界的平台中，大家可以相拥取暖，相互扶持，在这里可以获得比在微博中戴着社会面具进行交往的冷冰冰虚伪更多的温情和心理安慰，因为微博更是个社会表演舞台，说着一些经过修饰和化妆了的话语，从网络人格属性上说，微博展示的是化了妆的自我，微信才是展示真性情的自我，因为在这个平台，大家彼此熟悉了解，无需掩饰和表演。

四是微信修复和重建社会信任。微博和微信的差别还在于化名和实名，这决定了两者在社会身份上的差异，进而决定了其在虚拟社会的行为。如2014年春节期间，微博和微信呈现出巨大的差异。微博里是对春晚一片吐槽声，话语粗鄙暴戾，而微信圈则红包乱飞，甜言蜜语，同样一批人，在化名和实名的环境下天差地别。一个人对自己没有责任的担当，鬼鬼祟祟地谩骂他人是人格的缺陷，容忍和鼓励这个环境安排的平台则是急功近利的自我毁灭。微信的崛起在于信任、负责和选择的权利，人们会提升优雅与社会教养。

第二节　打击网络谣言行动引起社会舆情生态变化

一、打击网络谣言行动

2013年，社会舆论生态相较于历年都发生重要变化，社会舆论热度大幅度下降，"吐槽"社会负面现象的声音明显减少。政府加大了对互联网的管理力度，微博大V遭遇沉重打击，风光不再。

2013年8月15日，国家互联网信息办公室主任鲁炜在中国互联网大会上提出了互联网"七条底线"，体现了网民自律和网络社区自治的柔性治理思路。8月19日习近平总书记在全国宣传思想工作会议提出：要把网上舆论工作作为宣传思想工作的重中之重来抓。8月下旬，公安部部署专项行动，集中打击网络有组织制造传播谣言等违法犯罪。9月9日，最高人民法院、最高人民检察院《关于办理利用信息网络实施诽谤等刑事案件适用法律若干问题的司法解释》出台。经过几个月的清理，网上爆料社会负面现象特别是批评政府的声音明显减少，帖文情感词力度下降，积极正面的声音在不断增多。

二、社交媒体时代的舆论生态新变化

（一）两个舆论场力量对比发生变化

新华通讯社原总编辑南振中最早提出了两个社会舆论场的概念[1]，他认为在当下中国客观存在两个舆论场：一个是"主流媒体舆论场"；一个是依托于口口相传特别是互联网的"民间舆论场"。在社交媒体时代，这两个舆论场不仅没有消弭，并且呈现出泾渭分明的局面。如果说在前社交媒体时代，民间舆论场更多作为主流媒体舆论场的补充而边缘化存在，而到了社交媒体时代，两者的张力越来越大，主流媒体舆论场的主导地位不仅被民间舆论场逐步蚕食，而且其影响空间也不断被挤压，主流媒体的代表——《人民日报》也使用"给力"此类的网络话语在一定程度上凸显出主流媒体舆论场开始放下身段，尝试与民间舆论场域构建最大的

---

[1] 南振中：《把密切联系群众作为改进新闻报道的着力点》[J]，《中国记者》2003年第3期

话语合意空间。

(二)年轻人和双低人群众声喧哗

根据中国互联网络信息中心(CNNIC)发布的第 32 次《中国互联网络发展状况统计报告》显示,截至 2013 年 6 月底,我国网民规模达到 5.91 亿,青少年网民约占 54%,高中以下学历约占 79.8%,月收入 2000 元以下约占 53.4%。如果对网民群体的整体进行平均计算的话,可以得出中国网民的平均年龄为 29.5 岁、平均月收入 2906.5 元、平均学历为大专学历、以学生为主要人群。这类人群在网络的话语表达特征上呈现出如下特点:网民话语表达和社会参与需求强烈、政治上较激进;具有正义感和使命感,从"清议"到"起而做";观点重于事实本身,"有主张,少论据";言论感性化、情绪化;群体极化效应明显,群体感染性强;兴趣周期较短,很容易被新事件吸引。基于以上的话语表达特征,网民群体的话语表达显得有点"闹腾"和众声喧哗是可以理解的。

但要说明的是,对以上社会人口统计学特征的网民群体需要警惕网络中民粹主义对社会舆论绑架的极端现象。从社会统计学的角度来看,网络舆情并不代表真正的社会民意,而在现实的社会管理视域中,网络舆情是社会舆论场中最有影响力和扩散力的舆论表达,其管理行为偶尔会被这类群体的话语表达所"绑架"甚至"胁迫",社会管理者应该有基本的价值判断和行为逻辑,在满足民众最大利益诉求的基础上需要保持一定的管理自主性。

(三)微博微信双平台交织传播

微信产品的推出无疑对中国社会舆论生态产生了巨大冲击,如果说微博是城镇居民的专有媒介产品,那么微信依托其 QQ 软件的强大用户群体和其相对私密性,迅速成为中国各阶层、社会群体共同的媒介产品,为社会舆论生态的多元性和复杂性提供了基本的技术基础。微博和微信成为中国社会主要的两大信息源,并扮演着社会舆论场域的意见制造者和社会动员力量。

微信更多的是一种圈群传播,基于一个一个的私密朋友圈和微信群。从个人需求的层次上看,圈群中的成员不断制造着话题和谈资的同时也生产着社会信任和情感依赖;从社会信息传播来看,圈群中不断制造着社会信息和社会意见并向整个社会话语场域不断输送,扮演着社会信息后台的角色。与之相比,微博则日趋扮演着社会信息前台的角色,即微信制造话题,通过微博这个信息前端展现,如很多事件都是在微信中不断传播发酵,再由网络搬运工将之传播至微博中,引发传统媒体跟进,进而弥散到整个社会话语场域。因此,从这个角度来说,微博与微信交互传播、交互补充,两者的分工也日趋明确化——微博为社会制造新闻和话题,而微信则为个体制造信任和情感支持,个体在微信中寻找到久违的社会信任和情感依赖。这种信息传播格局将在很长一段时间内存在。

(四)网络舆论生态格局力量对比变化

2013年社会舆论生态最大的变化是整个舆论场域中最为活跃的网络意见大V社会活跃度下降,整个社会舆论表达的积极性在不断下降。8月的全国宣传思想工作会议、"七条底线"、打击网络谣言的专项行动等一定程度上有利于整个网络环境的净化和改善,但也一定程度上促使网络意见大V的社会表达意愿下降,活跃度下行。主要可以从以下三个指标看出。

一是新浪微博Alexa[1]数据流量不断下降,尤其是8月以来,最高的流量甚至还低于往年的最低水平,在世界网站流量排名中下降一位。网站的整体蹦失率[2]上升了20%,每个用户每天流量页面的数量则下降了37.2%,每个用户在微博网站停留的时间则下降了40%。见图1-2。

图1-2 新浪微博在Alexa的流量数据变化图

---

[1] 数据截取时间为2013年11月1日。
[2] 蹦失率(Bounce Rate,又可译为跳失率),是指用户浏览第一个页面就离开的访问次数占该入口总访问次数的比例,数值越小代表网站越可能受欢迎客户访问更多的页面,反之数值越大说明越不受欢迎。

二是中国人民大学舆论研究所的数据监测结果显示，2013年8月以来，用于相关微博舆情监测数据量与上年同比下降了17.8%，一定程度上也凸显出目前新浪微博的整体关注度和活跃度在不断下降。

三是政务微博的整体活跃度超过了网络意见大V。中国人民大学舆论研究所的数据监测结果显示，2013年10月24日，政务微博账号发布微博（含原创与转发）的总数首次超过了网络加V个人用户，这是一个标志和拐点，一定程度上标志着微博话语舆论场域中力量的对比变化，政务微博至少在数量上超过网络意见大V，开始占据整个微博话语场域的主导地位。

第三节　当前社会舆情研判的现状及趋势分析

一、当前社会舆情研究的现状分析

经过了 Web1.0 时代的网络舆情监测的发展，进入社交媒体时代后，社会舆情的整体研究呈现出多元化的趋势，但从整体现状尤其是价值取向上看，可以概括出来基本特征如下:"学"为末,"术"为主,"策"为上。

(一)"学"为末

目前对网络舆情学科的归属不明晰，研究的学术理论体系和公认的学科研究范式尚没有出现，学术界对网络舆情是否代表真正的民意还存在较大的分歧，在研究的议题上也存在多元化、分散化和多学科各自为政的局面，而另一个方面，网络舆情研究的相关著作不断问世，但探讨的问题多是基于实用主义的角度展开，学术性有待提升。

(二)"术"为主

目前的网络舆情更多的是对于"术"的关注,"大数据"概念的走红吸引了很多社会资本和学术力量进入网络舆情监测领域，各种舆情监测的手段也开始"高歌猛进"，从技术手段解决非结构化数据的抓取问题，如关注网络舆情数据抓取技术、网络信息文本分析等，将计算机中的仿真建模、社会学中的社会网络分析(SNA)等都被引入到社会舆情研究中来，并试图研究分析网络舆情的现状和趋势，研究手段层出不穷。

(三)"策"为上

目前的舆情研究主要是集中对策和策略研究，主要是为政府或企业舆情应对的相关考量而进行的研究，一方面是目前政府为了维稳和缓解民情压力，将舆情作为"政治采风"手段；二是风险社会来临，政府和企业的声誉成为一种易碎品，均希望通过舆情信息采集做到未雨绸缪。

以上这种研究现状格局一定程度上凸显了这一学科发展中社会舆情研究的浮

躁性和不确定性，这种乃至急功近利式的大跃进式的学术研究，使得未来的学科走势尚不明朗。

二、当前社会舆情研判的困境

目前社交媒体时代的网络舆情监测的基本原理依然延续 Web1.0 时代的舆情监测逻辑，即首先经过相关的样本库建构，将欲监测的网页进行模板配型，作为监测数据源，通过网络爬虫程序进行数据抓取并下载到本地服务器，在本地服务器进行数据的消重和聚合，进而实现新闻信息文本的智能化呈现。在社交媒体时代，数据源只是变成了微博上的账号，将微博账号进行样本库配型，在整个数据抓取和处理的原理上没有太大的变化和创新。

在舆情监测过程中，存在一些难以回避的程序性缺陷和问题。主要问题如下。

一是舆情监测的效度和信度问题难以验证。目前的舆情监测最大的问题是无法论证自己的有效性，各家有各家的"黑盒子"，相对并不透明，手段和算法的不同势必造成监测结果的偏离，到底谁家更准确，难有定论。从宏观层面来讲，虽然社交媒体时代的舆情监测是建立在以前人工无法验证的大数据基础上的，具有一定的进步性，但抓取的大数据不代表有效数据，基于大数据的分析并不一定能代表网络舆论的整体走势，整体走势依然还有"瞎子摸象"之虞。缺乏验证是目前舆情研究中比较突出的问题。

二是数据源的多寡一定程度上决定了舆情监测的精准度。目前的舆情监测均是以样本库作为数据搜索源，均不是基于全网进行的舆情信息采集，实际上只是样本量较大的局部数据，可能存在数据源不全面而造成重要信息监测缺失，最终影响了数据监测结果。在个别地方新闻宣传部门，由于其数据源的有限，基本上相关的网络管理部门养四五个人，每天用百度搜索、微博搜索等工具，以本县县名或关键词组进行基本的数据搜集就可以满足自身的舆情信息采集和抓取，一定程度上衬托出目前舆情监测行业的尴尬。

三是在消重聚合环节，计算机智能还暂时无法取代人工智能。目前舆情监测软件和服务最大的区别就在于后台的数据处理能力，虽然基于网络信息的更新速率和网络新词层出不穷，但计算机对信息的处理能力始终存在一定的滞后性和简单化，即使在一定程度上解放了人力资源，但在高层次的信息处理如情感判别和影响力评估等方面，计算机还不能完全取代人工智能，计算机处理的数据和结果在实践中的有效性和可行性还有待于进一步提升。

四是从监测的实效性上，舆情监测的速度始终要慢于事件自身的变化速率。舆情监测从字眼上可以看出，监测是对以往信息传播流的横断面的展现，而对于事件的未来走势和影响力难以有准确的预测，这恰恰是舆情监测最希望实现的目标。同时，事件是在时刻变化，数据监测结果仅是对某一个时间横断面的数据呈现，从监测的实效性上看，舆情监测的速率始终慢于事件自身的发展和变化。

以上是从数据采集和监测原理的角度讨论目前舆情监测相关困境和问题，从整个社会发展大背景来看，舆情监测目前还存在以下问题：

一是舆情监测在实践应用层面还存在诸多的盲区。具体来说，一是对舆情预警技术还有待提升。从目前的实践来看，没有任何一家舆情软件服务公司能够做到准确预警，即使一定概率的预警也没有出现，但同时预警也是一个伪命题，一旦危机信息被捕捉到，相关部门的介入一定程度上能够缓解事件的影响和危害，进而影响舆情预警的效力。二是在对微博等社会媒体的监测中存在诸多盲区，目前对微博的数据监测还只能监测某一条具体微博的传播路径，如北大可视化、独到科技等；但对于一个微博账号整体微博数据、某一地区所有用户的微博数据和某一个事件的所有微博数据的监测依然存在盲区；三是对微信数据的监测，由于微信数据的封闭性，在腾讯尚未将数据接口开放前，微信数据还是个黑箱子。

二是大数据时代来临为社会舆情监测带来了挑战和机遇。近一年以来，大数据成为各行各业的热议乃至热炒的概念，大数据对舆情研究来说既是机遇也是挑战。在笔者看来，大数据对整个社会的影响不在于其数据和技术本身，而是彻底颠覆了传统数据时代的逻辑思维和行为逻辑，传统数据时代对因果关系的依赖转为更宽广层面的相关关系，社会预测成为可能，舆情研究可以借助这种思维，通过精巧的数据库支撑和数据挖掘对社会发展趋势进行一定效度的预判，这是带给舆情研究的机遇。但同时，大数据时代数据量的增加和对技术繁杂程度的要求更高，舆情研究的门槛进一步提升，传统的舆情分析中小作坊式的运作模式将进一步被颠覆。

三是社交媒体时代来临带来了整个社会的关系革命。社交媒体时代不仅在技术上对社会成员的媒介接触偏好进行了重新型塑，对整个社会关系网也进行了重构，互动和关系成为社交媒体时代的关键词，传统社会科学研究中常用的随机抽样方法受到了一定程度的挑战，这种方法将个体从其所在的社会情境和社会关系网中剥离出来,并且确保个体之间不存在互动与联系,这种随机抽样方法亦被某些学者称为"绞肉机"(Meat Grinder)(Freeman,2004)[1]。另外,常规的社会统计方法(如 t-检验、方差分析、多元分析、结构方程等)处理的是属性数据(Attribute Data)(Wasserman & Faust,1994)[2],属性数据是有关个体自身方面的数据,如性别、年龄、收入、态度、观点以及行为等[3](Scott,2000),是一个个孤立的"点",其观测值之间相互独立,满足一般线性模型使用的前提条件,其统计处理是在个体水平上关于个体属性之间关系的推断研究[4](刘军,2005)。随着社交媒体的不断发展,属性数据将逐步被关系数据所取代,关系成为整个社会勾连的纽带和核心资源,目前的舆情研究还是基于"点"传播的线性研究模式,对于"网"传播或者是关系传播的关注不够,随着关系数据逐步成为社会科学研究中的主导数据,舆情研究必将目前的信息传播转向对信息传播个体的特质和个体关系网的研究中来,如中国人民大学舆论研究所已经开始对微博中关键意见领袖和传播节点进行数据库的搜集和整理,为未来的舆情监测做相关的数据库支撑。

四是民众出现"审丑疲劳"。中国人民大学舆论研究所自2008年底进行社会舆情信息日常采集以来,对同类事件的相关数据进行时间序列的分析和呈现,发现网民对同类事件的关注度和反响度出现了一定程度下降的趋势,即出现了所谓的"审丑疲劳",审丑疲劳一定程度上说明社会民众对社会丑恶面的耐受程度在不断提升,思想上出现了麻木等,另一方面也为舆情监测和舆情研究提供了困难,舆情研究是基于舆情反馈的量级和规模进行相关的舆情研判,民众的沉默化一定程度上影响了舆情研判的客观性和可参考性。

五是政治监管的考量。从目前的舆情数据来看,网络舆情的话语表达与政治监管的力度之间存在紧密关系,从目前的政治考量来看,对网络话语监管的力度会逐步增强和收紧,一定程度上促使网络舆情表达进一步沉默化,这种趋势势必会影响舆情监测的数据规模和量级,进而影响社会舆情研判的有效性。

1　Freeman,L.C.(2004). The development of social network analysis,ΣP Empirical Press Vancouver, BC Canada.

2　Wasserman, S., & Faust, K.(1994). Social networks analysis: Methods and application. Cambridge University Press

3　Scott, J.(2000). Social Network Analysis. London: Sage Publications

4　刘军.(2005).关系:一种新的分析单位.社会,5(243),164-174.

三、社交媒体时代的舆情研判的趋势

基于以上的分析和探讨，可以看出随着社交媒体的方兴未艾，社会舆情研究具有以下若干发展趋势和特点。

一是从舆情软件开发到云平台搭建。在前社交媒体时代，舆情监测主要是基于单体的监测软件而展开的，将软件产品布置到客户的本地服务器中，并为客户进行监测源的配型，再将数据下载到客户本地服务器中，软件服务商为其提供后期的软件升级和支持服务。这种广泛存在的服务模式存在一定的弊端，由于服务器较为分散，数据采集和数据分析能力都比较零散，不利于展开大规模的数据处理和集约化输出。而随着社交媒体时代来临，传统的软件服务逐步被搭建云数据平台所替代，即由原来的软件服务商搭建数据平台，客户通过网页或客户端远程访问，并可以通过一定的权限定制关键词，进而实现舆情数据的抓取和直观化呈现数据结果。

二是大数据成为舆情研究关键技术的支撑和核心概念。大数据目前虽然还处在概念层面，但大数据带来了思维模式和信息处理结构的改变，未来的舆情研究在技术上无法回避大数据，在思维上更需要有大数据的思维，通过对传统零散的数据二次结构化，发现新的数据价值，并在此基础上指导社会管理，这种观念转变才是大数据带来的真正价值。未来的数据的结构化离不开数据的分类和聚合，因此大数据需要大量的数据库支撑，如果把大数据比作金沙，那么数据库就像筛子，筛子网眼的大小是决定金子纯度的重要尺度，因此中国人民大学舆论研究所近两年构建了一系列数据库，如舆情敏感词库，对舆情中经常出现的高频词进行唤醒度、愉悦度、回忆度等不同维度的测量，构建敏感词数据库；对微博中意见大V的不同ID进行测量，形成了微博活跃人群的影响力、传播力等数据库。

三是舆情研究从信息传播到情绪传导机制研究。目前的舆情研究还主要集中在对信息本身的传播机制研究，探讨信息的传播规模、传播节点和传播路径等，但信息是瞬息万变的，信息的传播机制也往往与信息内容本身有着密切关系，而信息内容是在时刻变动的，因此近期的舆情研究由原来的信息传播转移到社会情绪传导机制研究，社会情感是稳定的社会存在，在舆情传播过程中往往伴随着固定类别的社会情绪，这类情绪的传导机制也是有章可循的。近期的社会舆情研究主要集中在社会认同、社会动员等"宏大叙事"，尤其研究认同中的社会情绪传导和社会真实建构等问题，相信未来的舆情研究重点转移到社会心理和社会情绪的研究中来，由原来的传播范式过渡到社会心理研究范式，尤其是随着微信在社会话语场域中扮演的作用越来越突出，微信作为一种圈群传播制造社会信任和情感支持，因此更需要研究圈群内部的社会信任产生机制和社会心理形成机制。

四是舆情研究从信息流到社会关系网研究。和上面的分析相一致，社交媒体时代关系数据取代属性数据，成为社会行为逻辑的关键因素，因此社会关系网的研究是未来舆情研究的关键所在，如果把舆情信息比作高速公路上的汽车，那么社会关系网则是高速公路网，如果对高速公路网研究得比较透彻，那么不论其上面跑何种汽车都可以准确抓住其传播节点和关键环节。因为未来的舆情研究将逐步转向社会关系网的研究，既包括社会个体关系网，考察不同类别群体的社会关系网的规模和传通效率，也包括整个社会形成"整体网"，研究整个社会关系网的柔性和容忍度等。这样的基础研究才具有学术价值和长效性。

五是舆情研究上升到新媒体与社会运动的研究层面。舆情研究目前主要集中在信息科学和传播学研究，但随着对舆情研究的逐步深化，和上面的第三点相对应，应该将舆情研究更多地放在宏观的角度研究，即新媒体与社会运动的层面，舆情传播的影响不在于本身的信息传播，而在于对社会心理和社会行为造成的影响，这恰恰是社会运动研究的问题，在社会运动这种"宏大叙事"的话语体系中，舆情研究的空间和适用性会更大。

六是舆情预警成为社交媒体时代舆情研究的主要命题。如果说前社交时代的核心命题是舆情监测，那么社交时代舆情研究的主要命题是预警，只有做到预警，舆情研究才能真正脱离目前的"花拳绣腿"式的研究落地到实践中来。中国人民大学舆论研究所近三年也致力于相关舆情的基础研究工作，如经过对40个微博舆情事件的监测数据统计显示，一个社会性公共事件从微博场域"溢出"到社会话语场域的临界阈值是该条微博转发次数超过1万次或者其评论次数超过3000条，满足其中任何一个条件都可以[1]；通过对百度相关关键词网页的边际时间递增数率、不同网站或微博账号的影响力指数数据库、敏感词库等形成综合预警指数，这些探测性研究已经具备了一定的实际效用。

七是舆情研究的理论突破问题。随着舆情研究的进一步深化，目前舆情研究中的议题和概念不断是舶来品的现实将被改变，如目前的舆情研究主要是基于社会物理学中的相关概念，如耗散结构、自组织等，随着对舆情研究的逐步深入和

---

[1] 微博意见领袖群体"肖像素描"——以40个微博事件中的意见领袖为例，新闻记者，2013.9

完善，将会形成舆情研究自己的话语体系和理论体系，在关键核心理论上将会不断突破，舆情研究将和舆论学研究一样成为一门独立的学科。

当然，社会舆情研究还包括其他一些趋势，如未来随着微信数据的不断放开，微信中的舆情研究将会大行其道，微博与微信双平台的信息传导机制将在未来一段时间内成为整个社会话语场域中信息流入的主导机制。

第二章 2013年中国社会舆情总报告

第一节 社会网络热点事件舆情指数的构建

我们认为衡量某一议题主要由以下几个维度构成：

1. **时间维度**：反映某一议题的舆论在不同时间点上的变化情况（具体表现在某一议题每天呈现的信息文本的总数变化）；
2. **数量维度**：反映某一议题信息文本的多少（总数和平均每天的数量）；
3. **显著维度**：反映某一议题信息文本在论坛总信息文本中的比例；
4. **集中维度**：反映某一议题信息文本在不同网友之间的分布；
5. **意见维度**：反映某一议题信息文本各种不同意见的分布情况。

表2-1 网络舆情指数评价体系

	一级指标	指标赋值	二级指标	指标赋值
网络舆情指数	舆论稳定性	20%	时间维度	20%
	舆情的分布	20%	意见维度	20%
	舆情的强度	60%	数量维度	20%
			显著维度	20%
			集中维度	20%

将以上指标计算出相应结果后，转化为标准分，进而将所有数值相加，形成整体议题的舆情指数，该指数可以与其他议题之间进行比较和排序等。按照舆情预警机制的理论，对议题进行红色、橙色、黄色等预警发布，进而提出相应的对策建议，达到防患于未然的预警效果。

第二节 2013年中国社会舆情运行的特点分析

一、2013年中国社会舆情总体特点和趋势分析

(一)舆情关注事实:司法直播和打击网络谣言是本年度舆情主线

根据中国人民大学舆论研究所的月度舆情监测,2013年整体舆情事件的个数及其相关影响烈度都不像2012年那么具有影响力,网络舆情热点事件基本上是延滞了2012年的舆情热点事件,无论是震惊内外的薄熙来、王立军案件,还是雷政富、"表哥"杨达才的庭审,还是龚爱爱、房叔等案件……虽然影响力较大,但基本上是2012年舆情事件"烂尾工程"的延续。因此"庭审"成为本年度的关键词之一,每一次庭审都引起网民的一阵阵喧闹和围观。

2013年年中启动的打击网络谣言的行动成为本年的第二个关键词,无论是立二拆四、秦火火系列网络造谣传谣案,还是薛蛮子嫖娼事件,都成为网民的关注焦点,尤其是两高出台的相关转发超过500次以上的定刑标准更引起了网民的极大关注,张家川事件更是将整个事件推向了高潮。同样,无论是庭审还是打击网络谣言,司法机关成为整个2013年的关注焦点。

(二)舆情主体的特点

1. 网民的公民权利意识提升:网民从"乌合之众"到"中流砥柱"

作为最新的互联网媒体形式,社会化媒体的出现带来了公共权利的分化,话语权不再单一掌握在政府手中,极大提升了整个社会的信息透明度和意见表达的均衡性与多元化,建构了对于真相追逐的公共空间,从这个意义上说,网络成为促进社会民主开放和健康平衡的一个重要手段,同时也促进了微力量阶层的崛起。网民的关注和参与促进了张家川事件中张辉的及时释放、促进了李天一案件的司法公正、促进了薄熙来案件的微博直播、促进了朱令案的再次关注……这一个个事件的背后都有微力量的集结,微温暖积聚成社会大爱。微力量开始崛起,成为推动社会改良的中坚力量。

2. 普通网民的求证意识在加强,网民群体更加理性和成熟

与网民的公民权利意识提升相一致,普通网民的求证意识在不断增强,当一

个事件出来后，网民表现得更加理性和成熟，而不是一味的口诛笔伐，传递社会负能量，徒增社会戾气。如朱令案再次进入人们视野，民众在整个过程中表现得很理性，对整个案件的理性分析和持续关注一定程度上凸显出网民的素质，已经较之前的铜须门等事件有了很大的提高，更为理性，而且也开始由事实细节的关注转向对社会背后"宏大叙事"层面的原因关注，更希望参与进来的强烈意识，网民科学判断一个事件的能力在逐步提高。

3. 网络话语建构具有建构草根与权贵冲突的话语图景、社会阶层对立的价值偏好，进而塑造社会悲观情绪

个别网民为了获得民众的持续关注，再加上社会管理部门对信息的把控过于严格，造成社会信息传播存在一定的真空和盲区，在社会化媒体话语表达中出现将偶然事件指向政府责任、局部小事件演变成影响全局的大事件的新型话语建构方式，这种话语建构是将任何事件进行主观揣测，建构成当下最能激起社会民愤和戳痛民众心里最柔软部分的草根与权贵冲突的话语图景，进而引导网民形成社会阶层不和谐、尖锐对立的思维定势，在整个社会范围内传播悲观情绪，这类话语表达言论尖锐、容易以偏概全、以讹传讹和混淆社会视听。无论在朱令砣中毒案件还是在李某某涉轮奸事件中，我们都可以看到这类话语建构方式的存在，一定程度上的确吸引了最大限度的民众的眼球，但也容易引起社会阶层更大程度的分裂，社会弥合的难度进一步增强。

4. 网络话语表达方式：戏谑化和泛娱乐化

2013年，从北京"厚德载雾，自强不吸，霾头苦干，再创灰黄"到上海"猪自杀"，网民的社会话语表达方式的戏谑化之势愈演愈烈。这主要与自媒体等个性化媒体的崛起，转型期中国的社会环境因素，以及民众面对各种社会变迁过快而产生的各种不适感等多重性因素相关，从本质上讲，戏谑化是一种显性的自下而上的社会话语表达方式，并逐步被社会话语精英阶层所接受和容纳。对戏谑化话语表达浪潮需要理性看待。第一，网络时代话语表达形态多元和乱象是自然现象，作为主流形式的戏谑化表达更是自媒体时代话语表达的固有属性，这种话语表达背后是情绪的宣泄和缓解，具有社会安全阀的作用。第二，看似喧嚣的网络表达乱象的背后恰恰是公民社会来临的前奏和序曲，这种无厘头、去权威的表达方式却一定程度上操练了民众的公民意识，一定程度上促进了公民社会的来临。

需要说明的是，戏谑化和网络暴民存在一定的差异，戏谑化不是无理地谩骂甚至是运用网络暴力，而是它通过话语表达方式吸聚了民意关注，属于更高层次的嬉笑怒骂，其目的指向是建构而不是一味地解构甚至毁灭，但也应注意其一定的负面效应，如过于戏谑容易带来价值观看似多元背后的虚无主义等。

5. 网络意见领袖依然是社会价值赋予和社会动员的主导力量，社会参与阶层进一步泛化

虽然经过打击网络谣言、"七个底线"等行动，网络意见领袖依然是社会价值赋予和社会动员的主导力量，这一定程度上并不是说网络意见领袖或微博大V多么睿智和"巧舌如簧"，这主要是微博等社会化媒体的技术特性决定的，社会化媒体是一种围观性的明星传播结构，微博中"关注"、"跟随"、"转发"功能，本身就是"再中心化"的过程。传统现实社会中金字塔的话语结构依然被"投射"到虚拟话语场域中来，只是可能话语权力的主导者是一些"新贵"而已，"虚拟世界不再是'像'现实世界，而是现实世界本来就有很大的'虚拟'成分，所谓虚拟世界只不过还原了那种现实罢了。"[1]

与网民的公民权利意识的增强相一致，网络虚拟社会中的讨论和社会行动的参与阶层进一步泛化，出现了不同社会阶层，无论是草根还是社会精英群体，无论是体制内还是体制外的群体，如目前微博中比较火的@国防大学马骏教授等。

（三）舆情传播特点

1. 网络舆情整体烈度有所下降，民众呈现一定程度的"审丑疲劳"

相较于2012年月度舆情变化，2013年网络舆情在舆情事件的个数和影响指数上都有所下降（虽然幅度不大）。很多重大舆情热点事件依然是2012年的热点事件，并不是说整个社会舆情压力在下降，而是一定程度上说明民众对负面舆情信息的耐受度在提升，即出现了一定程度的"审丑疲劳"，当然也与相关管理部门整治网络谣言等行为有一定关系。这并不是积极的社会信号，一旦社会话语权再次缺失，很容易引起社会极端行为的产生，这在社会学上被称为"弱者的武器"，虽然目前社会极端行为主要由社会弱势群体或"精神病人"进行的，但如果社会精英群体的社会话语表达受到了影响，引起这一群体的反弹，会具有一定的社会威胁度。

2. 月度分布以四五月份舆情热点为最

根据中国人民大学舆论研究所近五年的月度舆情监测数据，每年的四五月份

---

[1] 魏武挥，技术人格，IT经理世界[J].2012年第24期

即春夏之交是社会舆情热点的突发时期,这一时期人的内分泌系统较为活跃,很容易激动和易怒。而春节前后这段时间是社会舆情运行的低谷时期也是全年发展趋势的一个显著特征,这一时期主要与春节具有很大的关联效应,毕竟新春佳节是中国老百姓的传统节日,工作和个人等的不满情绪在亲情面前都不算什么。

3. 地区分布：舆情热点以湖南、河南和广东等省区为最

湖南近几年舆情事件相对比较密集,主要与湖南近几年社会矛盾相对尖锐、社会管理水平有待进一步提升有关,加上当地的社会文化背景和民风,一定程度上促成当地舆情多发的态势。广东作为改革的前沿阵地,加上外来人口数量较多,与本地人之间的矛盾也有进一步激化的趋势,广东地区的媒体相对发达,新闻传播环境较为宽松,因此发生舆情事件的比例较高；河南作为中原大省,经济发展水平不高,人口众多,素质参差不齐,很容易引起社会矛盾激化,再加上社会管理水平不高,因此舆情事件的发生比例也较高。

4. 虚拟社会话语场域转换：微博活跃度有所下降,微信活跃度不断上升

社会化媒体带给民众最大的影响是通过技术赋权而非政治手段的方式使得民众获得更多的社会话语表达权力。微博更加具备社会媒体的属性,而微信则更加具备社交的属性,功能属性的不同决定了对民众的"使用与满足"不同。2013年以来,微博由于各种原因,整体活跃度有所下降,社会话题讨论的热度也有所下降,而微信作为一种相对私密性媒体引起了民众的关注,社会影响度和活跃度都在不断上升。

5. 网络谣言现象有所收敛

国家出台整治网络谣言的系列行动一定程度上使得网络谣言现象有所收敛,民众对其言论的社会责任感增强。打击网络谣言净化网络环境无可厚非,但网络谣言产生和生存的根本条件是相关部门信息公开不到位,存在社会信息真空和盲区,给了网络谣言可乘之机,如果相关管理部门不能及时公开民众亟待想知道的信息,而是一味地打击网络谣言,打击网络谣言行动不啻于"缘木求鱼"、"舍本逐末"之策。

社会心理学认为,人对社会有着天生的关注与敏感,可以保持对机会和危险的警惕,使自己做出正确的判断,保证自身获得更高的生存概率。所谓"盲人骑瞎马,夜半临深池",这就是人对信息需求的心理根源,假信息比没有信息更糟糕。网络事件之所以从一件件普通的刑事、民事案件上升为全国性的公共危机事件,很多源于政府忽略了民众对真相的基本信息权利,某些地方,官方对信息的垄断、

篡改、封杀和掩盖已经到了下意识的程度。很多网上公共事件刚在青萍之末，官方就开始信息封杀、掩盖，紧接着暴力封杀，结果导致信息和信息需求者如"投石入水"般涟漪迅速扩大，最后官方像挤牙膏似的将信息呈现，民众获得信息满足，经过一次又一次的轮回反复，官方对民间越来越不信任，民间对官方同样也越来越不信任。"我不想让你知道的东西你无权知道"，这种固执、僵化的信息控制思维，绝非一朝一夕可以改变。在中国，好比"城管"总是和"打人"连在一起，"官员"总是和"腐败"连在一起，"群众"也总是和"不明真相"连在一起——一方面，官方指责"群众""不明真相"，另一方面，官方又故意让"群众""不明真相"。

（四）舆情管理

1. 网络舆情监管整体在不断收紧

无论是2013年8月的"网络名人社会责任论坛"、七个社会底线、秦火火的被抓，还是中央意识形态工作会议的召开、"两高"的司法解释出台，从整体上来看，相关管理部门对社会舆情的管理呈现出收紧态势，对网络言论的监管也不断强化，一定程度上为强化网民的话语责任意识，塑造了良好的网络社会环境。

2. 强化信息公开，积极回应民众的重大关切

在微观层面，管理部门加大政务微博的建设，强化信息公开，虽然政务微博建设水平参差不齐，出现了不断卖萌的"碎嘴"，也有从来不进行更新的"僵尸"等两极分化的现象，但整体来看，还是在不断强化信息公开，尤其是一些核心管理部门。

同时，在民众重大关切的事件上，尝试使用新的媒介手段进行积极回应，如对薄熙来庭审的微博直播的尝试，这些措施具有一定开拓性，体现了相关部门的新媒体素养和认识也在不断提升。

二、社会网络发展趋势分析

结合以上的网络舆情的相关发展特点以及未来技术发展的基本趋势，网络舆情的发展趋势主要有以下几个特点。

（一）移动互联社会舆情场域日益形成

随着微信、新闻客户端等移动互联网APP产品的流行和普及，网民的社会话语表达也相应地出现了转移,从原来的PC端迁移到移动互联网端,由于媒介介质的不同,根据传播学大师麦克卢汉的"媒介即信息"的论断,这种新的媒介介质一定程度上会改变传统的PC端的社会话语言说方式,如其表达更加简短和感性化、社会话语表达更加娱乐化和段子化、社会组织动员方式更为直接、有效等,一种全新的不同于传统的PC端的社会舆情场域已经形成,并与PC端的社会话语场域产生互动,必将对整个社会话语场域产生重要影响。

(二)社会公平正义与社会民生议题依然会成为未来网络舆情的关注焦点

由于目前社会处于深刻的转型期,社会利益格局复杂,社会问题在各个层面都存在,民众的相对剥夺感会持续很长时期,体现在网络虚拟社会主要表现为社会民意诉求复杂、网络社会族群分裂,而全社会范围内缺乏一个合理的对话平台和有效对话机制,很多网络表达缺乏理性对话的空间。社会公平正义成为民众的关注焦点,官民对立、贫富对立等二元斗争思维在网络中随处可见。

另外,社会民生也是会成为民众关注的核心焦点议题,主要与房价高、看病难、就学难、养老难等一系列关系民众切身利益的问题没有很好的解决和完善有关,民众缺乏基本的社会生存安全感,在网络上对相关议题也表现出高度的关注和一致的利益诉求,很容易短时间啸聚网络民意。

(三)网民群体日益理性和成熟

2003年孙志刚案一定程度上标志着网民开始作为一种独立的社会话语表达力量登上社会舆论话语场域,经过10年的操练和洗礼,网民在话语表达方式、社会行为诉求等方面都呈现出理性和成熟的特点,既没有"铜须门"事件中的幼稚,也没有了"抵制家乐福"事件中的盲目和冲动,十年光阴不长不短,见怪不怪的网民对待事件少了一丝冲动和盲目,多了一份理性判断,公民权利意识进一步增强,心智进一步成熟,网民不再是某个具体的事件当中简单的鼓噪者和盲目看热闹的围观者。因此,任何时候、任何政府部门都不用怀疑中国网民的集体智慧和理性判断。

(四)网络虚拟社会的动员行为和社会运动会日益增多

网络真正的价值在于将网民的智慧与力量汇聚,如水滴汇入江海势不可挡;

网络真正的力量在于求真、求知、求助，反哺个体的需求，网络的这些功能诉求在社会化媒体时代得到进一步彰显，无论是"随手解救被拐儿童"、"免费午餐"、"随手送书下乡"、"爱心衣橱"，还是用微不足道的一张照片、3元纸币，迎来了亲子团聚和山区孩子的笑脸，都体现了微力量的强大。社会化媒体具有社会动员的天然属性和特点，未来，随着社会化媒体在整个社会信息场域中的作用进一步凸显，基于虚拟社会中的社会动员和社会运动会不断出现，在形式上可能是外显的，也可能是内隐的。每次社会动员和社会运动都凸显一定社会群体的利益诉求。

（五）网络虚拟社会族群进一步整合，缓解了社会阶层冲突，为社会对话提供可能

随着网络在社会中的作用越来越明显，尤其是社会化媒体带来的圈子结构，使得虚拟社会族群的整合和沟通比以往任何时候都更便利，整个社会是由无数个交叠重复的社会族群所勾连而成，社会成员存在重复性和多元性，各种社会价值观在虚拟社会碰撞交流，理性战胜感性，社会良知战胜人性阴暗面，这一定程度上有利于避免社会族群乃至社会阶层之间发生大规模的冲突，为整个社会族群、阶层之间的对话提供了可能性。

（六）政府部门的网络危机应对能力与时俱进

移动互联网和大数据时代使得网络舆情的监测和预警进一步成为可能，为政府部门应对网络危机提供了技术基础。另外，随着政府相关部门的媒介素养尤其是新媒体素养的不断提升，对舆情传播规律的把握不断深化，政府部门应对网络危机的能力会有所提升和完善。未来可能不仅仅有针对事件进行"治标"式的有效应对，还有可能启动针对社会治理进行"治本"式的社会改革。

（七）网络中的社会行为监管日益回归法制轨道

虽然"两高"就网络诽谤罪进行的具体司法解释引起了民众一定程度的杯葛，但这一事件的意义在于对网络中的社会行为的管理开始走向了法制轨道，"上帝的归上帝，凯撒的归凯撒"，这也是网络监管的本义所在，以前对网络管理要么视之为洪水猛兽要么置之不理的管理方式都是不可取的，法制化必然是未来网络监管的重要方向和主要趋势。

三、舆情热点事件的月度数量分布：全年呈M型波浪分布

和以往年份一样，为了更好地评判 2013 年中国社会舆情的发展总态势，本书将每月超过 60 分的舆情热点事件的个数统计出来，这些事件一般影响力较大，具有一定的指示性和外显性价值，每一个事件都像一个火药桶，每个月度"火药桶"的多寡是衡量该月度中国社会舆情紧张系数的重要指标之一。近五年的月度舆情事件个数分布如图 2-1 所示。

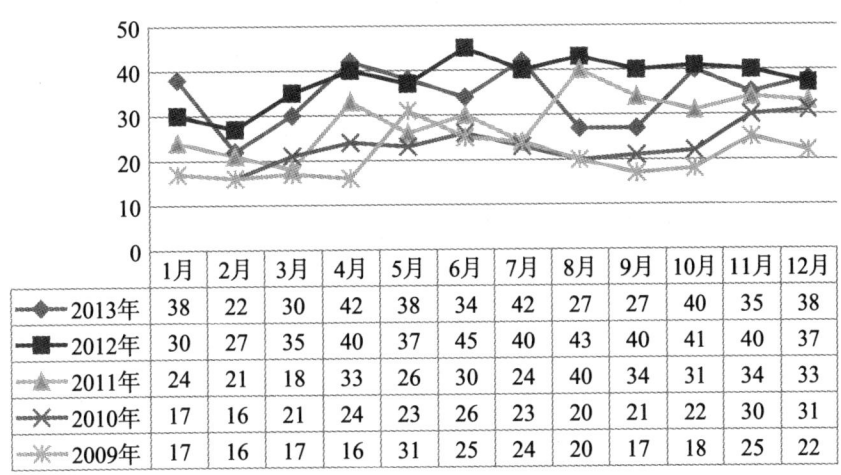

图 2-1 2009-2013 年五年来月度舆情事件[1]个数分布

从图 2-1 中可以看出，2013 年 60 分以上的网络热点事件总计 413 个，低于 2013 年的 455 个，高于 2011 年的 348 个。总体来看，2013 年相较于 2012 年出现了一定程度的下降，下降幅度约为 9.2% 左右，可能原因有三：一是网民群体开始出现一定程度的社会审美疲劳，社会丑恶的耐受力在不断增长；二是政府加大互联网的管理力度，尤其是八月以后开展的打击网络谣言专项行动，网络大 V 的活跃度开始下降，对整个社会舆论形态产生了重要影响；三是媒介技术的转换和变化，微博这种方便进行社会化公共话题讨论的平台的整体活力出现下滑趋势，转向了相对比较封闭、适合小话题私密讨论的微信平台，社会话题的宣泄力出现了下降。

从全年运行趋势来看，2013 年的月度舆情运行呈现 M 型的波浪分布趋势，与 2012 年先抑后扬、全年高位运行的趋势有所不同。舆情事件月度最高点的月

---

1 如不特别说明，下文中所指的舆情事件的指数都是指舆情指数 60 分以上的事件。

份为4月、7月和10月,基本上是春夏秋三个季节,如果把4月—7月连贯起来,这段时间正好是春夏交替之际,这段时间社会事件密集发生,与以往分析的社会个体在这一时期的激素水平有所变化有一定的关系;而2月份最低,仅为22个事件,呈现出全年的最低位,这一时期主要与春节具有很大的关联效应,毕竟新春佳节是中国老百姓的传统节日,工作和个人等的不满情绪在亲情面前都不算什么,社会舆情事件的发生概率和数量相对较少。这一M型的波浪分布与2011年的舆情事件月度分布基本一致,说明这种趋势是一种舆论变化常态,2012年的全年持续高位运行属于异常情况。

如果说每个舆情事件是一个火药桶的话,那么每个事件的舆情指数代表着每个火药桶的TNT当量,同样大小的两个火药桶可能危险度不同,因此我们有必要对2013年的网络舆情事件的舆情指数按照月度进行总体考察。我们将每月的舆情事件对应舆情指数进行加权,可以得到每月的舆情总指数,然后再计算出该月度平均每个事件的舆情指数,其结果呈现如图2-2所示。

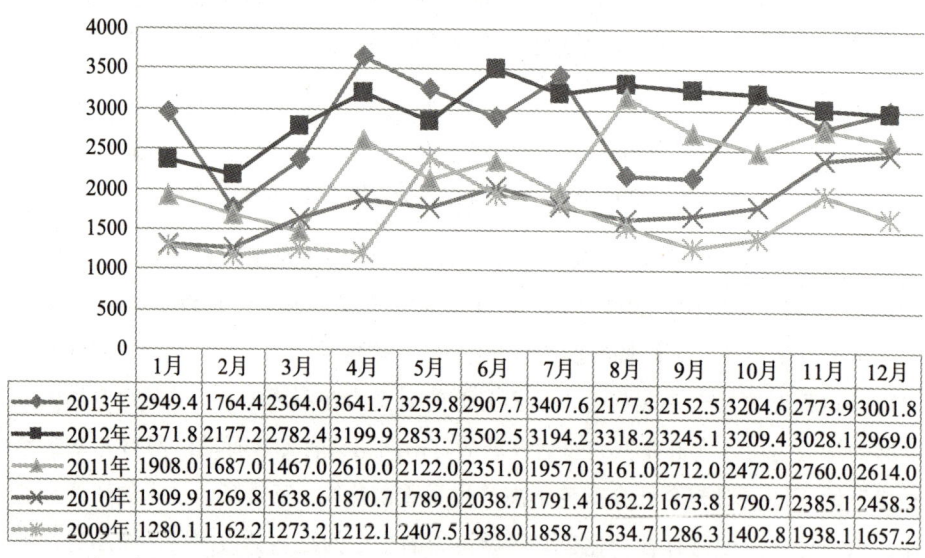

图2-2 2009-2013年五年来月度舆情总指数分布

从图2-2可以看出,与月度舆情事件的个数相对应,2013年月度舆情总指数也呈现出M型的波浪分布,在4月、7月和10月处于相对高的位置运行。

四、月度舆情指数均值分布:6月舆情指数均值最高

本书将月度舆情总指数与月度舆情事件个数进行比较,可以得出每个月的舆

情指数均值,这些均值可以看作是每个月度舆情的平均压力系数,是带来社会民众内心的社会耐受力的一种考验和衡量。相关结果如图2-3所示。

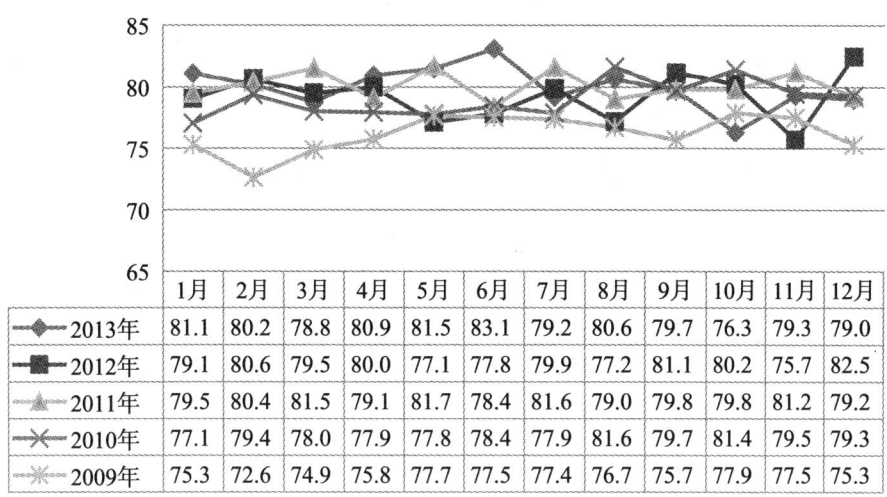

图 2-3 2009-2013 年月度舆情均值的分布

如图 2-3 所示,月度平均舆情事件指数最高的月份为 6 月和 1 月,其均值分布与总指数出现了倒挂情况,综合 2013 年和 2012 年的月度舆情均值可以看出,虽然舆情事件的总体个数和舆情总指数在不断攀升,但单个月度的舆情均值没有出现上升,甚至个别月份还出现了下滑的情况,说明整个社会尚处于一个相对稳定的运行状态,但这种状况很容易耗费老百姓并不耐烦的社会承受力,这种状态长此以往要么是使得整个社会更快地滑向"陌生人社会",事不关己高高挂起的心态会更加大行其道,要么是向社会管理者施压,希望改变这种状况。

五、全年热点舆情事件数量:55个,较2012年减少了5个

表 2-2 2013 年社会热点舆情事件分布

序号	月份	舆情事件	舆情指数
1	12 月	十八届三中全会召开引网民热议	97.2
2	11 月	习近平排队买庆丰包子引网民热议	96.3
3	8 月	李天一案开庭	95.6
4	4 月	H7N9 禽流感肆虐	95.4
5	7 月	湖南临武城管打死瓜农案	95.2

（续表）

序号	月份	舆情事件	舆情指数
6	10月	新快报记者遭跨省抓捕	95.2
7	6月	厦门BRT公交纵火案	95.1
8	9月	张家川初中生发帖造谣被刑拘	95.1
9	8月	薄熙来案微博直播庭审	94.8
10	10月	方舟子崔永元有关转基因食品之争	94.7
11	4月	雅安地震	94.6
12	6月	延安临时工城管"跳踩商户"	94.6
13	1月	陕西神木县"房姐"	94.5
14	2月	李天一涉嫌轮奸案	94.5
15	9月	夏俊峰被处死	94.3
16	6月	全国高考	94.2
17	12月	重庆小女孩电梯内摔打陌生男婴事件	93.8
18	10月	汪（峰）章（子怡）恋引网友调侃	93.5
19	1月	南方周末风波事件	93.3
20	7月	"气功大师"王林受质疑	93.3
21	3月	全国两会召开	93.2
22	4月	复旦投毒案引发关注	93.2
23	8月	网络大V频被抓引争议	93.2
24	11月	"单独二孩"新政受热议	93.1
25	10月	南京市长季建业落马	92.9
26	7月	"李天一他妈的要求高"神标题引围观	92.7
27	11月	双十一抢购狂欢	92.7
28	5月	万宁校长带女生开房刺痛公众神经	92.4
29	12月	北京老外撞大妈罗生门事件	92.4
30	8月	公安部重拳打击网络谣言	92.3
31	11月	11·22青岛输油管道爆炸事件	92.3
32	9月	山西男童被挖眼案件	92.2
33	6月	男足1:5惨败泰国队	92.1
34	4月	凤凰古城收费受非议	91.7

（续表）

序号	月份	舆情事件	舆情指数
35	12月	日首相安倍晋三参拜靖国神社	91.7
36	1月	兰考孤儿火灾遇难引争议	91.5
37	4月	清华朱令铊中毒案再受关注	91.5
38	11月	达州3小孩扶起摔倒老太被诬陷	91.4
39	5月	朱令案再成网络热点	91.3
40	6月	神舟十号成功发射受瞩目	91.3
41	5月	昆明PX事件"口罩实名制"	91.2
42	7月	北京男子因停车争执当街摔女童致死案	91.1
43	9月	两高：诽谤信息转发500次可判刑引争议	90.9
44	7月	吴虹飞扬言炸建委被拘	90.8
45	10月	广西刑警醉酒枪杀怀孕店主	90.8
46	12月	乙肝疫苗疑致婴儿死亡事件	90.7
47	8月	上海法官集体嫖娼事件	90.5
48	11月	李某强奸案二审	90.5
49	3月	长沙夺命井盖	90.4
50	6月	包养情妇副司长辞职	90.3
51	11月	张艺谋超生门	90.3
52	2月	2013年春运	90.2
53	12月	北京井居者引热议	90.2
54	1月	新交规"闯黄灯扣六分"引争议	90.1
55	5月	农夫山泉"水标准"之争	90.1

表2-2所示的舆情事件是按照社会舆情指数指标体系计算出来的舆情指数在90分以上的事件，这些事件具有较高的社会显示度和网络影响力，一定程度彰显了2013年中国网民对中国社会发展中出现的矛盾和议题的集中关照和社会性情绪宣泄焦点。

从55个事件的分布领域来看，主要分为以下四类：一是重大突发性事件，如禽流感肆虐、临武打死商贩事件等，这些事件看似孤立个体，但很多是社会发展中一直存在的深层次问题，只是一种外显方式而已；二是一些涉及社会公平问题，如李某某涉嫌强奸事件；第三类是反腐倡廉的事件，这是今年的一个亮点，自下而上的娱乐反腐和自上而下的运动反腐相结合，成为2013年社会舆情发展的新特点；第四类是常规性大事，如全国两会、全国高考等，这类事件历史久影响大，很容易引起民众的讨论。

总体来看，2013年90分以上的舆情事件个数为55个，稍微少于2012年的60个，一定程度上与打击网络谣言专项行动，挤压出了一部分社会舆论泡沫有关系；另一方面也与社会民众审丑疲劳有一定关联。

六、全年舆情事件的词频分析：质疑、官员、城管等词频最高

我们认为每个舆情热点事件的发生具有其自身的动力源，而这个动力源就是事件爆发的信息"元文本"，同样一个事件经过不同的信息文化呈现方式带给社会民众的情绪反馈和行为欲求度不同，有些新闻网民看了就是很愤怒，希望转发和评论，这就是信息文本本身的话语建构和传播修辞在起作用，因此根据传播修辞学，不同的传播修辞带来的传播效果不同，在计算机科学研究中，信息文本分析本身是一个重要的学科，因此有必要对网络事件的元文本进行分析，本书对2013年所有重要舆情事件的元文本进行了词频分析（主要是实词，即名词、动词和形容词），结果呈现如表2-3所示。

表2-3　2009-2013年社会舆情事件中"元信息文本"的高频词TOP10

年份 序号	2013年		2012年		2011年		2010年		2009年	
	关键词	词频	关键词	词频	关键词	词频	关键词	词频	关键词	词频
1	质疑	2099	微博	2828	事故	1507	局长	1342	争议	1143
2	官员	2010	网友	2708	死	1443	警方	1337	官员	1042
3	城管	1710	质疑	2304	争议	1228	死亡	1102	最牛	923
4	网友	1574	网传/曝	2120	微博	1130	领导	1057	死亡	806
5	局长	1495	官员	2014	审判	1073	拆迁	1011	言论	758
6	落马	1340	公务员	1781	豪车	971	采购	949	警察	652
7	中央	1065	死亡	1475	天价	750	城管	786	局长	450
8	打死	885	艳照	1242	谣言	617	跳楼	662	幼女	355
9	警察	679	视频	1025	招聘	446	猥亵	546	事件或门	189
10	幼女	519	争议	769	实名	346	嚣张	410	自杀	161

表 2-3 是五年来整个社会舆情事件的信息元文本的高频词的分布情况，从上表可以看出，从五年总体趋势来看，主要是以负面性事件为主，如官员、局长、警察等。2013 年的高频词凸显出社会舆情事件中的主要社会角色是网民代表的草根力量和以官员、警察、城管等为代表的公权力，这对矛盾主体一直贯穿于整个社会舆情的发展之中。另外，随着中央加大反腐倡廉的力度，中央的一些措施和习近平总书记的举动也带来了网民的关注，中央一词也成为高频词出现，凸显了社会话语场域中以往相对缺席的上层开始介入，无论其是以加强管理的强化姿态出现还是以社会舆情的参与者出现，都凸显了其角色的回归。

从近五年的高频词可以看出，死亡、质疑、警察等词逐步成为社会主要关注焦点词，从这些高频词可以看出以下几个特点：一是事故频发，体现了危机社会来临，事故不再是一个个偶然孤立事件，也不是靠概率所能推算的，危机成为一种社会常态化存在；二是微博对社会信息的整合和重构趋势加剧，逐渐成为社会信息的阀门和中转站，在社会信息权力格局中扮演越来越重要的作用；三是在这个人人发声的时代，谣言作为一种信息异常形式而广泛存在，信息发布权利的下放必然带来信息良莠不齐，但不同信息在信息自由流动市场，互相参照、互相验证，很快就会使得真相大白，不同的信息碎片很快在社会信息自组织系统内完好地拼接出整个事件原貌，这一方面是社会信息的无影灯效应，另一方面也是信息的有机化运动，和马克思所说的"报纸的有机化运动"有着异曲同工之妙。

七、舆情的烈度分布：以橙色警戒级别为主

根据通用的警戒分类方法，将舆情指数为 90-100 分之间的热点事件的警戒级别划分为红色；80-89 分之间的划分为橙色、70-79 分之间的划分为黄色；60-69 分之间的划分为绿色。根据这种划分方法，可以将 2009-2013 年五年来的所有舆情事件进行一个总体把握，比较结果如图 2-4 所示。

如图 2-4 所示，2013 年整体社会运行在相对安全的橙色和黄色警戒级别，五年来基本上处于橙色以下级别运行，社会整体运行相对平稳，综合五年来看，红色警戒级别的事件比例有所上升，上升幅度不大，2013 年与 2012 年基本持平。另外，舆情事件警戒级别的集中化趋势越来越明显，社会整体运行压力在不断增加，从图中的数据可以看出，民众对社会现实存在一定的克制度，社会整体容忍度在整体提升，但由于社会现实中问题重重，民众对社会现实依然存在一定克制容忍度，但基本上接近于社会阈值，因此必须对这种社会不满情绪和愤懑进行有

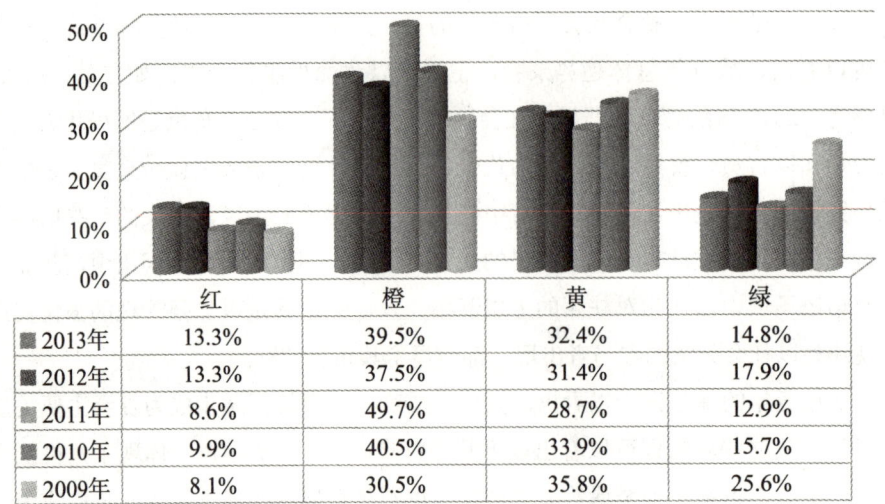

图 2-4 2009-2013 年社会舆情事件的预警级别分布

效疏导,不是靠实名制、加强管制这种"堵"的方式一刀切,而是要加强与民众的对话,给民众一定吐口水的社会言论空间,只有这样社会才能平稳发展,否则一旦达到社会的容忍克制度,会造成很严重的社会后果,虽然这个后果不一定是社会大动荡,但也会让执政者头疼。

八、舆情事件集中的领域:官员违纪、社会民生等重点集中领域

为了更好地刻画出 2013 年舆情热点事件的具体分布,本书对所有事件的集中领域进行分类,主要分为以下几个领域:民生领域、官员违法乱纪等行为、政府行为不当、明星事件、社会公平和贫富分化事件、官员和学者不当言论、政府出台的政策、网络文化潮流事件、网络商业事件、国际事件、重大突发事件、涉及国家利益事件、涉及垄断特权的央企等,结果呈现如图 2-5 所示。

2013 年,官员违法乱纪行为、社会民生、政府行为不当和不当言论成为整个社会关注的主要核心领域和社会心理"痛点"。2013 年,官员的贪腐等违纪行为依然是民众关注的焦点,主要与网络反腐和娱乐反腐形式的出现,以及中央"苍蝇老虎一起打"的高压态势有关;社会民生依然是社会焦点问题,房价、医疗、保险等依然是民众关注的急切焦点。另外,政府作为公权力机关,一些政府行为和执政能力有待改善与提升,如湖北双峰的 PS 横幅等;还有个别官员和教授等学者的不当言论,不顾及中国国情和社会民众的心理,信口开河,造成了社会民意的啸聚和吐槽。

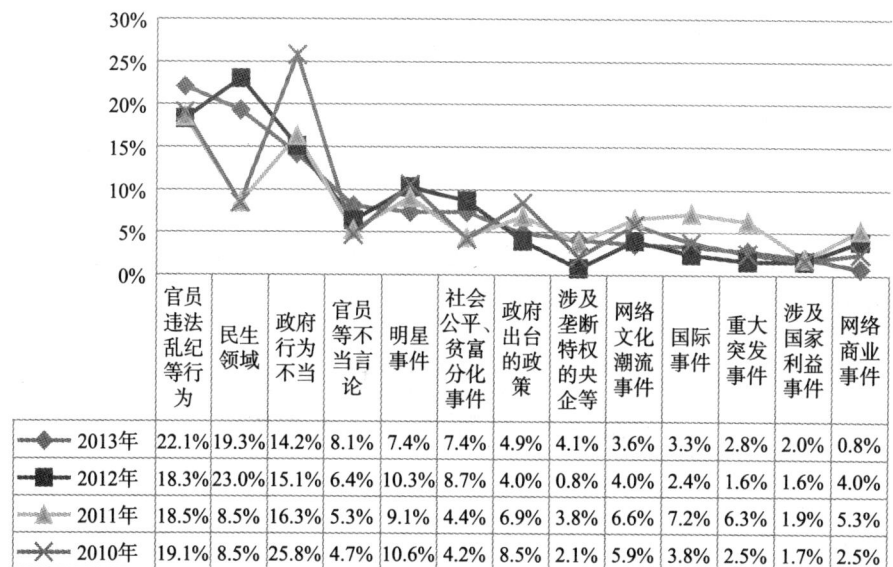

图 2-5 2009-2013 年所有舆情事件的集中领域分布

本书为了更好地对这些领域进行区分,对 2013 年的事件进行领域划分,相关结果如图 2-6 所示。

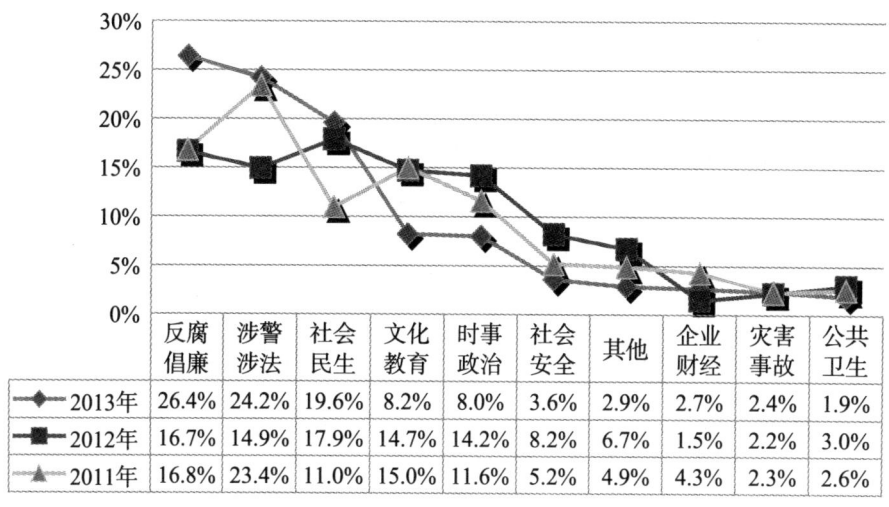

图 2-6 2011-2013 年社会舆情事件的分布领域

从图 2-6 可以看出,民众关注最多的事件主要集中在反腐倡廉、涉警涉法和社会民生领域,而 2012 年则是社会民生、反腐倡廉、涉警涉法、文化教育和时事政治等方面,这个变化凸显出社会腐败现象依然是民众关注的焦点问题,这一议题应该成为上下层共同的社会合意空间和公共话题，在进行反腐时也必须引入民众力量的参与，而不能将之作为旁观者或者工具，在这个合意的基础上，扩大民众与公权力之间的社会互信基础，进而扩大这个基础，重拾政府公信力；涉警涉法议题的上升主要是与司法作为社会公平正义的最后保护者有关，但由于目前宏观制度的设计存在问题，司法的独立性有待提升，常沦为公权力的家奴，很容易滋生更多的事件，因此，未来，司法改革尤其是司法体制中警察角色的转换和定位是重中之重。

九、舆情事件的关涉主体：公检法、县级以下政府是主要关涉主体

在每个舆情事件的背后除了网民和当事人本身，都有一个主要的利益相关主体，我们称之为关涉主体或者利益相关者，将这些关涉主体进行统计，可以看出网络事件关涉主体的大致分类和集中情况，在本书的分类标准中，我们将城管也划分到公检法系统，北京地区的实践也正在逐步将城管队伍纳入公安系统。关涉主体主要是从行为的施与者或者说是主动方来进行划分界定的。基本分析结果如图2-7所示。

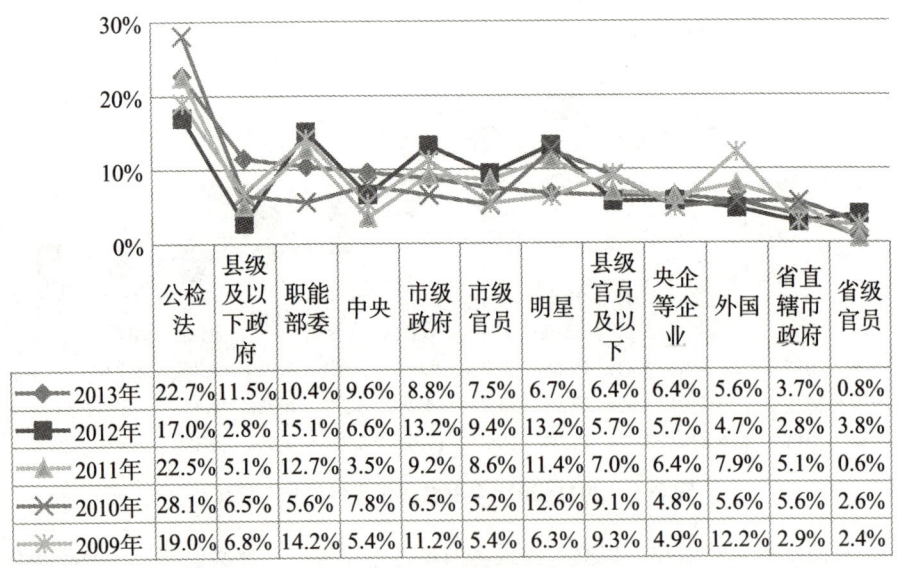

	公检法	县级及以下政府	职能部委	中央	市级政府	市级官员	明星	县级官员及以下	央企等企业	外国	省直辖市政府	省级官员
2013年	22.7%	11.5%	10.4%	9.6%	8.8%	7.5%	6.7%	6.4%	6.4%	5.6%	3.7%	0.8%
2012年	17.0%	2.8%	15.1%	6.6%	13.2%	9.4%	13.2%	5.7%	5.7%	4.7%	2.8%	3.8%
2011年	22.5%	5.1%	12.7%	3.5%	9.2%	8.6%	11.4%	7.0%	6.4%	7.9%	5.1%	0.6%
2010年	28.1%	6.5%	5.6%	7.8%	6.5%	5.2%	12.6%	9.1%	4.8%	5.6%	5.6%	2.6%
2009年	19.0%	6.8%	14.2%	5.4%	11.2%	5.4%	6.3%	9.3%	4.9%	12.2%	2.9%	2.4%

图2-7 2009-2013年社会舆情事件关涉主体分布

从图2-7可以看出，2013年的舆情事件关涉主体主要集中在公检法、县级及

以下政府、职能部委和明星等群体，公检法主要代表社会公平正义的最后维护者和保障者，却成为历年最主要的关涉主体，一方面说明整个社会民众的利益诉求机制、民意表达机制等不顺畅，只有依赖这最后一个保障环节；其次说明目前社会司法公正存在诸多亟待校正之处。

县级及以下政府是仅次于公检法系统的关涉主体，主要是政府行为不当和执政能力有待提升，很多事件和做法缺乏基本社会常识和正常智慧，为所欲为，治大国如烹小鲜，尤其要注意这一基层神经末梢，其对整个社会公权力公信力的影响是巨大的，这类公权力部门与社会民众接触最为密切，其一言一行都影响着政府公信力，正如很多网友评：打大老虎是必须的，但整天围绕自己恶心的苍蝇更应该打。综合市级及县级以下官员，两类群体的比例占到了总体的13.9%，处于很高的比例，这类群体的素质有待提升，治国必先治吏，治吏必须从严，这类群体的素质具有社会示范效应。

职能部委作为另一个重要的事件关涉主体，主要是因为随着社会文明水平的提升，社会管理水平亟待提升，但由于个别职能部委的思维还处在传统的管理思维水平上，刻舟求剑式或者屁股不坐在老百姓一边式的管理方式很难适应社会的发展，加上微博操练了民众的公民意识，因此很容易引起民众的民意反弹和杯葛。明星始终是民众茶余饭后消遣的谈资，加上网络本身具有休闲、窥私的属性，因此明星事件很容易引爆眼球。

十、舆情事件分布的行政级别：全国范围和地市级以下的事件更容易引起民众关注

由于我国目前的行政体制的科层制和属地管理的双重属性，我们将舆情事件发生的范围界定为以下几个级别：国际范围、港澳台、全国（除港澳台）范围、省级范围、一线大城市、地市级城市和县级及其以下。通过分析结果呈现如图2-8所示。

从图2-8可以看出，2013年舆情事件发生的范围比较集中的是全国范围和地市级行政区域等，尤其是全国范围内的事件占到了总体的30%，说明社会同质化水平进一步增强，社会民众的认同感和社会合意空间越来越高；另外是地市级城市下降为第二位行政区域，加上县级及以下区域，即地市级以下的行政区域占到了总体的45.5%，说明基层区域相对于一线大城市更容易发生社会舆情事件，关注与自己命运休戚相关的小人物成为网民群体围观的主要对象和动力。

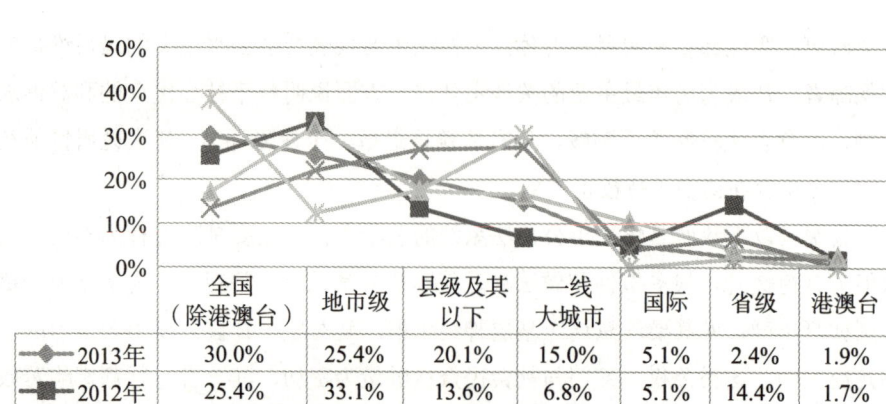

图 2-8　2009-2013 年社会舆情事件发生的行政区域分布

从五年来的变化趋势来看，全国（除港澳台）范围内的事件更容易引起民众的关注，主要是一些大事件；地市级及以下的确是舆情事件的高发区域，也是维稳的主要区域，一线大城市与基层的社会管理水平的差距还是十分明显的。

十一、舆情热点事件的省域分布：
集中在湖南、广东和河南等

由于我国目前的政治体制是以"封邑制"的属地管理为主，因此本书以舆情事件产生的省域为主要研究对象，对舆情事件所发生的省域统计，需要说明的是，由于北京作为国家的首都，在归纳时以发生在北京，影响没有波及到全国的事件为对象。由于全国有三十余个省级单位，本书只呈现发生舆情事件比例较多的省域。

图 2-9 中颜色越重表示该省域发生的社会舆情事件越多，影响力也越大，从图中可以看出，2013 年发生舆情事件最多的省域分别为河南、湖南、广东和山东等省份。河南作为中原大省，经济发展水平不高，人口众多，素质参差不齐，近几年社会矛盾相对尖锐、社会管理水平有待进一步提升，加上当地的社会文化背景和民风，一定程度上促成了当地舆情多发的态势。

广东作为改革的前沿阵地，加上外来人口数量较多，与本地人之间的矛盾也有进一步激化的趋势，而且广东地区的媒体相对发达，新闻传播环境较为宽松，因此发生舆情事件的比例较高。

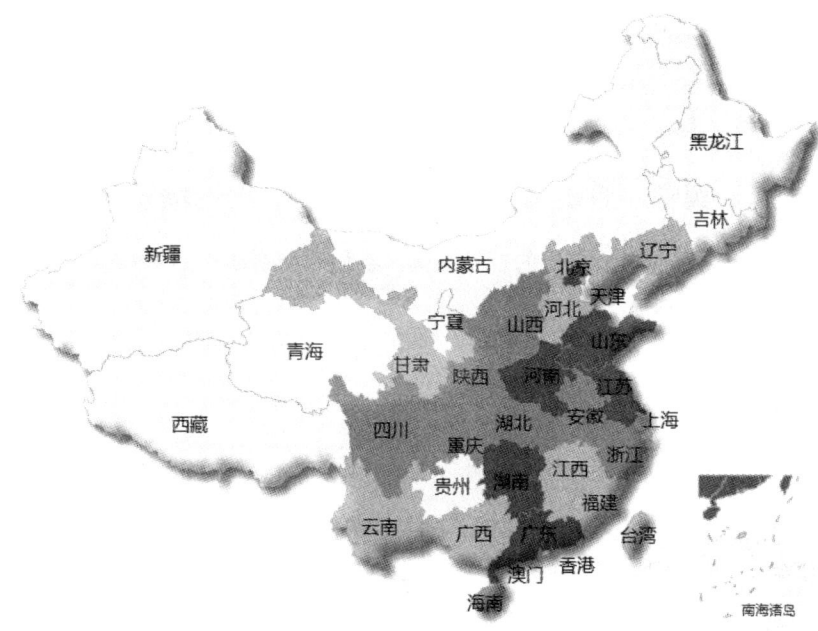

图 2-9 2013 年社会舆情事件的省域分布图

从全国地域的分布来看，主要集中在中东部地区，并不是说明这些地方经常发生社会事件，一定程度上与这一地区互联网普及率高，媒体信息渠道畅达有关。

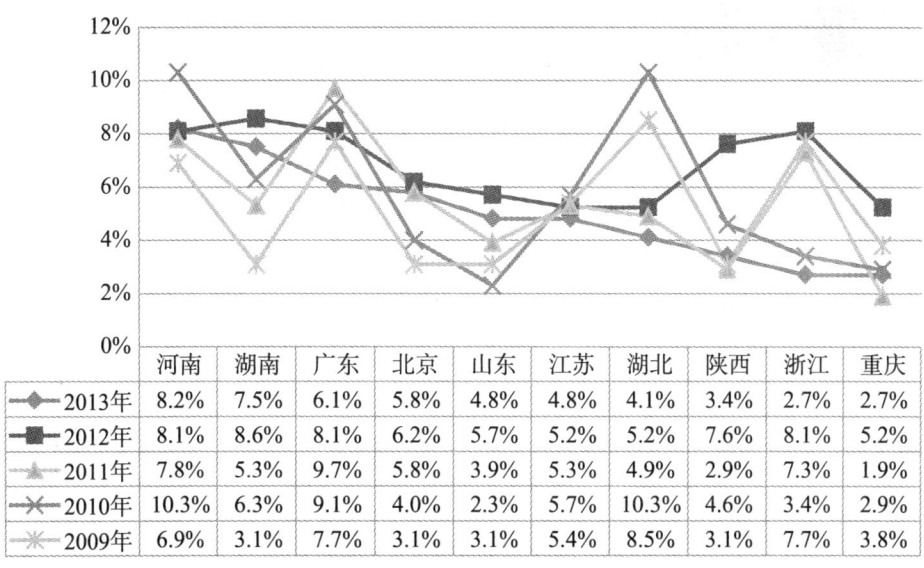

图 2-10 2009-2013 年社会舆情事件发生较多的十个省份

从五年来的变化情况看，舆情事件发生最多的省份依次是广东、河南、湖南等省区。这些地区舆情多发的原因也不尽相同，与当地的社会管理水平和社会文化有很大的相关性。

十二、舆情事件的首发主体：移动互联舆论场跃然纸上

为了更好地说明舆情事件的首发主体，我们对所有事件的首发主体进行了更细的划分，结果呈现如图2-11所示。

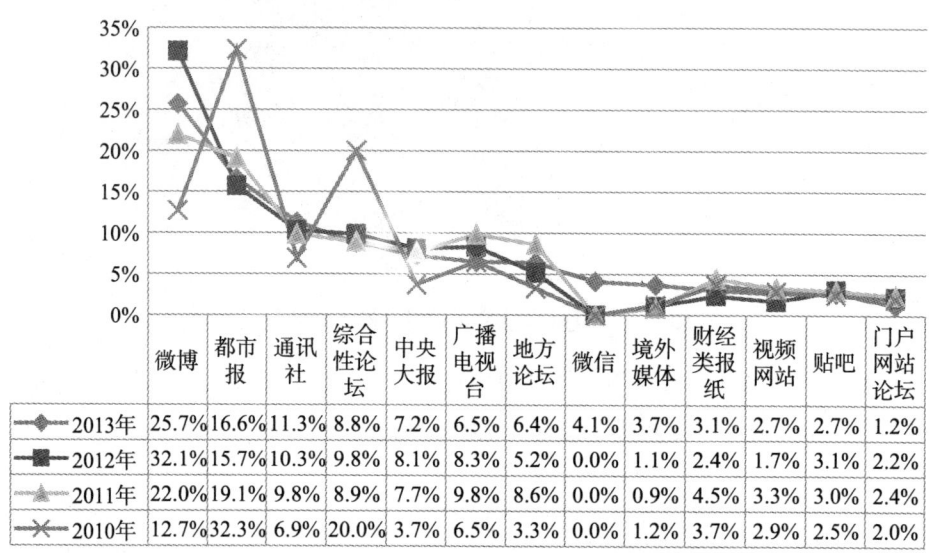

	微博	都市报	通讯社	综合性论坛	中央大报	广播电视台	地方论坛	微信	境外媒体	财经类报纸	视频网站	贴吧	门户网站论坛
2013年	25.7%	16.6%	11.3%	8.8%	7.2%	6.5%	6.4%	4.1%	3.7%	3.1%	2.7%	2.7%	1.2%
2012年	32.1%	15.7%	10.3%	9.8%	8.1%	8.3%	5.2%	0.0%	1.1%	2.4%	1.7%	3.1%	2.2%
2011年	22.0%	19.1%	9.8%	8.9%	7.7%	9.8%	8.6%	0.0%	0.9%	4.5%	3.3%	3.0%	2.4%
2010年	12.7%	32.3%	6.9%	20.0%	3.7%	6.5%	3.3%	0.0%	1.2%	3.7%	2.9%	2.5%	2.0%

图2-11 2010-2013年社会舆情事件的首发媒体分布

从2013年的整体变化来看，微博依然是社会第一大信息源，占到了总体的四分之一，但与2012年的三分之一比下降了7个点左右，与微博用户的活跃度下降比例十分接近；其次是都市报，占到了总体的16.6%，相较于2012年有所上升，都市报依然和微博一样成为社会信息最主要的两个源头；再次是通讯社和综合型论坛。以上媒体形成了三个序列，即第一序列是微博和都市报，绝对的舆情事件信息源；第二序列是通讯社；第三序列是主流的综合性论坛和地方论坛，很多信息尤其一些贪腐信息、涉警涉法信息首先是在地方论坛被爆料，经过网络搬运工搬运到主流综合论坛，如天涯、猫扑等，再经过微博等转发进而引爆整个网络的。

在这里，本书将微信也作为一种首发媒体，其占到总体的4.1%的比例，虽然不高，但能说明这一社交平台也兼具爆料的媒体属性，如中国人民大学招生就

业处处长潜逃的消息就是在微信中大范围传播，后来被一个加 V 用户 @信力建作为新闻转载到微博中，后来因为没有得到证实，此人在转发不超过 500 次前删除了，这个案例说明了两点：一是微信虽然小道消息横行，但可以成为一种新闻爆料平台；二是微博和微信在社会舆情生成过程中扮演着接力传播的特点，微信是后台，微博是前台，后台为前台制造话题和社会认同，提供情感支持。

十三、舆情事件的议题活跃天数：平均每个话题活跃天数为23.2天

由于网民对某一事件或者话题具有一定兴趣周期，一个一成不变的话题不可能引起民众持续的关注，正如马克思所说，新闻报道是报纸的有机运动。因此不同的议题在网民的视域中会有不同的活跃周期，即都有议题的出现、发展、高潮和消退期。本研究根据百度提供的百度搜索指数。以十八大为例，如图 2-12 所示。

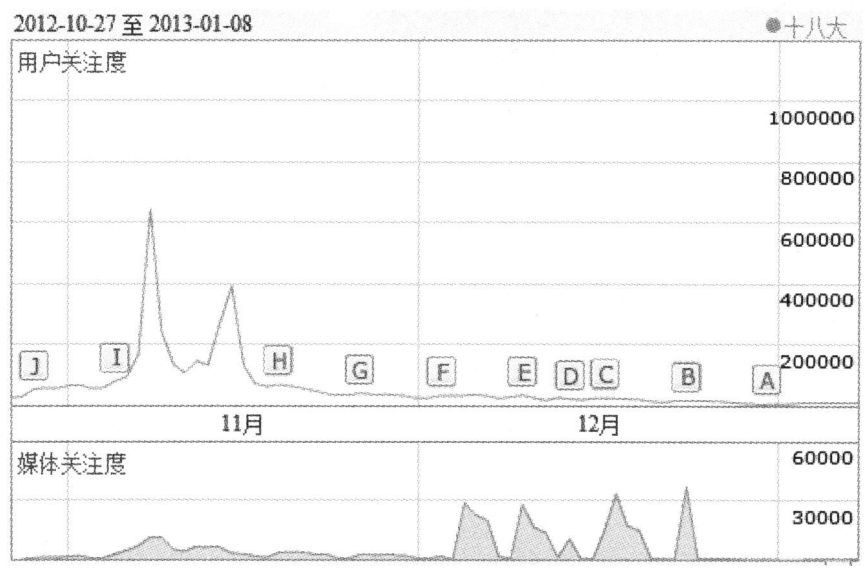

图 2-12　十八大的社会关注度变化

可以对不同的舆情事件统计出其活跃的天数。通过对 2013 年的舆情事件进行统计可以计算出 2013 年平均每个舆情事件在网络上的活跃周期为 21.6 天，相较于 2012 年的 23.2 天有所回落，说明网民对事件的关注周期有所下降，造成这种情况的原因主要有：一是这类事件一般影响比较大，事件真实还原需要一段时间，更为重要的是微博这类社会化媒体的崛起，全民介入到事件真实的"拼图游

戏"中来,整个事件的真相成为全体社会民众参与的碎片化信息的拼接游戏中来,整个社会真实的建构成为"有机的社会运动",当然,这一过程伴随着质疑和谣言,法国思想家狄德罗曾有言曰"质疑是迈向哲理的第一步",质疑一切可以质疑的东西是当下网民的突出特点之一,但这恰恰是寻找和建构社会真实过程中的"副产品",必须理性去看待网络谣言,不可能构建出来一个完全自清自明的、毫无杂质的虚拟网络社会空间;二是民众的社会审丑疲劳感进一步增强,对很多事件的心理耐受力不断增强,网民最初的一腔热血越来越冷却;再加上微信等小圈子群体的崛起,社会兴趣的窄众化和小圈子化,对很多社会公共话题所花费的时间和精力都在不断下降。

另外,和2012年一样,2013年一个事件从发生到大众媒体介入的平均时间统计结果发现每个事件从最早的信源发出到传统大众媒体开始介入的平均时长为2天,大约45个多小时,这段时间是一段很好的危机公关时间,但很多没有引起利益相关方的关注或处理方式不对,造成事件最后一发不可收拾。

网民对事件的关注平均周期为半个月,一定程度上说明了网民关注事件的短期和有限性,很容易被一个更新的事件所牵引,引起兴趣点的转移。如果我们以半月(15天)为一个时间区段,得出不同的时间区段的比重如下图2-13所示。

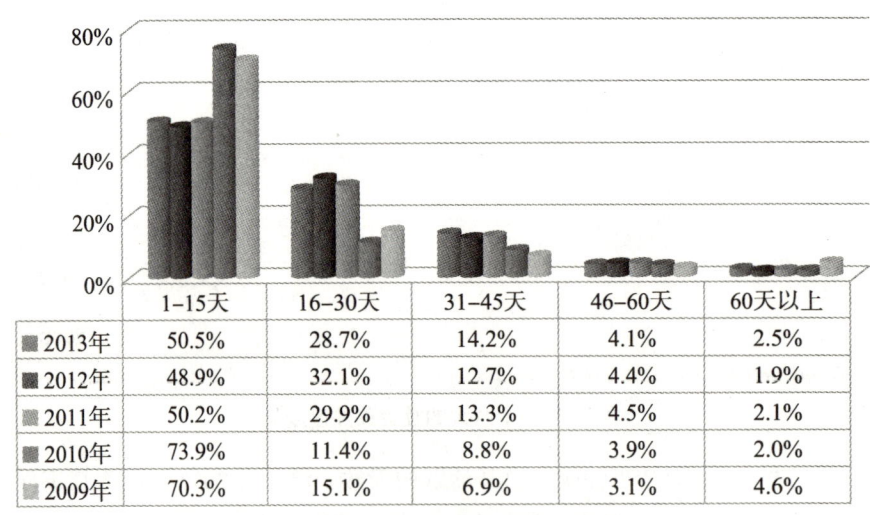

图2-13 2009-2013年社会舆情事件的议题活跃天数分布

从图2-13可以看出,一半左右舆情事件的活跃周期为两周,基本上两周内都可以解决或者转到其他社会议题上,29%左右的舆情事件的活跃周期为16-30

天，两者占到了总体的近90%，说明大多数事件的活跃周期都在1个月以内，除非该事件不断有新的变化因素的介入。

与往年相比，2013年舆情事件在议题活跃期的变化主要表现在：一是1-15天的事件出现了一定幅度的上升；二是16-30天的事件有所下降，这些数值的变化使得每个事件的平均议题存活周期有所下降，下降了大约1天左右。

第三章 2013年中国社会舆情月度报告

第一节 1月社会舆情报告

一、舆情事件列表

表 3-1 1月社会舆情事件列表

序号	舆情事件	舆情指数
1	陕西神木县"房姐"	94.5
2	南方周末风波事件	93.3
3	兰考孤儿火灾遇难引争议	91.5
4	新交规"闯黄灯扣六分"引争议	90.1
5	伊春上访者被关太平间3年	88.7
6	反腐女侠赵红霞红爆网络	88.5
7	周星驰彭丹入选政协引热议	87.2
8	铁道部叫停抢票软件惹争议	87.1
9	7千乘客滞留 昆明机场饱受诟病	86.7
10	广东佛山代购火车票被刑拘引争议	86.2
11	北京连日阴霾天气	85.9
12	南方集体供暖备受关注	84.1
13	济南历城原公安局长被曝拥16栋楼被称房祖宗	83.8
14	河南商丘市原信访局长艳照门事件	83.1

（续表）

序号	舆情事件	舆情指数
15	乐山警车送来的请柬，你说去还是不去	82.1
16	网传缅战机进入中国领空	81.5
17	地方两会官员财产公示受关注	80.4
18	学界频现呼吁赦免贪官声音	79.3
19	80后美女副市长升迁遭质疑	78.1
20	选美小姐变身市长秘书受非议	77.2
21	李大眼签售新书被打	76.3
22	北京饮用水水质引关注	75.7
23	中央编译局局长衣俊卿因生活作风问题被免职	74.8
24	各地落实"八项规定"两会现新风	73.6
25	周克华女友受审	72.6
26	公选青年才俊副市长一年落马	72.2
27	泰囧热映	71.5
28	云南彝良书记被指购超标车选调年轻女性陪酒	70.6
29	记者扮聋哑人暗访救助站被工作人员缚手围殴	69.1
30	赵本山二度退出春晚	68.6
31	国家统计局公布基尼系数引争议	67.3
32	伊能静被禁言事件	66.7
33	深圳市委书记弃奥迪座驾换乘国产电动汽车	65.3
34	三鹿事件多名问题官员复出引心寒	64.8
35	北京长沙执法人员被指抢流浪人员御寒衣被	64.1
36	周立波徐峥骂战	63.2
37	佛山警方180万购4辆摩托	62.7
38	法学教授跪访替人维权	61.0

二、各省域舆情指数分布

根据1月舆情指数及事件，根据其地域分布，可以得出下图3-1所示的省域分布。

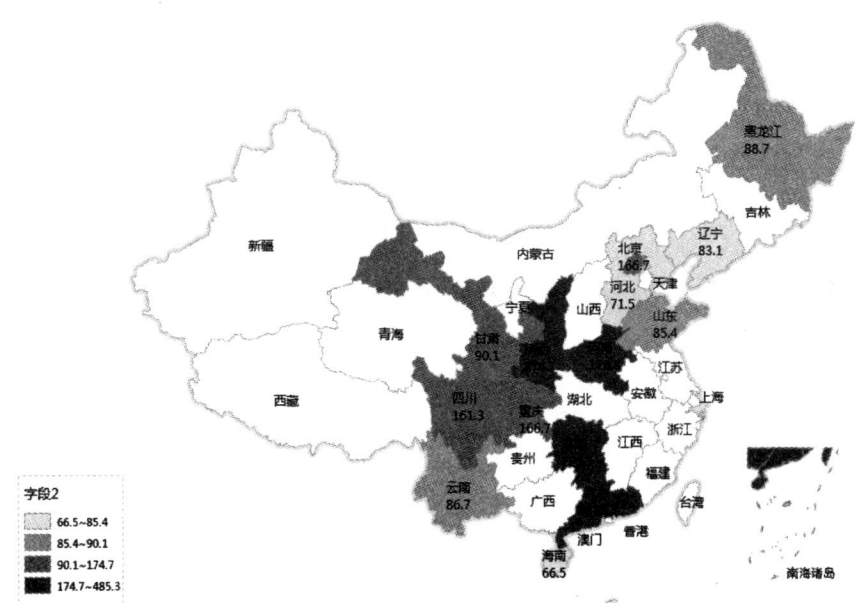

图 3-1 1月社会舆情事件省域分布

从上图可以看出，1月份舆情事件主要集中在，广东、湖南、河南和陕西等四个省域，全国来看，以中部省份舆情事件为最。

三、本月度舆情特点

在突发事件公关过程中，政府部门对事件处置过程的问责往往成为舆论焦点，这既是公众十分关注的结果，也是直接影响政府声誉的关键所在。在舆情处置过程中，政府如果对此采取回避的态度，则势必引起媒体和公众的不满，损害政府形象。因此，政府在处置舆情危机和引导舆论的过程中，应当直接触及责任主体，根据实际情况理清政府、部门、单位、个体的责任，主动向媒体解释，给公众解答，树立责任政府的形象，而不是与公众意愿作对，不仅不主动公开事实，反而帮助责任主体逃避舆论的监督。在处置过程中，对承担责任的单位与个人作出相应的处理，满足媒体和公众的问责期待，这样不仅可以变突发事件的舆情被动为舆情主动，还可以促使责任主体高效、妥善处置突发事件，使得其对社会造成的不利影响和环境危害降到最低限度，同时也有利于平息舆情危机风波。

以坦白的态度快速高效的回应，主动提升了信任值，受到了网民的好评。事实证明，只要官方外在的行为能符合民意期待，公布真相不会降低官方威信，反而能提振公众信心。

第二节 2月社会舆情报告

一、舆情事件列表

表 3-2 2月社会舆情事件列表

序号	舆情事件	舆情指数
1	李天一涉嫌轮奸案	94.5
2	2013年春运	90.2
3	袁厉害房产报道引争议	89.4
4	区伯怒斥军人公车私用	88.5
5	吕梁市粮食局局长奢华办公室配双人大床	87.7
6	贪官出狱犹如荣归故里	86.9
7	漳州、盐城等地出台政策规定严禁"以人查房"	85.9
8	香港限购奶粉引热议	84.2
9	住房信息难联网遭质疑	82.1
10	浙江企业老板悬赏请环保局长游泳	81.7
11	三亚旅游悲惨遭遇	80.2
12	房姐事件持续发酵	78.4
13	北京雾霾天引担忧	78.3
14	学习粉丝团走红网络	77.8
15	网友热议河南垮桥事件	76.4
16	网曝山东潍坊企业恶性排污传闻	75.2
17	山西静乐县原县委书记杨存虎因女儿吃空饷被免职两月后复出	74.2
18	珠海市国企高管周少强"一顿晚餐洋酒七八万"	73.1
19	于建嵘发起随手拍军车豪车牌行动	71.8
20	温州市环保局报纸刊发广告自卖自夸	70.5
21	江西莲花县文广新局纪检书记李小平离婚承诺书	69.2

二、各省域舆情指数分布

根据以上舆情指数及事件，根据其地域分布，可以得出下图 3-2 所示的省域分布。

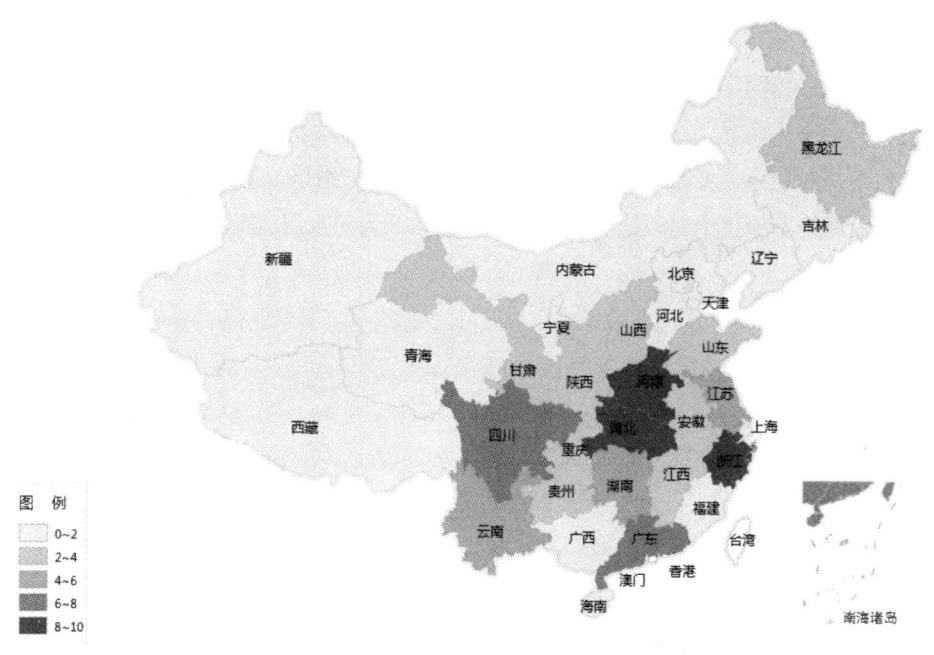

图 3-2　2 月社会舆情事件省域分布

从上图 3-2 可以看出，2 月份舆情事件主要集中在，海南、河南、山东和广东四个省域，全国来看，以华北、华南等省域的舆情事件为最。

三、本月度相关舆情特点

群体事件应对过程中，还原事件真相和公正合理的处置是民众的核心诉求。最大限度地满足公众的知情权，合理公正地处置事件，才能尽早地平复舆情态势。任何逃避、拖延事件信息公开和处置的行为，只能使舆情危机进一步恶化。从此次舆情发展过程来看，网络舆情危机的化解正是相关部门公正、合理及高效率的处置。天涯时评作者"栀夏世"亦指出，由网络执政到网络理政，不仅是一种执政方式的转变，更是一种社会治理的转变。回应培养的是政府公信力，而漠视则是积累民众的"仇官"情绪。

近几年来，国家在"三农"、社保、住房等民生领域，制定了大量的惠民政策。

一些不法人员却从中侵蚀民利，给国家和社会造成重大经济损失。专家认为，群众对民生领域腐败的"容忍度"较低，极易激化社会矛盾，亟须封堵制度漏洞。"民生领域的腐败问题能直接激起老百姓和政府对立，成为局部恶性事件发生的导火索。"

2013年以来，"表哥"、"房叔"等一些问题官员被网络曝光于大众"聚光灯"下，遭到纪检部门调查处理，网络反腐日益引人关注。然而，人们也发现，晒艳照、亮房产、小三曝光，网络反腐娱乐化、低俗化现象日趋严重。参加全国两会的部分代表委员建言，要把"权力关进制度的笼子里"，网络反腐也需要制度来规范，网络反腐绝不能止于"晒艳照、亮房产"，必须成为对反腐有益、有效的组成部分。

第三节 3月社会舆情报告

一、舆情事件列表

表3-3 3月社会舆情事件列表

序号	舆情事件	舆情指数
1	全国两会召开	93.2
2	长沙夺命井盖	90.4
3	华西村老书记吴仁宝去世	89.7
4	撤销铁道部喜忧参半	88.3
5	网民吐槽"猪投"上海	87.4
6	长春304偷车杀婴案	86.3
7	湘潭85后副县长	86.3
8	微信收费	85.3
9	第一夫人首次出访	85.2
10	征20%房产交易税	84.6
11	朝鲜撕毁停战协议	82.8
12	矿泉水瓶装茅台	82.4
13	李克强记者会上约法三章振民心	82.1
14	女记者抢矿泉水瓶遭吐槽	80.8
15	超长机构名称造网友吐槽	80.4
16	湖北双峰打击PS艳照雷人标语	79.4
17	养老金8年连涨民众毫无感觉	78.2
18	重庆女县长：19岁时当副乡长	77.4
19	巩汉林斥财产申报不成熟谬论	77.2
20	广州城管被小贩连砍七刀	75.7
21	谢长廷被新浪封号	74.1
22	慈善捐助捐400到手仅40	73.8
23	郑州副局长涉嫌强奸女大学生写悔过书	71.8

（续表）

序号	舆情事件	舆情指数
24	副市长因公超速引争议	70.3
25	重庆工商大学发生数百名教师集体维权事件	69.3
26	政协发言人吕新华"内地奶粉99%符合质量标准"言论引质疑	68.5
27	上海为奥运冠军提供免费医保	68.2
28	雷锋主题电影遇冷	67.6
29	武汉逾2万大学生贷款买苹果手机	64.1
30	深圳性奴侵害案	63.2

二、各省域舆情指数分布

根据以上舆情指数及事件，根据其地域分布，可以得出下图3-3所示的省域分布。

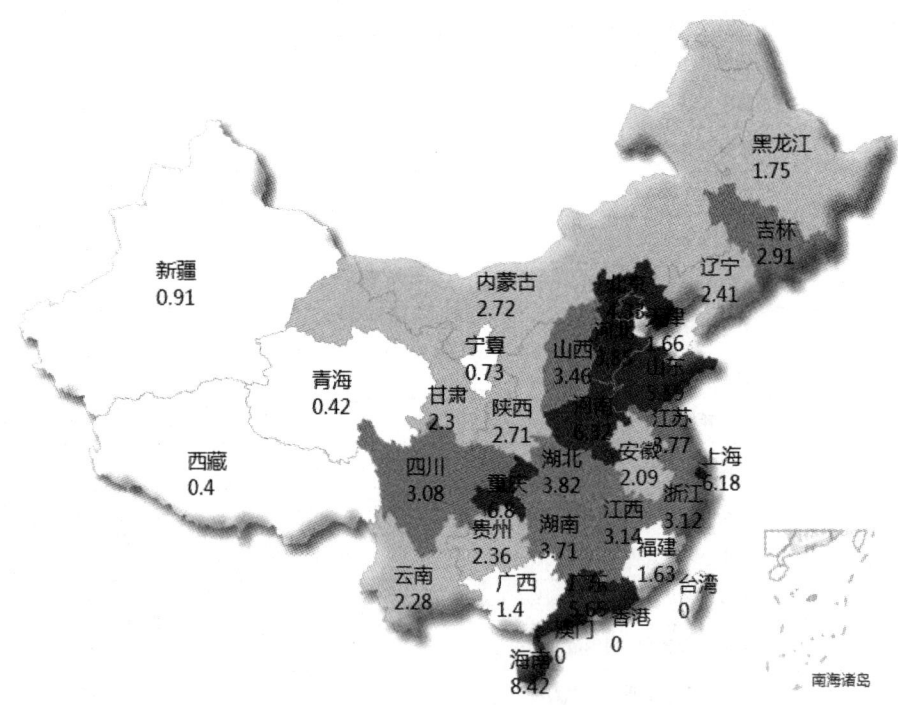

图3-3 3月社会舆情事件省域分布

从上图3-3可以看出，3月份舆情事件主要集中在河南、重庆、广东和山东等省域，全国来看，以中西部等省域的舆情事件为最。

三、本月舆情特点

最近一段时间，尽管群体性冲突事件有所减少，但舆情热点仍呈现高发频发的态势，不仅分布的地区、分布的领域更加广泛，而且由一般性社会事件转变为舆情热点事件更加容易。当前的热点事件一般涉及官民关系、警民关系、贫富关系、医患关系、城乡关系、劳资关系等。舆情热点的频发易发，一方面与民众维权意识增强、舆情表达更加便捷、媒体社会监督意识提高等因素有很大关系，另一方面也表明现阶段各种社会矛盾和利益冲突日趋复杂化、尖锐化，社会成员之间的非理性情绪和心理加重，社会关系的紧张程度和调处难度加大。

在目前各种社会矛盾、利益冲突加剧的情况下，各级政府的执政理念和执政能力、官员的道德修养和工作作风，更加受到民众的关注，一些违背民众利益、伤害民众感情的态度和行为，常常会引起民众强烈的反感，进而形成舆情热点。少数基层政府官员执政理念的严重缺失，他们身上表现出的拥有权力的傲慢和对民众利益的漠视，与我们党立党为公、执政为民的执政理念形成巨大反差，必然会引起舆情的强力反应。

加强舆情引导工作，还必须在增强舆情应对的系统性、科学性上下功夫，坚持以科学发展观为指导，逐步建立健全一套及时高效、运转有序、保障有力的舆情应对工作机制，把舆情引导工作贯穿于舆情生成、舆情表达、舆情扩散、舆情影响、舆情消退等舆情产生发展的全过程。一是健全舆情汇集和分析机制。其中包括舆情收集和舆情分析两个方面。舆情收集的渠道主要包括实地走访、重点访谈、信访渠道、网络论坛博客、问卷调查等。要重视人大、政协、社会团体以及党的各级组织在舆情收集中的作用。对于收集到的相关舆情信息，要建立专门的舆情分析研究判断机制，组织专门力量对舆情信息进行处理。舆情分析的重点是分析舆情的发展态势，包括舆情发展的方向、强烈程度，以及对社会政治、经济、文化等的影响。同时，要建立对重大决策出台可能出现的舆情分析预案制度。二是健全舆情引导的传播机制。各级党委、政府要完善新闻发言人和新闻发布会制度，主动做好权威信息发布。要完善相关法规，积极支持新闻媒体的舆论监督，加强信访工作，努力搭建政府与群众的互动平台，清除各种妨碍舆情正常传播的梗阻，形成舆情引导开放与控制的动态平衡。三是健全舆情引导的应急机制。要建立完善重大事件或突发事件舆情应急预案，有重大事件或突发事件发生时，要能够迅速调动各方力量，有效整合各种资源，综合运用各种措施，充分利用各种媒介，及时高效地引导舆情。四是健全舆情引导的监督机制。要建立健全舆情应对的领导组织机构、责任落实制度、任务分解制度、情况通报制度、定期分析制度，实行谁主管，谁负责，各职能部门要根据其职能权限和责任要求，切实承担起相应的部门责任和个人责任。要建立舆情引导的全程实时监控机制，对舆情引导过程中存在的问题和不足，能够及时发现，及时调整。要建立健全舆情引导工作的绩效考评制度和责任追究制度，对舆情引导的过程和结果进行考核评估，对应对不力、造成不良后果的要实施责任追究。五是健全舆情引导的运行保障机制。首先要加强舆情引导工作队伍建设，不断提高作为舆情引导主体力量的各级党的干部和宣传、组织、信访等部门相关人员的政治素质和业务能力以及学会与各种媒体打交道的本领，不断壮大和优化舆情信息员和网络通讯员、评论员队伍。其次要加快舆情引导工作立法，制定并运用行之有效的规章制度对新闻舆论进行行政和业务管理，逐步探索形成以法律规范为特征的舆情引导长效机制，使舆情引导工作逐步走上科学化、制度化和规范化的轨道。

第四节 4月社会舆情报告

一、舆情事件列表

表3-4 4月社会舆情事件列表

序号	舆情事件	舆情指数
1	H7N9禽流感肆虐	95.4
2	雅安地震	94.6
3	复旦投毒案引发关注	93.2
4	凤凰古城收费受非议	91.7
5	清华朱令铊中毒案	91.5
6	浙江奸杀冤案	89.2
7	唐慧案败诉	88.6
8	河北沧县环保局长用水煮红豆解释红色井水被免	88.1
9	波士顿爆炸事件	87.4
10	刘洋回乡超规格接待受非议	86.7
11	博鳌论坛	85.8
12	板蓝根体走红	85.4
13	红十字会官微收10万多条"滚"	84.6
14	习近平打出租车的虚假新闻	84.6
15	城管小贩互跪引热议	83.5
16	泰州官员吃豪餐遭市民围堵	83.2
17	抗日剧现全裸女	82.1
18	农夫山泉水质问题	82.1
19	新疆巴楚县发生暴力恐怖案	81.8
20	我是歌手爆红	81.4

（续表）

序号	舆情事件	舆情指数
21	女孩学雷锋求助警方遭铐打	80.5
22	兰州派出所长嫖宿数十幼女	80.1
23	广东"坟爷"事件	79.5
24	假冒司长赵锡永	78.8
25	女子被劫拍裸照只为删帖	78.4
26	海天盛筵爆出丑闻	78.4
27	港府赈灾捐款遇冷	77.4
28	成龙捐楼	76.8
29	国产奶粉质优于进口言论引杯葛	76.6
30	黄金下跌引抢购潮	76.3
31	网曝杜海涛因不满墨镜被摘与人起口角	76.3
32	女主播披婚纱报道地震	75.3
33	芦山副乡长被就地免职	74.7
34	河南陕县5名官员福建考察归来遇车祸身亡引网民喝彩	74.5
35	高二男生升旗式上向女生表白引微博热议	74.2
36	整治中国式过马路	73.2
37	女婿举报局长岳父摆女儿婚宴敛财	73.2
38	县级接待费公开	71.4
39	规定幼儿园小朋友捐款数额	71.3
40	街头拉横幅呼吁官员公示财产被拘	70.2
41	"淫秽色情鉴定官"受热捧	68.3
42	韩红厌恶赈灾歌曲	63.3

二、各省域舆情指数分布

根据以上舆情指数及事件，根据其地域分布，可以得出下图 3-4 所示的省域分布。

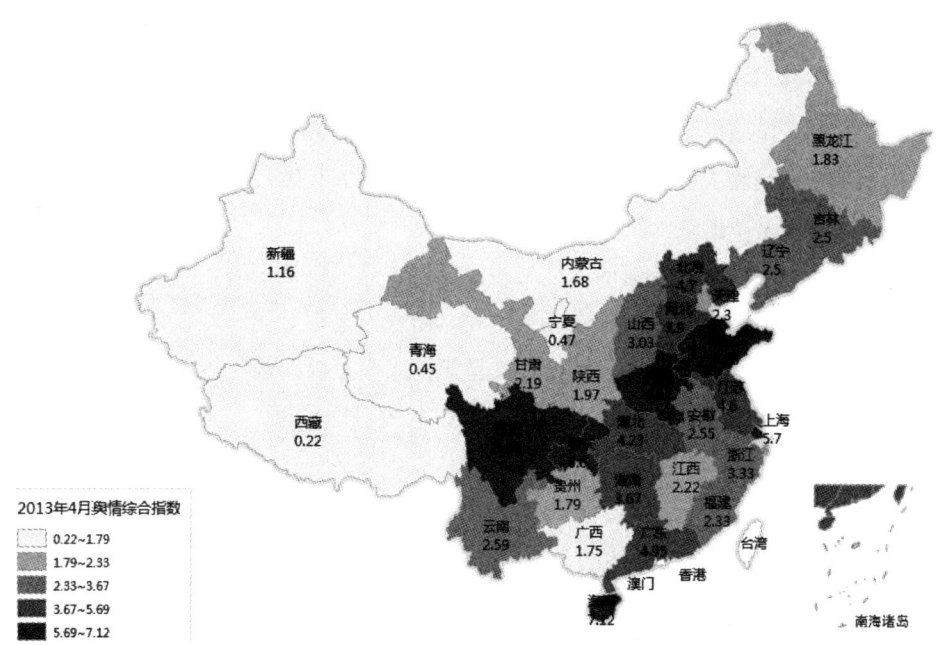

图 3-4　4月社会舆情事件省域分布

从上图可以看出，4月份舆情事件主要集中在海南、河南、四川、和山东等省域。

三、本月舆情特点

"媒介即隐喻"是尼尔·波兹曼在其著作《娱乐至死》中的核心观点，他认为"和语言一样，每一种媒介都为思考、表达思想和抒发情感的方式提供了新的定位，从而创造出独特的话语符号。"媒体能够以一种强大的隐形力量来规定现实世界。技术改变所带来的媒体形式变化是隐形力量的源泉，因为特定的形式会偏好某种特殊的内容，最终会在潜移默化中塑造整个文化的特征。每一个时代都有自己的媒介，每一个时代必然蕴含着自己的思维方式，有着独特的文化特质。

反观社会化媒体为公众表达提供了舞台，极大地改变了大众媒体主导的传媒生态，社会化媒体的典型代表——微博成为社会第一大信息源，占总社会信息源的三分之一，社会化媒体成为整个社会场域的策源地。但在公众积极利用这一全新平台进行公共议题的讨论时，也遇到传统媒体时代就存在的各种政治和社会表达禁忌，并非能够随心所欲，于是网民表达在各种规制中不断被型塑。用"隐喻"来表达蕴含着自己的情感烙印和独特的话语特质，可以对内心无奈和自嘲进行

"情感投射"，近乎"强迫症"似的戏谑化表达便于进行情感的宣泄和获得认同感，戏谑化成为社会化媒体时代的隐形规训方式型塑着新的社会话语表达。以往处在"庙堂之高"的政治新闻也被拿来作为调侃和戏谑的对象，以近年来"两会"为例，相当一部分网民将关注目光放到明星代表、领袖后人代表以及"雷人提案"等两会花絮中去，呈现出政治新闻"小报化"、戏谑化倾向。

另外，近几年层出不穷的社会网络流行语也是网络话语表达戏谑化的附加产品，这些流行语都是高度浓缩之后的产物，隐含着老百姓对一些事件的态度和看法，一般具有几个基本特征：一是形式精简，大多是以词语、短语，最多也是以短小精悍的句子形式出现，便于记忆、模仿和大范围传播；二是信息量大，一个词或者一个短语能表现一连串的事件以及人们对事件的态度与反应；三是修辞多样化，尤其具有极强的戏谑色彩，其中不乏令人赞赏叫绝的例子，形象生动，富含感情色彩，比如"吃地沟油的命，操中南海的心"、"躺着也中枪"、"你幸福吗？"等等；四是衍生功能强，即信息再生产能力强，很快被民众所接受并被大规模使用和延伸。

戏谑化的网络流行语具有较高的社会价值，从长远来说，它可以折射出一个时代公众话语权的变迁；从近期来看，它可以看出网民生活交流方式的改变。从公众心理变化来看，这种戏谑的表达方式从不登大雅之堂，变成了社交媒体乃至于自诩主流媒体的座上宾。戏谑化的表达方式，这是千万网民的智慧的结晶，在媒介生态演化中历经碰撞和淬炼，形成一道主流文化亮丽的风景线。

第五节 5月社会舆情报告

一、舆情事件列表

表3-5 5月社会舆情事件列表

序号	舆情事件	舆情指数
1	万宁校长带女生开房刺痛公众神经	92.4
2	朱令案再成网络热点	91.3
3	昆明PX事件"口罩实名制"	91.2
4	农夫山泉"水标准"之争	90.1
5	中国式到此一游引争议	89.4
6	京温安徽女子坠楼事件	89.3
7	张艺谋"超生"遭质疑	88.6
8	白宫网站请愿走红	88.1
9	"校长,开房找我,不要找小学生!"体串红	87.8
10	菲律宾枪杀台湾渔民受关注	87.3
11	假羊肉冲击餐饮业	87.2
12	13岁女孩被戴手铐游街示众	86.7
13	刘铁男违纪被查 官方曾回应称造谣	86.2
14	大连女骑警高成本遭质疑	86.2
15	"镉大米"事件	85.3
16	市长自曝工资2440元引热议	85.3
17	700万毕业生面临"毕业即失业"	84.8
18	清理会员卡,向隐蔽腐败开刀	84.2
19	杨晓青的"宪政属资论"引争议	84.2
20	中国铁建天价业务招待费	83.5
21	中石化拒为救护车加油致人死亡存疑	82.2
22	郑州酒吧欢迎田局长	81.3
23	中纪委派出中央巡查组	80.6
24	解放军报题目引争议	80.3

（续表）

序号	舆情事件	舆情指数
25	28岁正教授引网友膜拜	79.3
26	官员海外子女要求归国谣言引关注	78.9
27	非京籍考生成美国公民后高考可加分	78.4
28	幼儿园抢生源投毒	78.3
29	山东农村洋媳妇遇强拆靠涉外身份保护丈夫	77.5
30	朝鲜扣押勒索中国渔船事件	74.7
31	相关调查称公务员"最不幸福"引争议	74.2
32	警察诱奸嫌犯	73.5
33	赵红霞被起诉	73.2
34	深圳官员在台猥亵案	71.4
35	湖北盗版字典事件	70.4
36	郭美美被疑继续炫富	68.4
37	山东毒生姜	68.3
38	北京出租车涨价听证会	64.2

二、各省域舆情指数分布

根据以上舆情指数及事件，根据其地域分布，可以得出下图3-5所示的省域分布。

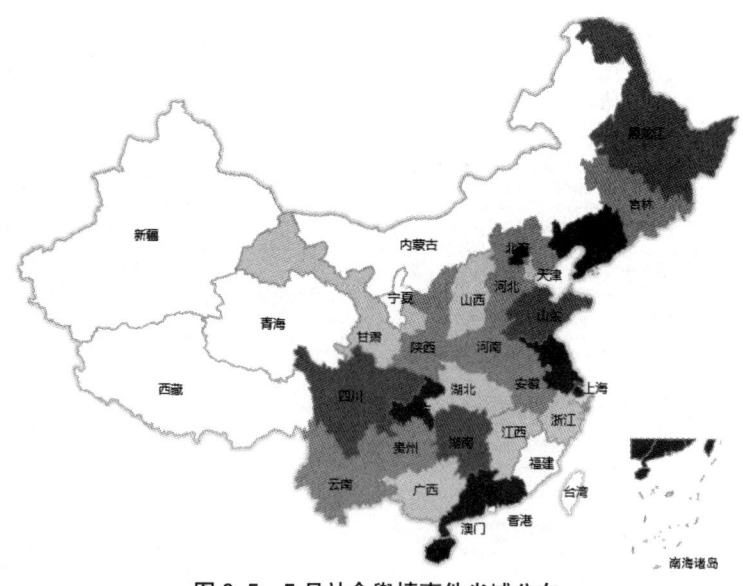

图3-5 5月社会舆情事件省域分布

从下图3-6可以看出，5月份舆情事件主要集中在海南、北京、重庆和江苏等省域。

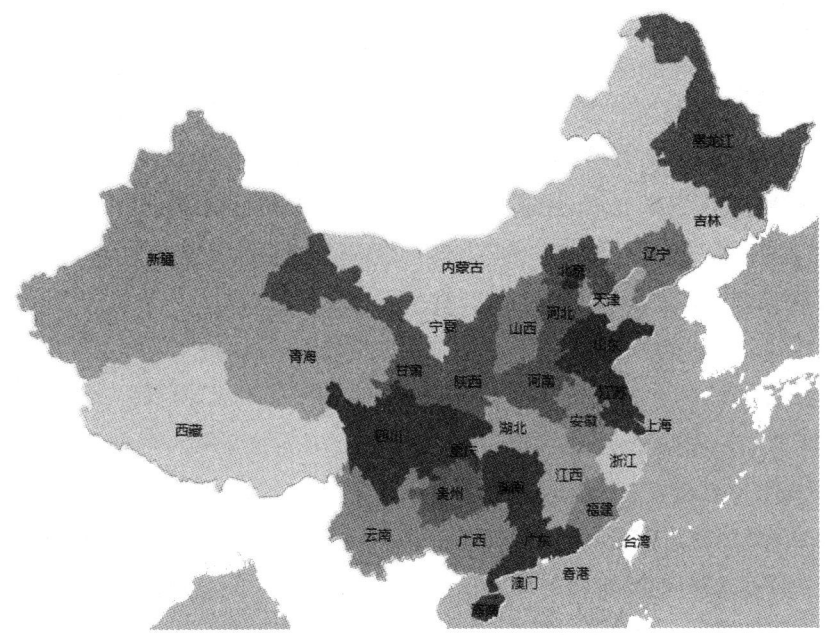

图3-6　5月社会负面舆情事件省域分布

负面舆情主要集中在海南、四川、北京和山东等省域。

三、本月舆情特点

一是舆情预警不利，忽视舆论引导引发集体表达。任何危机爆发都存在一定诱因。安徽籍外来进京务工女孩坠楼身亡，看似一起普通命案，但因其"外来进京"的弱者身份，触及了社会深层矛盾以及涉及公平、公正的价值判断，必然引发网民意见集体表达。而在此次舆情危机潜伏初期，相关部门忽视了舆情前期的预警，缺乏相应的引导和对所反映问题的重视及积极解决的态度，正是危机爆发的重要原因。

二是未及时满足公众的信息需求错失良机。危机蔓延存在引发次生、衍生事件的可能性，但演化的动力还是来源于触及各类社会矛盾以及涉及公平、公正价值判断的诱发事件所引发。在这一阶段，舆情事件一经发生，2至3小时就可以在网上蔓延、甚至误传，推动危机事件的爆发。但在5月3日坠楼事件发生后，即舆情危机潜伏的第一阶段，相关部门没能及时发布相关信息以满足公众的信息需求，以致各种非议和猜疑迅速蔓延。直至坠楼事件发生后的第5天，在一群"不明真相群众"聚集在商城门前反映问题时，才匆忙应对，错失了控制舆情导向的良好时机。

三是过度依赖传统媒体而忽视网络民意。政府对传统主流媒体有着过度的依赖，尤其在群体性突发事件发生时，往往要求主流新闻媒体与政府的观点、立场保持高度一致。某种程度上，领导的个人观念、态度和处置方式对群体性突发事件影响重大。而在信息高速传播的新媒体时代，网络媒体的即时性、交互性等特征，使其在面对危机事件时，不仅与传统媒体发挥着同等重要的作用，甚至在某些事件中还能发挥出超越传统媒体的更为强大、独特的作用。故而对网络民意的忽视往往会使相关政府部门在网络舆情阵地中处于被动地位。伴随8日群众群情激昂地在商城门口聚集，北京警方如临大敌，突然采取大面积的"清网"行动，一时间"京温"成为网络搜索禁忌词。时至今日，网民仍然只能看到官方通稿式的主流媒体报道。在此信息管控和粗暴压制网络民意的情况下，其结果只会使民众的不满情绪互相叠加。

在此次处置群众聚集事件的过程中，相关部门四次通报坠楼事件的调查进展，遵循了第一时间、公开透明的原则，值得肯定。但在其制订的舆情应对方案中也能窥见明显疏漏。据以往经验，任何时候网民对突发性群体事件都有着极大的关注度，但其中也不乏理性的分析和建设性的意见，如果能够充分地吸纳和迎合网民合理性信息需求的方向去处理问题，必然会得到网民的信任和支持，也能为增加政府公信力赢得机会。而一味地以行政命令管控信息，粗暴压制网络声音表达，使民众的不满情绪不能及时释放，网民心里缺乏必要的安抚和平复过程，舆情自然不能自行消解。虽然目前事态暂时得以阶段性解决，但并不意味着舆情平息的真正到来。

第六节 6月社会舆情报告

一、舆情事件列表

表3-6 6月社会舆情事件列表

序号	舆情事件	舆情指数
1	厦门BRT公交纵火案	95.1
2	延安临时工城管"跳踩商户"	94.6
3	全国高考	94.2
4	男足1∶5惨败泰国队	92.1
5	神舟十号成功发射受瞩目	91.3
6	包养情妇副司长辞职	90.3
7	斯诺登曝光美"棱镜"计划	89.5
8	刘志军涉案374套房产	89.5
9	雷政富翻供称"耍朋友"	89.4
10	武汉城管白天当城管晚上摆地摊	88.6
11	"中调委"主任包养情妇	88.6
12	"开房找我"叶海燕	88.3
13	新疆鄯善暴力恐怖案及和田群体事件	87.9
14	广西玉林狗肉节	87.4
15	安徽"粮库造假"副省长落马	86.3
16	社监委重查郭美美仅两票赞成	84.8
17	上海男子持械持枪杀死同事哨兵等6人	84.6
18	民众质疑转基因食品源于无知	84.3
19	《小时代》上映引两极化评价	84.3
20	被踩头商户道歉受争议	84.2
21	中储粮大火	83.2
22	南京幼女饿死事件	81.6
23	山东电死外星人系造假	81.4

（续表）

序号	舆情事件	舆情指数
24	北京无编制公务员年薪20万	79.4
25	吴伯雄访问大陆引关注	78.4
26	安徽淮北城管在执行公务时被村民用镰刀砍死	77.3
27	部长换乘国产红旗车	76.6
28	湖南株洲档案局工会主席杀死女局长事件	75.3
29	外国人的超国民待遇	73.3
30	五年一注册打破教师铁饭碗	71.6
31	北大校花赢选美冠军　浓妆照引热议	70.3
32	百名加纳中国淘金客被捕	68.5
33	文革红卫兵登广告道歉	66.6
34	酒厂董事长被授予大校军衔	63.3

二、各省域舆情指数分布

根据以上舆情指数及事件，根据其地域分布，可以得出下图3-7所示的省域分布。

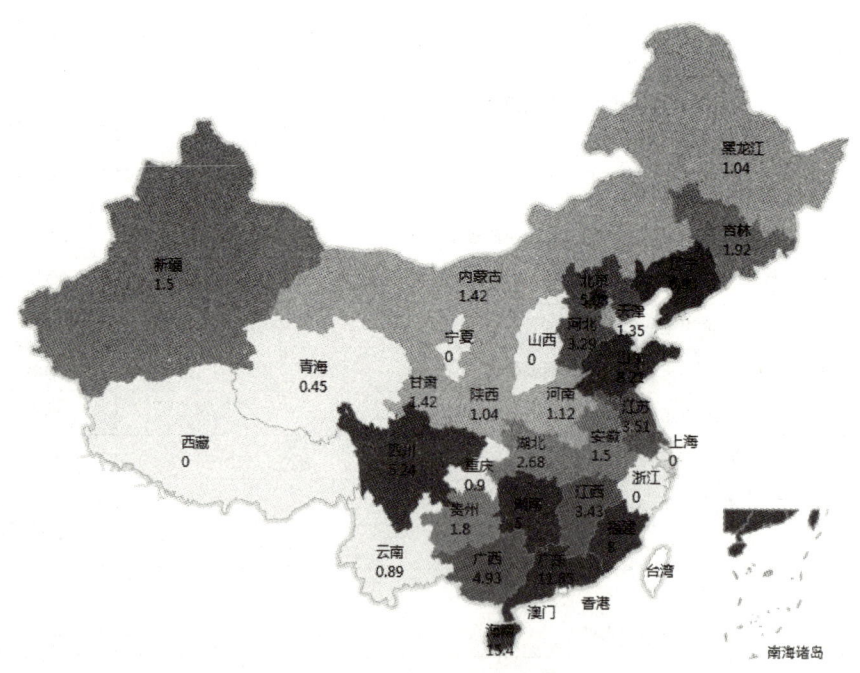

图3-7　6月社会舆情事件省域分布

从下图3-8可以看出，6月份舆情事件主要集中在广东、附件、山东和辽宁等省域。

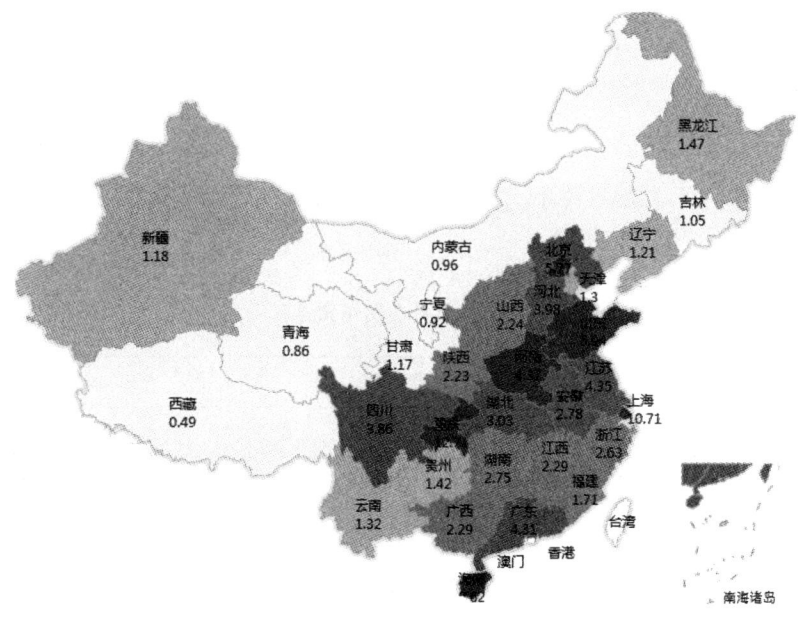

图3-8 6月社会负面舆情事件省域分布

负面舆情主要集中在山东、河南、广东和四川等省域。

三、本月舆情特点

本月舆情延续了上月一些热点，新旧热点相互叠加，不确定因素明显增多，舆情动荡局势愈加复杂难解。社会事件中，"开房找我"发起者叶海燕获释遭围攻，在理性与非理性的纠结中，女权维护者叶海燕们的安全和未来令人担忧；延安被踩头商户"道歉"再掀波澜，城管与民众之间不可调和的矛盾是引发城管形象危机的深层原因；厦门BRT爆炸案，警方证实犯罪嫌疑人"悲观厌世，泄愤纵火"，和几年前成都公交车燃烧案如出一辙，引发网民丰富联想。涉外事件中，前中央情报局雇员斯诺登爆料美国政府入侵中国大陆与香港特区的网络多年，贼喊捉贼，备受国人关注；老外称看不懂中国微博：说德国好被骂，说不好也被骂，也同样引起了舆论强烈反响。科技方面，神舟十号成功"飞天"，展现了国人敢上九天揽月的豪情壮志，但对老百姓来说，涉及与民生息息相关的改变更为关注。政治事件，吴伯雄访问大陆，为推动两岸关系向前发展注入新动力，而大陆如何在经济让利中争取最大政治利益，成为民众关心的问题。

中国社会舆情年度报告

第七节 7月社会舆情报告

一、舆情事件列表

表3-7 7月社会舆情事件列表

序号	舆情事件	舆情指数
1	湖南临武城管打死瓜农案	95.2
2	"气功大师"王林受质疑	93.3
3	"李天一他妈的要求高"神标题引围观	92.7
4	北京男子因停车争执当街摔女童致死案	91.1
5	吴虹飞扬言炸建委被拘	90.8
6	不常回家看看入法惹争议	89.6
7	曾成杰秘密执行死刑	89.3
8	首都机场爆炸案	88.8
9	唐慧胜诉赔礼不道歉	87.9
10	刘志军一审判死缓	87.1
11	"打飞机"不算卖淫	86.6
12	韩亚航客机失事	85.9
13	女童裸体抽烟乞讨引关注	84.7
14	清华教授强奸陪酒女危害性小言论引关注	84.7
15	苏州信访局人员:警察不打人那养着干嘛	84.3
16	父亲陪9岁女童练摊被群殴	84.1
17	广西男子计生局内大肆砍杀	84.1
18	网友热议法院"内涵图":入狱后 菊花残	82.9
19	爆"天水市委秘书长"兰州酒驾打人	81.9

（续表）

序号	舆情事件	舆情指数
20	咸宁国税局暗藏卧室办公楼	80.0
21	新劳动法施行引关注	79.1
22	厦航空姐拜"正点"照窜红	79.0
23	镉米吃一两年没问题言论引关注	77.6
24	中国气象局"新四大火炉"遭吐槽	77.3
25	7·22甘肃地震	77.0
26	山西芮城县3千名官员扫大街	76.4
27	中央四个月三次发文要求停建楼堂馆所	76.2
28	孕妇自演"胎儿被盗"	74.5
29	南阳私家车未避让警车被砸	74.5
30	漳州PX项目爆炸	74.4
31	湖北宜城政法委副书记殴打收费员	73.6
32	海南儋州一校长巧设纪念日敛财案	73.3
33	河南造价1.2亿宋庆龄雕像未完工即拆除	71.1
34	网曝安徽阜阳强拆逼死农妇 特警民众抢尸	70.7
35	少林寺方丈卧室搜出摄像头正对床头	68.7
36	山东临沭夫妻半夜裸体被绑房屋遭强拆	67.2
37	市长踢球赛独中四元	65.5
38	抗战老兵纳入低保范围	65.2
39	埃及乱局陷恶性循环	64.3
40	唐山两女交警当街厮打	64.2
41	俊卿案女博士常艳欲再爆新料	62.8
42	湖北7岁留守男孩遭同性教师性侵	62.1

二、各省域舆情指数分布

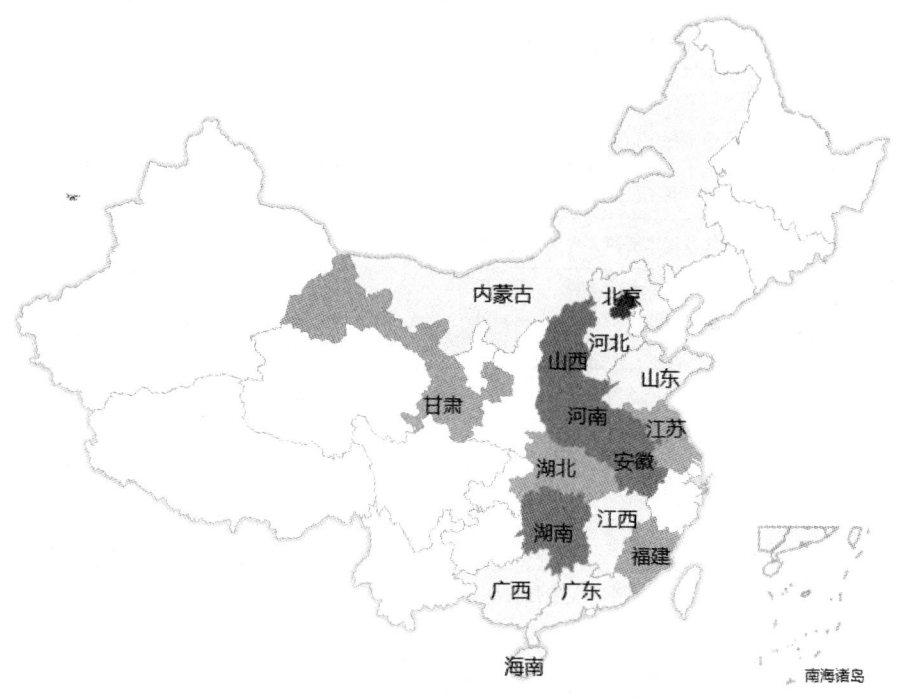

图3-9　7月社会舆情事件省域分布

7月份舆情事件主要集中在湖南、河南、安徽和山西等省域。

三、本月舆情特点

本月社会舆情发展跌宕起伏。湖南可谓是多事之秋，这些事件主要集中在司法方面，舆情事件集中爆发，引领社会舆情大幅走高。曾成杰被执行死刑前没有通知家属见面，引发家属质疑，长沙中院微博的不恰当回应让公众哗然。湖南另一个事件"上访妈妈"唐慧诉湖南永州市劳教委赔偿案，在此事件中，民众关注唐慧案的意义在于，它为劳教改革的推进又树立了一个路标。"暂停劳教审批"讯息的不时传出，或许预示着改变的即将到来。湖南临武瓜农遭城管殴打致死，当地相关部门不仅没有彻查，反而以轻飘飘一句"意外死亡"护短，甚至出动"200警察殴打家属并抢尸"使矛盾升级，相关舆情迅速发酵。从瓜农遭城管殴打到家属、记者遭警方殴打，不能不说这些年我们有些地方政府的维稳完全搞错了方向，不是为了化解矛盾，反而一味压制，粉饰太平。官民冲突频发的背后是公众对公权力越界逾矩的气愤。

从7月频发的社会舆情事件来看,都与公权力部门和官员麻木不仁、小事拖成大事所致。倘若非要等到事情闹大了,或者被媒体曝光了,才"不得不"重视解决,这种执政思维就着实可怕。积极打捞那些"沉沦"的声音和诉求,把矛盾解决在基层,把矛盾解决在萌芽状态,和谐社会才令人憧憬,否则,民意的"堰塞湖"总有决堤之日。

第八节 8月社会舆情报告

一、舆情事件列表

表3-8 8月社会舆情事件列表

序号	舆情事件	舆情指数
1	李天一案开庭	95.6
2	薄熙来案微博直播庭审	94.8
3	网络大V频被抓引争议	93.2
4	公安部重拳打击网络谣言	92.3
5	上海法官集体嫖娼事件	90.5
6	北京最牛违建：楼顶建空中别墅	89.5
7	成都8.25公交凶杀案致4死	89.3
8	河南摔婴警察案	86.9
9	女副市长谈女儿如遭性侵不向政府要一分钱	86.5
10	中石油4名高官集体落马备受关注	85.5
11	河南安阳公交车上持刀杀人案	84.9
12	蚌埠警察"见死不救"引争议	83.3
13	韩红近半月三次交通违法	81.7
14	海口南大桥现200余条裂缝	81.2
15	河南济源领导怕热拒下车	80.3
16	广西龙胜书记公款吃喝现场呵斥记者	77.2
17	武汉小贩策划诈尸抹黑城管	77.0
18	湖南邵阳城管局长长期用套牌车	77.0
19	报道万宁校长开房记者被辞退	76.0
20	安徽一县政府豪华办公楼两年不敢挂牌	75.7
21	新西兰洋奶粉被检出肉毒杆菌	74.2
22	四川一国土局现"神回复"：商品房产权仅40年	73.3

（续表）

序号	舆情事件	舆情指数
23	河南私家车未避让警车遭砸	71.7
24	二代身份证爆重大缺陷引忧虑	70.0
25	陕西司机在宁夏被交警群殴：跨省道歉	65.0
26	南昌林业副局长酒驾撞死 4 人	63.6
27	记者陈宝成老家强拆引大 V 围观	61.0

二、各省域舆情指数分布

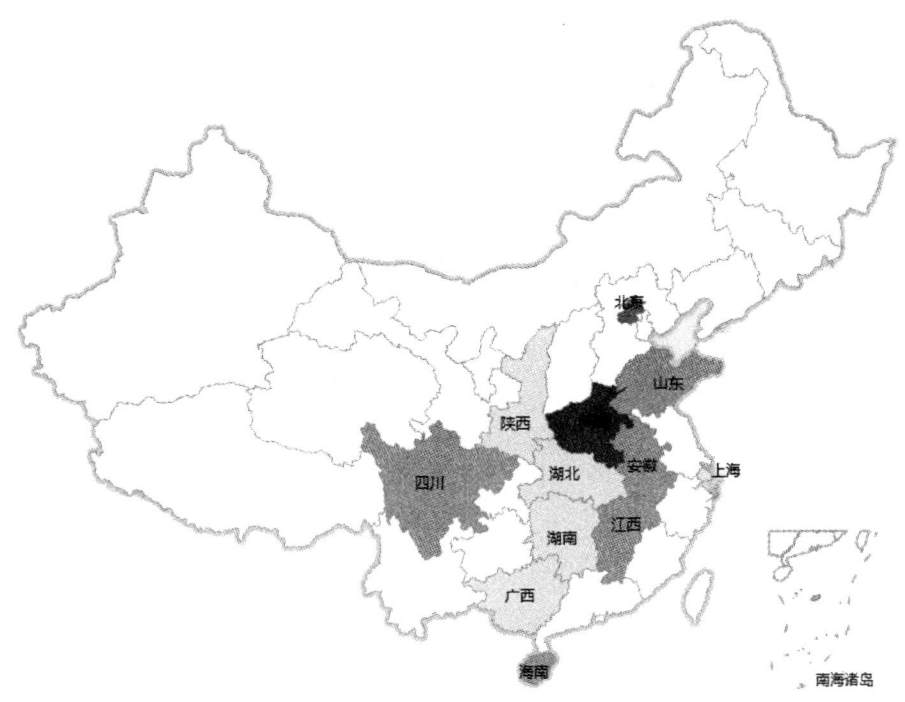

图 3-10　8 月社会舆情事件省域分布

8 月份的社会舆情事件主要集中于河南和北京等地。

三、本月舆情特点

8 月份主要的热点事件是上海法官集体嫖娼事件，通过一周以来媒体的努力挖掘和网络持续爆料，当事方卷入一场前所未有的舆论危机。在此次法官涉嫌集体招嫖事件中，网民对法官的不检点行为颇为愤慨，此现象揭露了当前中国司法系统较为阴暗的一面，法官公信力和司法权威在民众不断的质问下愈发苍白。

另外李天一案持续了几个月，热度却不减，之所以出现舆论密集跟踪和围观，是因为李天一的父母是李双江、梦鸽。舆论的真正矛头是对着李、梦二人地位的，很多人把这个家庭当成了社会不公平的象征。

8月是网络整治开始的月份，网络大V频频被抓引起很大的争议，从秦火火造谣和爆料人周禄宝因借反贪的义名敲诈被抓，再到薛蛮子嫖娼被拘，社会舆情认为这种迹象表明政府对打击网络犯罪和大V们的行为力度开始加大，网络上很多人对此感到不平，认为这是一种变相打击，在官方加大力度打击网络谣言之时，官方也不时制造着谣言，网友戏称"官谣"。因此，治理谣言必须官与民同罪，而不是厚此薄彼。

第九节 9月社会舆情报告

一、舆情事件列表

表3-9 9月社会舆情事件列表

序号	舆情事件	舆情指数
1	张家川初中生发帖造谣被刑拘	95.1
2	夏俊峰被处死	94.3
3	山西男童被挖眼案件	92.2
4	两高：诽谤信息转发500次可判刑引争议	90.9
5	李亚鹏王菲离婚引热议	89.9
6	洗衣机杀童案	88.9
7	梦鸽申请二次开庭	88.1
8	清华教授谈延迟领取退休金：男做义工女洗衣	87.1
9	国资委主任蒋洁敏落马	87.0
10	以房养老遭质疑	85.9
11	苹果发布iphone 5S招调侃：土豪金蹿红	84.4
12	刘志军案的关键人物丁书苗受审	83.2
13	"村里一半是村支书娃"疑涉虚假报道	82.9
14	知名网友边民被拘	82.2
15	北京警方涉嫌发布旧闻被抓现行	81.5
16	全运会出现站着看对手打成71：0	78.7
17	社会抚养费成糊涂账	78.4
18	教育部前发言人呼吁取消小学英语课	76.1
19	青岛城管强拆军区大院警卫室爆冲突	75.5
20	教师节成"送礼节"引热议	72.5
21	河北省委常委互相"揭短"	71.5

（续表）

序号	舆情事件	舆情指数
22	汇源用腐烂果制果汁	70.5
23	苏州最帅地铁司机走红　女网友组团参观	65.9
24	"读书无用论"惹争议	64.4
25	五千万大佛被吹低头遭吐槽	62.7
26	鲜奶店开进濮阳市政府大楼引热议	61.6
27	30万所学校配"责任督学"	61.3

二、各省域舆情指数分布

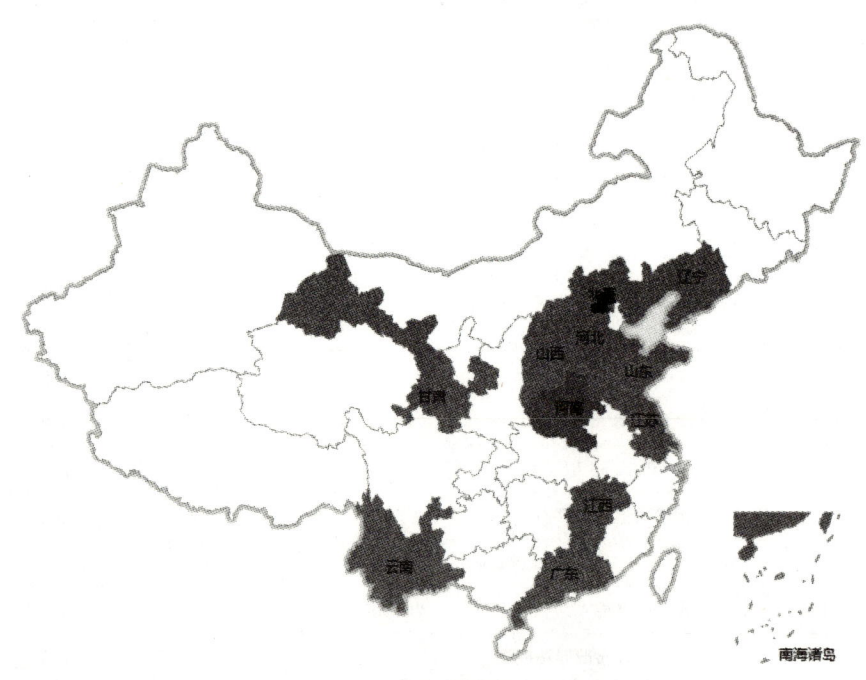

图3-11　9月社会舆情事件省域分布

9月份社会舆情事件主要集中在北京和河南等省域，其他地区也有所涉及，但不是很多。

三、本月舆情特点

9月主要争议的事件是"两高"针对网络谣言量刑的司法解释出台，500次转发和评论标准的提出既缺乏科学依据又一刀切，因此备受舆论瞩目，虽然司法解释界定了网络上谣言与正当言论的界限，但也引发了不少网民担忧，尤其是"诽谤信息转发500次可判刑"等规定，被认为会伤及网上言论自由和网络舆论监督。

而张家川事件中，初中生张辉印网络发帖造谣被刑拘，成为"500转刑拘第一人"而备受舆论关注。由对此事件的质疑而造成的网络组织起来营救这个孩子，再到公安局长偷鸡不成蚀把米，腐败丑闻而下台，这个事件不仅没有使得所谓的司法解释那么高高在上，并且对早已破败的地方政府公信力更是雪上加霜，网络上任何一个事件的出现，民众的习惯质疑、逢官必反并不是一个事件所造成的，而是源于基层政府与社会民众之间的信任不断被撕裂的长期积累结果。

第十节　10月社会舆情报告

一、舆情事件列表

表3-10　10月社会舆情事件列表

序号	舆情事件	舆情指数
1	新快报记者遭跨省抓捕	95.2
2	方舟子崔永元有关转基因食物之争	94.7
3	汪（峰）章（子怡）恋引网友调侃	93.5
4	南京市长季建业落马	92.9
5	广西刑警醉酒枪杀怀孕店主	90.8
6	十一黄金周旅游乱象	89.3
7	《爸爸去哪儿》的火爆	88.9
8	河北北漂小伙返乡6次办护照	87.7
9	北京吉普车冲撞天安门金水桥事件	87.2
10	"菲特"致浙江余姚受灾严重	86.4
11	国庆看升旗留下5吨爱国垃圾	85.7
12	西安75岁老人被抬进银行改密码有原则没人性	84.6
13	俄罗斯实行免费医疗戳痛中国百姓神经	83.5
14	美国联邦政府停摆	82.8
15	北京村干部为儿办"土豪婚礼"被免	80.6
16	郑州向社区摊派精神病指标	79.1
17	湖北24年保值储蓄22万本息变8千	78.4
18	菲拒绝为马尼拉事件道歉	78.0
19	央视街头采访爱国遇神回复	77.6
20	连云港6名村干部酒后AA制叫陪唱女	76.5
21	余姚镇干部视察村支书背进灾民家	75.8
22	陈毅之子向文革中受迫害老师鞠躬致歉	75.4
23	韶山纪念毛泽东诞辰花19亿	74.9
24	央视指责星巴克暴利公众不买账	74.0
25	我国10天发生6起患者伤医事件	72.9

（续表）

序号	舆情事件	舆情指数
26	《喜羊羊》《熊出没》被指暴力粗俗勒令整改	72.6
27	房子闲置7年收归国有	72.4
28	"养老金"延迟缴费年限	70.1
29	江苏沛县超百平方米办公室内配双人床	69.3
30	河南贫困县土豪办公楼扎堆	68.6
31	云南官员强奸幼女获刑5年不承担民事赔偿责任引网民吐槽	68.5
32	公务员廉洁年金引网友吐槽	67.6
33	贵阳雇佣学生拆违	66.9
34	南宁警察向抗拆村民开枪	65.8
35	长沙拆迁"挟老师以令家属"	64.2
36	司机超首长车被围殴事件	64.0
37	北京马拉松赛场尿流成河	62.1
38	厦门城管被泼硫酸引民众喝彩	62.0
39	西安2名青年被指车祸现场嬉笑与尸体合影	60.3
40	东莞出租屋633万元巨款	60.0

二、各省域舆情指数分布

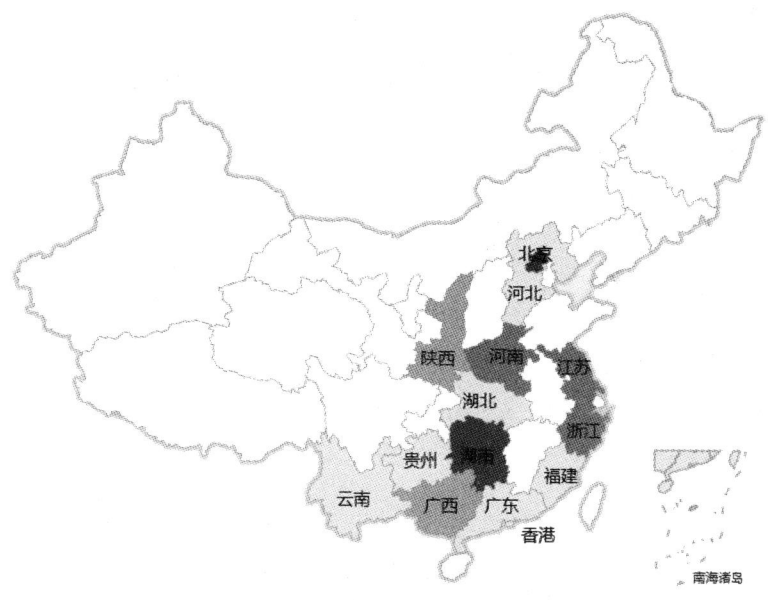

图3-12 10月社会舆情事件省域分布

10月份社会舆情事件主要集中在湖南、北京等省域，江苏、浙江和河南也是高发省域。

三、本月舆情特点

本月份网民主要专注于小长假该不该调休和增加、延长假期的理性讨论当中。在潮水般的评论中，那些呼吁重视农民和农民工群体休假权利和打捞"沉默"的大多数声音，令人动容。

在本月几起官员违纪事件中，网民对基层公职人员的容忍度似乎发生了微妙变化。对于基层公职人员的不当行为，一边为政府的坚决而快速处置拍手称快，一边却为一旦曝光就煞有介事地"就地正法"的过激反应表现出反感。如在海南定安民警上班赌博事件中，事后有媒体调查显示，超70%的网民对停职民警和辞退协警表现出了宽容态度；同样，在余姚镇干部怕湿鞋让村支书背进村民家的新闻事件中，引起了不小震动，迫于舆论压力，政府方面当即作出了免职处分，但很多网友对此却不买账，他们认为如此"就地免职"未免草率，多少有点让人感觉受了委屈；与此相似，在连云港村干部集体"找小姐"事件中，网友在看了"小姐"图片和"AA"的费用后，竟发出了"我都替他们喊冤"的感慨！由此我们看到，加强对公职人员不当行为的惩治固然重要，但事前的预防和监督机制的缺失更值得我们思考。

第十一节　11月社会舆情报告

一、舆情事件列表

表3-11　11月社会舆情事件列表

序号	舆情事件	舆情指数
1	十八届三中全会召开引网民热议	97.2
2	"单独二孩"新政受热议	93.1
3	双十一抢购狂欢	92.7
4	11·22青岛输油管道爆炸事件	92.3
5	达州3小孩扶起摔倒老太被诬陷	91.4
6	李某某强奸案二审	90.5
7	张艺谋超生门	90.3
8	山西省委大楼附近发生连环爆炸	88.7
9	"东海防空识别区"设立受关注	88.4
10	孙杨无照驾驶被行政拘留	88.4
11	最萌年龄差走红，网友：待我长大男神娶我	87.8
12	邓文迪默多克离婚案	85.8
13	广州恒大首破历史夺亚冠	85.2
14	陕北口音女尸闹剧事件	85.2
15	田径队员接受传统革命教育引"泛政治化"质疑	84.1
16	台湾节目扭曲大陆印象致茶叶蛋走红	81.8
17	地产监督员潘石屹遇"堵门"尴尬	81.6
18	农夫山泉举报《京华时报》涉嫌虚假报道	79.0
19	"总理公开课"获赞"接地气"	78.9
20	湖南攸县耗资2.7亿建豪华政府大楼	78.7
21	中国援菲10万美元被嫌少	77.2
22	陕西城管发明"扔人执法"	74.1
23	人民币对外升值对内贬值引担忧	72.5

（续表）

序号	舆情事件	舆情指数
24	自存养老金比社保更靠谱	71.2
25	美国驻华大使骆家辉宣布辞职	71.1
26	河南游客印尼巴厘岛车祸	71.1
27	律师性侵造新词"盗取精液"	71.0
28	广东抓小偷胶带封嘴防串供	69.6
29	甘肃张家川事件少年被逐出校园	69.3
30	湛江官员带女下属开房	69.2
31	江苏环保官员连续8年举报化工污染	66.9
32	"土豪"捐3000万为乡亲盖别墅	66.7
33	甘比亚断交事件考验两岸互信	62.1
34	网民热议"节假期调休方案"	61.3
35	假军官"闯"警局现形	60.4

二、各省域舆情指数分布

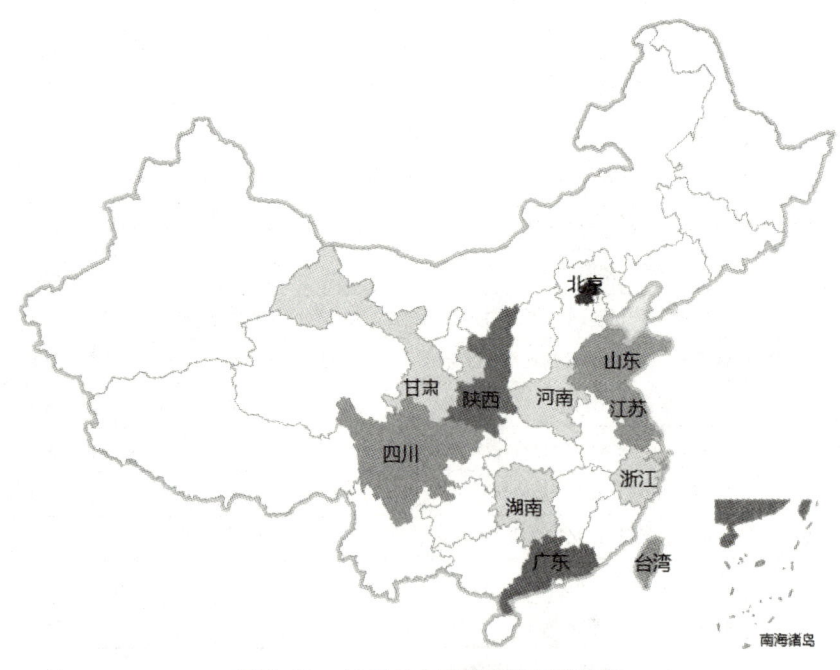

图3-13　11月社会舆情事件省域分布

11月份社会舆情事件主要集中在北京、广东和陕西等地，另外，山东、江苏和四川也属于多发省份。

三、本月舆情特点

本月是十八届三中全会召开之月，全会公报明确了全面深化改革开放的主调，在强调市场经济改革的同时，将政治体制改革、社会公平正义、打破城乡二元结构等社会关注的问题都提到了前台，吹响了新一轮改革开放的号角，令人鼓舞，值得期待。同样令人振奋和鼓舞的是，一段长达70分钟题为"李克强总理的经济公开课"的视频引起了网民极大关注，从社会舆论的反应来看，无论专业学者还是普通网民，都给予普遍好评，可以说，这是一堂很成功且通俗易懂、接地气的"公开课"。总理的公开课也很好地传递出了本届政府的行政理念，其核心是"简政放权"、"释放改革红利"，这是总理公开课中透出的最重要信息。

本月份还有一个事件值得关注，即达州三小孩扶起老太太被讹的事情，从此次公安机关的处理决定令网民普遍拍手叫好的反映看，助人为乐、见义勇为者不受冤屈是民众一个朴素的愿望。

第十二节 12月社会舆情报告

一、舆情事件列表

表3-12 12月社会舆情事件列表

序号	舆情事件	舆情指数
1	习近平排队买庆丰包子引网民热议	96.3
2	重庆小女孩电梯内摔打陌生男婴事件	93.8
3	北京老外撞大妈罗生门事件	92.4
4	日首相安倍晋三参拜靖国神社	91.7
5	乙肝疫苗疑致婴儿死亡事件	90.7
6	北京井居者引热议	90.2
7	嫦娥三号奔月	89.8
8	朝鲜宣布判处张成泽死刑并已执行	88.7
9	BTV与郭德纲矛盾事件	87.8
10	全国遭遇大范围"霾伏"引关注	86.9
11	河南永城车主被罚款服毒自杀	85.3
12	大爷被撞倒说"我有医保"传递正能量	84.6
13	内蒙古乌海市消防中队打新兵事件	83.4
14	山东东营"夺命快递"事件	82.6
15	"港独"分子闯驻港部队总部	82.1
16	人大招生处长涉嫌违法违纪接受调查	81.5
17	曼德拉葬礼获近百国家领导哀悼	80.9
18	举报刘铁男落马记者罗昌平去职引网民猜测	79.5
19	雅安原书记徐孟加落马	78.7
20	邓亚萍退出即刻搜索	77.6
21	湖南信访干部合影庆祝"接访顺利"	77.0
22	2014节假日安排除夕不放假引不满	76.3
23	湖北法官与女律师开房视频流出	75.7

（续表）

序号	舆情事件	舆情指数
24	美投行雇用中国官二代遭调查	74.9
25	官员带头延迟退休被指实为恋权	74.7
26	河北石家庄小学"防霾"武术健身操	74.5
27	河南老汉自制"红衣大炮"抗强拆	74.0
28	交警盗用农民驾照帮官员消分	73.7
29	中央禁令使台历现退单潮	73.6
30	基层公务员喊穷引网民热议	72.7
31	各城市"弃婴岛"投入使用	71.9
32	沈阳卫生局长和女院长开房视频遭曝光	69.3
33	湖南衡阳破坏选举舞弊事件	69.0
34	中央出禁令要求干部带头禁烟	67.1
35	"史上最狠拆迁女市长"被双开	65.2
36	"小伙伴"落榜年度流行语引热议	63.7
37	华师大名师张大同性侵男生	62.7
38	首都师大"高级骗"本科变专科	60.3

二、各省域舆情指数分布

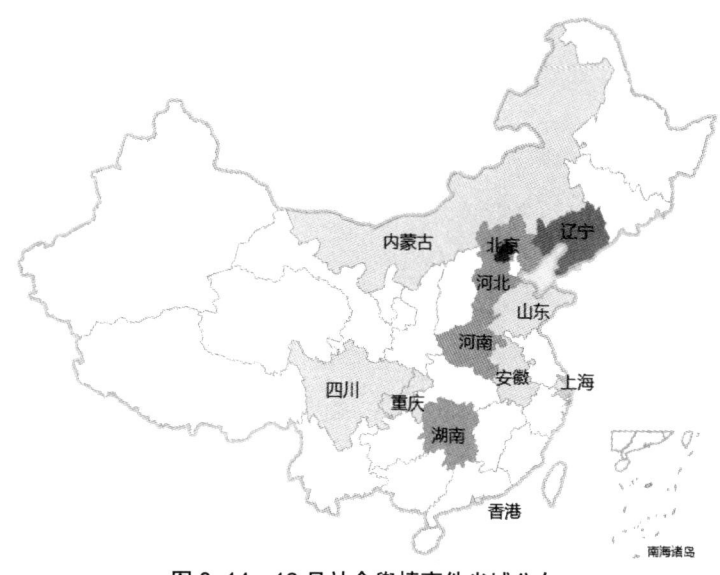

图 3-14　12 月社会舆情事件省域分布

12月份社会舆情事件主要集中在北京和辽宁,另外,河南、湖南和河北也属于事件多发地区。

三、本月舆情特点

12月份,全国遭遇大范围"霾伏"天气又再次吸引了大量关注。网络上各种现实霾照、网络段子横空出世,网友吐槽:"出去转了一圈,海口已经晚节不保……试问还有谁敢说哪个城市没有雾霾!"官方解释把责任归咎于人们做饭的油烟和出行汽车的尾气,把责任甩得干干净净,民众担心持续的雾霾,可能引发更多城市学习北上广推行"限购、限行"那样的慵懒政策。舆论指出,粗放式经济发展的代价被高速增长的GDP所掩盖,"同呼吸,共命运"的笼统式推卸责任的习惯性做法,带不来干净明媚的未来,人们期盼着风吹雾散,更强烈呼吁相关企业和部门打破陈规,在解释和决心之外,改变经济发展模式,用务实的作为拨开遮掩人心的迷雾。

12月份中纪委不断出重拳,整治处理一系列官员腐败问题,网民认为腐败案件多发表面上看是法治理念不强、缺乏道德约束,而实质是制度机制的缺陷。为此,有网友提出,围绕资源集中和垄断导致的权力使用失范、失控的难题,探索以权力制约权力的制度机制,加强对权力运行的制衡与监督,是预防腐败的关键。

第四章 2014年两会舆情专项报告

第一节 昆明"3·01"事件影响下的社会公共安全态势的舆情研判

一、昆明"3·01"事件的舆情研判分析

(一)昆明事件舆情关注指数:开始趋于平稳

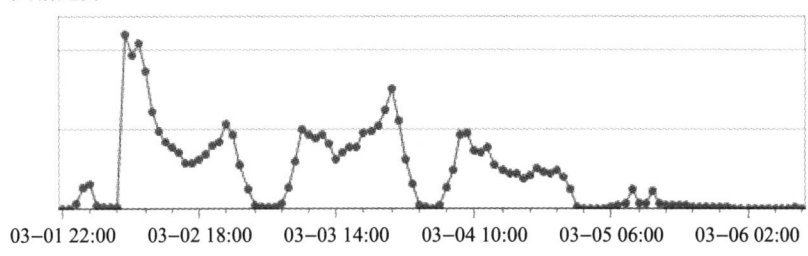

(二)民众对昆明事件的性质界定:恐怖主义行径

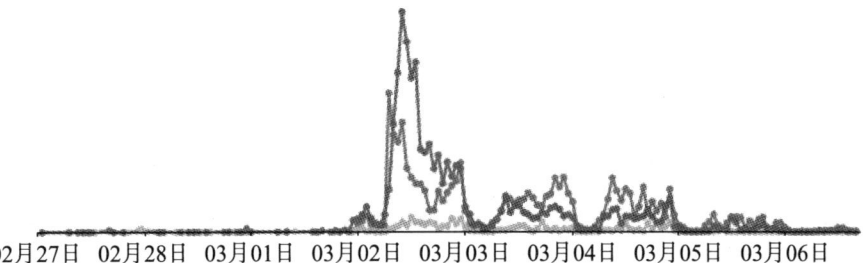

关键词的对比可以找出关注点，比如把昆明事件、民族矛盾、恐怖主义三个关键词的微博数量放在一起比较，根据上图显示，老百姓对于恐怖主义的关注度就远远超过民族矛盾，由此可见，公众具有基本的判别力，这次昆明事件，本质上是恐怖主义的暴力袭击，是由分裂势力密谋策划引起，而非民族矛盾。

（三）民众对昆明事件的社会评价：以谴责和要求严惩为主

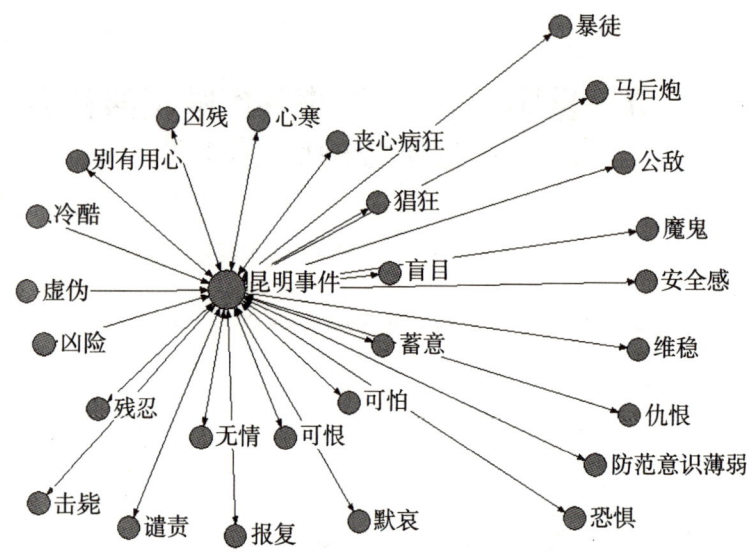

（四）民众对昆明事件的代表性观点

从老百姓对目前的安全形势的基本判断和态度、对政策和对策是否满意、对相关政策出台的期待这三个方面来看。

1. 对安全形势的基本判断、态度和观点

> 分裂势力策划组织的严重暴力恐怖事件（转发10173次，评论3596次）。

> 报复社会的行为（转发4930次，评论2457次）。

> 蔑视生命，无情杀戮，蓄意挑起民族矛盾，制造民族间的仇恨情绪不得人心；向往和平和安宁，是这个社会、这个时代的主旋律，谁也动摇不了（转发1896次）。

> 无论暴徒有多么的凶残，无论他们出于何种目地，我们老百姓想说的是：分裂祖国，残害百姓；国家不会手软，广大人民群众不会手软。坚决拥护和支持国家铲除这些社会毒瘤人间败类！
> 美国政府别有用心的行为，有观点认为，这是美国警告中国政府在乌克兰事件和全球形势中不要插手（转发量接近1000次）。

2. 对目前的政策和对策是否满意

本次的事件，是由于政府疏于防范、安保措施不到位造成严重后果，缺乏社会安全感，更有甚者，让人心寒（转发2568次）。正如有声音所说的"从来不告诉你到底发生了什么，只让你盲目地仇恨，莫名地恐惧，稀里糊涂地活，不明不白地死"。

3. 对相关政策出台的期待

> 对暴徒、造谣者要严惩（转发3244次）。
> 要反恐法，还要警察管枪、带枪。
> 完善网络安全法，惩治不法造谣分子。
> 恐怖分子除了制造社会恐慌外，更希望通过信息传播途径来散播虚假消息，把无判别力的民众情绪扩大到地域、民族和宗教上，从而激化社会矛盾，为坏分子赢得在国内外政治平台上发声的砝码。因此要通过反恐法、网络安全法来遏制恐怖主义的传播。

二、近几年暴恐事件的发展特点及变化趋势

（一）暴恐事件深层次原因分析

1. 七五事件以来的恐怖袭击事件特点分析

根据全国人大常委会第二十三次会议审议的《关于加强反恐怖工作有关问题的决定（草案）》规定：恐怖活动是指恐怖分子制造的一切危害社会稳定、危及平民的生命与财产安全的一切形式的活动，通常表现为针对平民的爆炸、袭击和劫持人质（绑架）等形式，与恐怖活动相关的事件通常称为"恐怖事件"、"恐怖袭击"等。

（1）时间分布

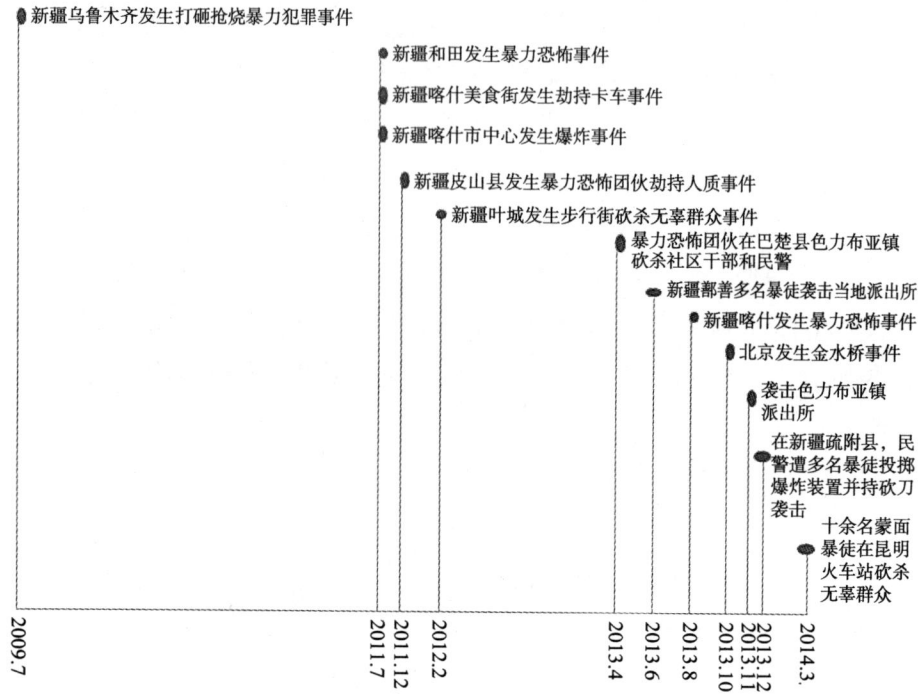

可以看出，七五事件以来恐怖事件的时间分布呈现如下特点。

①从 2009 年开始，我国恐怖活动有所反弹，发生频率提高。随着美国在阿富汗战争的展开，原本处于上升期的中亚、新疆地区恐怖主义活动曾一度出现下降趋势，但从 2009 年开始，阿富汗战争打成了"疲态"，恐怖主义势力并没有被彻底消灭掉，整个地区的恐怖活动又开始回潮，至于何时是反弹的高点，还需要时间观察。

②我国暴恐事件呈波浪型、阶段性起伏趋势。从局部时间段看，2013 年暴力恐怖事件发生频率较频繁、范围波及整个新疆和北京，而 2010 年和 2012 年暴恐事件较少发生，处于蛰伏期。同时也反映出我国反恐的阶段性特点，在暴恐事件频发后各部门会全力做好反恐工作，从而使得暴恐活动短期内难以得逞，但一段时间之后放松警惕，暴恐事件又卷土重来。

③部分恐怖事件中，恐怖组织为了取得政治宣传效果，故意寻找国家重大会议、节日前夕策划恐怖活动，如今年的两会前夕发生的昆明"3.1"暴力恐怖袭击事件，其目的就是为引起舆论关注，制造社会恐慌，也再次反映出恐怖主义最大的目的不是杀伤，而是恐吓人心、制造混乱和错综复杂的局面，从而造成社会的动荡。

（2）地理分布

新疆地区依然是未来暴恐事件的重点地区，有向内地地区进行扩散的趋势，像北京、上海和广州这种一线大城市也是未来反恐的关键地区。中西部地区的城市，暴恐分子在暗处，以制造社会恐慌为目的，对大城市和中小城市都有可能发动袭击。

2. 民众对暴恐事件原因的分析及演化

世界上没有天生的暴恐分子，通过对社会民众对暴恐事件的原因分析进行分类，相关结果和变化情况如下图所示。

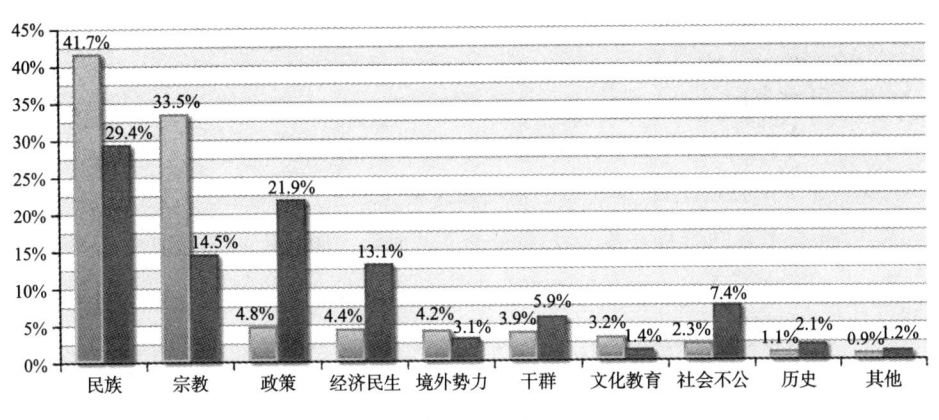

从上图可以看出，民众对昆明暴恐事件的原因认知发生了较大变化，在事件刚发生后的 3 月 2 日，民众基本上一边倒地将所有原因归结为民族和宗教等原因，随着媒体的相关报道和相关专家的发声，整个归因方式发生了重大变化，很多民众开始反思国家的维稳政策和民族政策，乃至宗教政策，不仅使得下层民众不满，上层和中层民众也普遍存在不满；还有民众关注少数民族地区的经济民生发展水平长期偏下，造成改革的实惠并没有惠及到少数民族地区，以及对少数民族地区干群关系的探讨，有民众从亲身经历探讨少数民众地区基层干部的一些作风严重影响了民心向背；还有是社会结构性问题，如社会不公，即公平正义、贫富分化、官民矛盾等在新疆地区存在并且更加极端化。这些原因一升一降的变化可以看出民众开始逐步从感性认识过渡到理性思考，探讨得更加理性化和有针对性，可以作为未来从根本上清除极端主义和双泛主义的政策依据和着力点。

另外，通过以上的原因分析和分布，对其原因的代表观点总结如下：

（1）民族原因

> 阿勒泰地区就比较少发生暴恐事件，网友认为真正的原因在人口构成上：某族只占人口总数的 1.44%。

（2）干群关系原因

> @戴旭：目前社会问题在民族地区的反映，太腐败了；新疆建设兵团烂掉了。

> @中国新疆第一博：新疆维稳屡屡失败的原因：一是雷声大雨点小；二是重点不突出，重在防缺乏攻；三是没有理顺关系，老百姓与党和政府还没有完全心连心。

（3）经济民生原因

> @北京厨子：一句话，反恐要靠人民战争，人心比枪管用。但是最终，还是要靠切实的提高当地人的有效就业率来说话。

> @大声公 call：说实话我们的民族政策是历史上最好的，可为何还会发生这么多暴恐事件？应该说原因是多方面的，国际上有不希望中国强大的反华势力暗中支持，国内有极少数民族分裂分子蛊惑煽动闹事等等，要解决这个不安定因素，最主要还是发展当地的经济和民生，其次是搞好民族团结，唯有如此才是根本解决之道！

> @老榕：我是非常忧虑。看我去年就说了：中国可能会成为恐怖袭击的重

要受害国。可是我们好像还没准备好。首先敬请有关部门理清思路，依据国际惯例剿灭一切明里暗里支持恐怖组织的言行，哪怕他自称反美。其二尽快发展西部民生，铲除恐怖分子活跃的土壤。其三抛弃冷战思维，和国际社会积极合作，真正加入反恐阵营。

(4) 社会不公和社会心理不平衡

➢ 恐怖袭击的深层次原因也许是不公平长期得不到平衡又无处申诉。恐怖袭击的恐怖之处在于袭击时不会问政治倾向的，每个人在繁华地带都可能成为被袭击对象。对于受到恐怖袭击，不要渴望国际社会的同情，政府要有死磕到底，无所不用其极的决心。甚至跨国界斩首，911就是例子。

➢ @广东北人：想从心理学谈谈新疆暴恐事件，其实一些人选择走上与政府对抗的犯罪之路，原因很多，心理失衡是一个原因。不服从反抗的心理；非理性的盲从心理；现实的失衡心理（与失业、贫困等有关）；转轨的无序心理；累积的发泄心理（临时参与型）；对干警的逆反心理；法不责众的侥幸心理；打抱不平的江湖心理。

(5) 政策和制度原因

➢ @飞扬五色旗：新疆日趋严峻的形势，可以成为中国政治改革的契机，虽然暴恐源头在民族分裂主义和宗教极端主义，但中国政治迟迟不改革也是个重要原因。

(二) 基本结论

1. 暴恐事件频发深层次的原因是中国普遍性矛盾与少数民族地区独特的政治环境叠加而出来的结构性问题

对于暴恐事件近几年频发，很多研究者主要从民族、宗教、社会历史或者境外敌对势力等角度来总结原因，表达深刻。但从新疆西藏地区等社会现实来看，基本问题是民众对国家主体政治的向心力和认同感不断下降的事实，改革开放后虽然新疆西藏等少数民族地区的社会经济和文化得到一定发展，但整个国家的结构性矛盾和问题也在少数民族地区出现，如干群关系、干部内部关系等，少数民族地区上中下层民众对中央的部分政策都存在一定的不满之处，这一点应该值得关注，对疆、对藏政策还存在很多需改进之处，如何得民心、如何增强少数民众的国家认同感是未来的治本之策。

2. 中国受恐怖主义的威胁已经超过美国，成为"不安全"的国家

2013年12月外媒发布的"全球恐怖主义指数"数据称，自伊拉克战争爆发后，全球恐怖事件数量增加了4倍。2008年达到一个高峰期之后，恐怖主义袭击进入一个平和期。然后针对中国的恐怖袭击威胁不降反升。报道指出，中国的恐怖袭击数量于2008年从之前的最多每年2起骤增到15起。2009年7月发生了乌鲁木齐骚乱事件，造成184人死亡。这一事件在2002-2011年世界最严重恐怖袭击事件中位列第21。报道指出2001年到2011年，中国的恐怖主义指数从2.72上升为4.99，排名由43上升至23。这意味着中国所遭受的恐怖主义威胁已经超过美国，成为一个"并不怎么安全"的国家。

根据官方新闻报道统计，就在刚刚过去的2013年国内一共发生10起恐怖活动，其中有2起不在新疆境内。2012年新疆暴恐案件190余起，比上年大幅增加，其中，"独狼式活动"的个体或小群体暴恐活动趋多。

3. 恐怖分子的主要目的是制造社会恐慌

2013年10月28日，在中共十八届三中全会召开的前夕，北京天安门发生金水桥撞车事件，事故造成40人死伤，震惊中外。来到2014年，仅仅刚刚过去的2个月，就接连发生3起恐怖袭击事件，昆明火车站暴恐事件是今年发生的第三起。就在全国"两会"来临的时间节点，新疆分裂分子再造事端，令人发指。因此可以看出恐怖组织为了取得政治宣传效果，故意寻找国家重大会议、节日前夕策划恐怖活动，目的并不是单纯地为杀人，根本上是为引起舆论关注，制造社会恐慌。

4. 恐怖活动由新疆向其他省区扩散趋势，中西部中等以下城市是薄弱环节

2008年以来的恐怖事件，影响比较大的事件中有7起发生在其他省市，引起社会舆论广泛关注。据学者吴致远分析，北上广等一线城市和东南沿海经济发达地区社会动态管控和反恐处突能力较强，恐怖组织更有可能选择管理较薄弱、社会治安状况复杂的中西部省会城市作为突破口。

5. 暴恐事件尚没有大规模爆发的可能

新疆仍是未来反恐重点，其他地区应不会出现频繁的恐怖袭击。从近期发生的暴力恐怖袭击来看，各恐怖事件均是独立发生，没有团伙组织上的联系，具有明显的碎片化零散式特征。这表明参与恐怖袭击的暴徒虽然都是受极端宗教思想影响，但组织动员能力差，尚处于较初级的形态，不具备发动成规模系列暴力恐怖事件的实力。

三、民众对暴恐事件及社会公共安全的舆情研判

(一) 民众对暴恐事件的舆情研判

1. 民众对恐怖袭击事件关注度因两会召开呈下降趋势

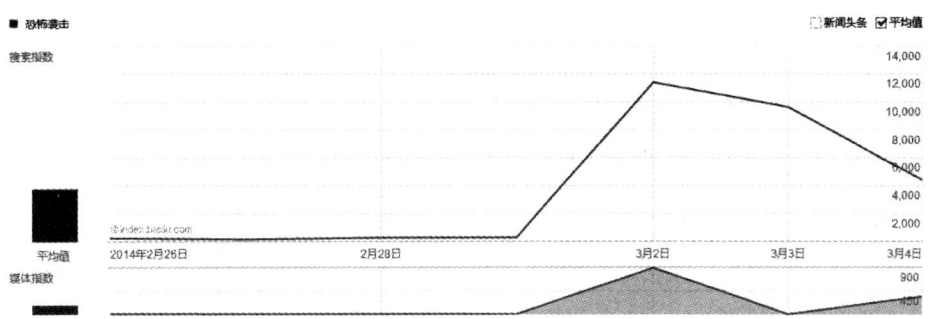

2. 恐怖袭击事件增强了民众反恐意识

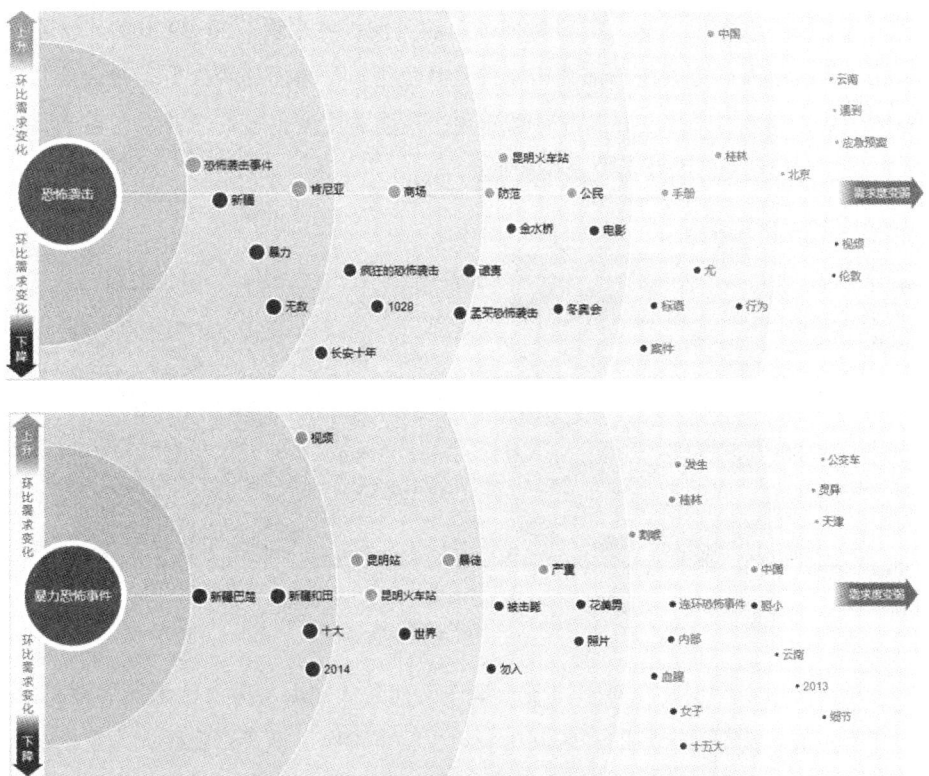

商场、火车站、桂林、云南等地成为民众关注恐怖袭击的关键地点,应急防

范、手册、应急预案等成为民众关注的焦点，一定程度上凸显了民众反恐意识的增强。

3. 20-39岁人群最关注恐怖袭击事件，这类人群的社会安全感最低

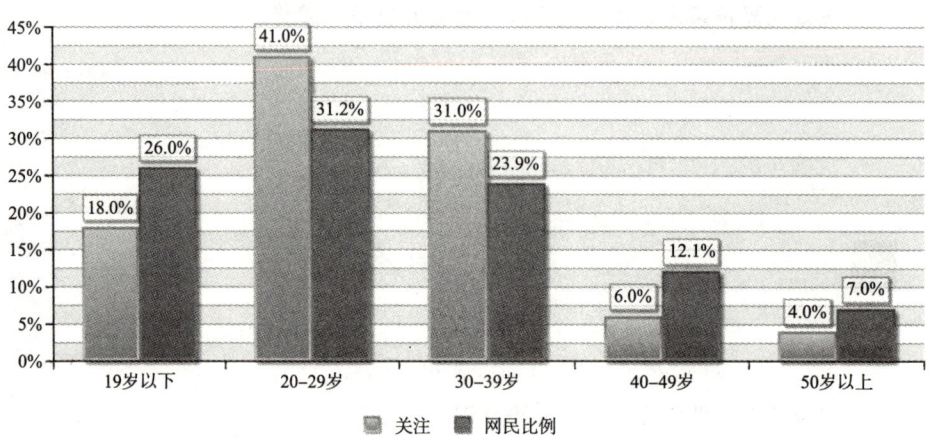

从上图可以看出，从人群对恐怖袭击的关注程度来说，20-39岁的人群相较于其他年龄段人群更关注恐怖袭击事件及其危害，一方面这类人群是社会公共话题的主要参与者；二是这类人群对恐怖袭击话题关注度也较高，并且相对于其他人群，20-39岁人群的社会安全感较低。

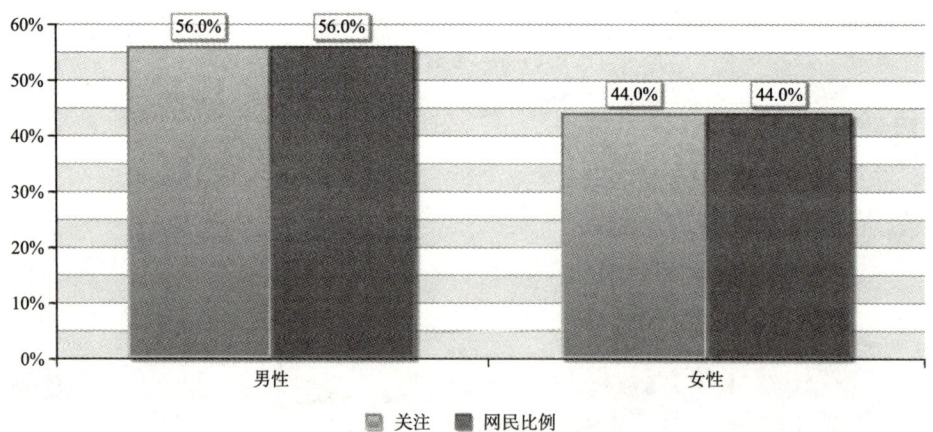

从上图可以看出，在对恐怖袭击事件的社会认知上，男女性无显著性差异。对其基本的认知都是一致的。因此也一定程度上说明恐怖袭击已经成为整个社会民众关注的焦点事件，每一个人都不是旁观者。

（二）民众对社会公共安全的舆情研判

昆明事件使得民众的社会安全感下降

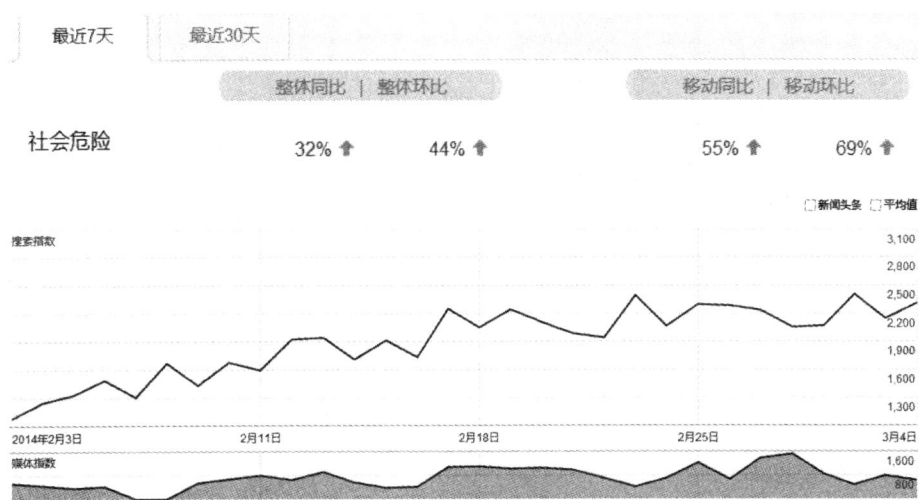

从上图可以看出，最近一周（02-27 至 03-05）社会危险感知系数出现了一定程度的上升，整体同比上升 32%，整体环比上升 44%，尤其是移动端使用者比例上升更高，这类人群主要以青年群体为主，是社会的主体，这类人群的社会危险感知度上升最高，因此该事件对社会情绪和社会心理的创伤较大，需要进行社会心理辅导和心理干预。

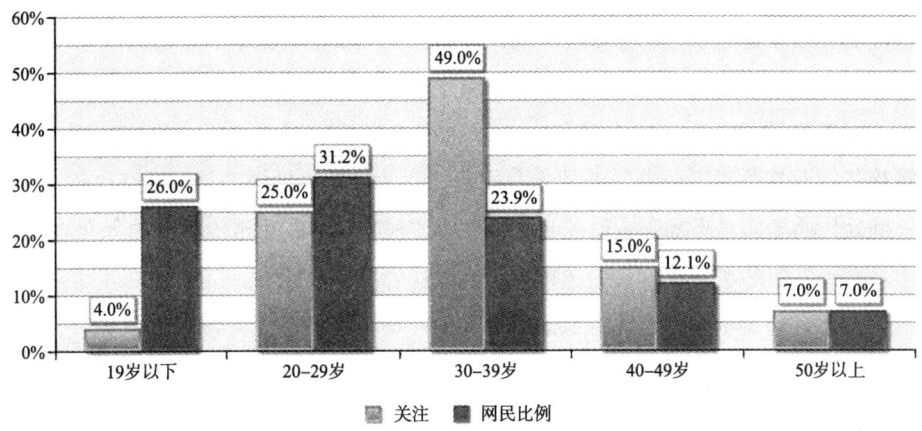

从上图可以看出，对社会危险感知度最高的人群是 30-39 岁的人群，"3·01" 事件对这一年龄段的人群影响最为显著，其社会安全感相较于其他年龄段相对较低。

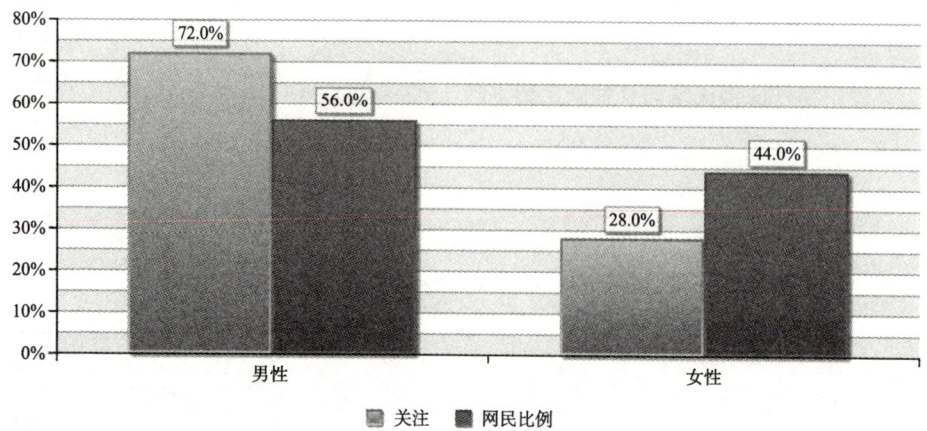

从上图可以看出,男性相较于女性对昆明事件更加关注,引起的社会心理变化更为明显。

(三)基本结论

1. 昆明事件对民众的社会心理恐慌影响堪比美国的911事件

昆明"3·01"事件是暴力恐怖分子在公共场合公开行凶,杀害无辜平民的有预谋、有计划、有方案,有组织、有金主、有靠山的恐怖活动,其主要目的不在于杀人,主要目的是制造社会恐慌,形成社会舆论,进而形成不同族群的刻板印象,造成国家分裂。根据以上的分析,的确也大幅度降低了民众的社会安全感,提升民众的社会危机感,客观来说,对社会心理造成了一定程度的伤害,是近年来性质最为恶劣的暴力恐怖事件,堪比美国的911事件对民众的影响。

2. 民众对社会公共安全的整体认知有下降趋势

根据我们的分析,民众以"3·01"事件为分野,社会公共安全感出现了下降趋势,尤其是对于公共场合的人身安全,"3·01"事件出现后,在微信朋友圈中到处传播着面对恐怖袭击时的自救手册,这种心理很容易造成敏感的社会心理,一旦遇到类似的事件很容易引起集体恐慌和社会群体极化。

3. 出台切实可行、可见的反恐应急对策,加强社会心理辅导

"3·01"事件出现后再加上两会的召开,很多城市的人群密集地区都加强警察巡逻力度和范围,虽然根据索维尔在《知识分子与社会》一书中,严厉抨击了知识分子面对暴力犯罪总要寻找所谓深刻社会原因的愚蠢心态,并用数据指出,加大警力投入,可立竿见影地降低暴力犯罪率。但这种"补窟窿"式的亡羊补牢方式所形成的威慑力真正能多持久还有待进一步观察，需要切实出台真正治标治本的反恐应急对策，制定切实可行的反恐预案，加强民众反恐演习，全面提升民众反恐意识和素养，同时对"3·01"事件之后的社会民众要加强心理辅导，不能靠两会等转移社会话题来敷衍应付。

4. 公共安全的解决要有时间表和轻重缓急顺序，切忌眉毛胡子一把抓

近年来，影响社会民众人身安全的突发事件层出不穷，类别也不断变化，如雾霾、公交车砍杀事件、爆炸事件等，需要对相关的事件产生的社会原因机理进行分析，找到问题的"病灶"，才能最终有利于事件的根本解决，暴恐事件虽然比较零星化和分散，但社会影响力和危害较大，应考虑优先解决，对于深层次的矛盾问题所引发的事件要循序渐进解决。

四、民众对公共安全政策的社会舆情研判

（一）民众对昆明"3·01"事件所体现的公共安全政策效力的舆情认知

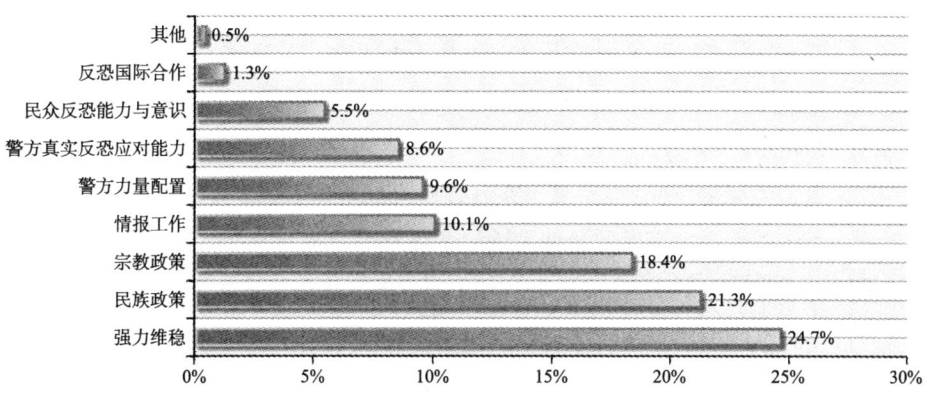

从上图可以看出，民众对恐怖事件频发现象的主要政策归因是对强力维稳政策的反思，近四分之一的民众认为新疆地区强力维稳不仅没有解决新疆地区的社会安全，而且使得暴恐势力开始向内地进行扩散和蔓延；其次是对当前民族政策的反思，认为80年代以来形成的民族政策已经不能适应当下急剧变动中的社会大环境，应继续调整和改革；三是对宗教政策的反思，认为80年代形成的宗教政策，使得地下宗教组织盛行，洗脑了一代人，宗教在社会生活中不仅没有凝聚社会共识，反而成为分裂分子的工具；四是对当前情报工作的质疑和不满；五是对警方力量的配置的质疑，在整个砍杀过程中，警察没有及时赶到和有效制止，说明警力配置存在盲区；六是内地警方没有应对反恐的经验和实战，真实的反恐能

力是存疑的。

下面是民众对此次事件中从国家政策层面进行的一些反思和建议。

1. 对民族政策和宗教政策的反思

➢ **@酒徒 am37**：这话有些不合时宜，但痛定之后，我认为80年代开始的很多民族政策，的确到了不得不改的时候了。在澳洲，我几乎天天能听到共同价值观，很少听到因为民族或者信仰就有政策上的优待。而国内，这30年却是全力求异，唯恐民族差异不明显！

增强全民反恐意识

➢ **@三耳牛**：跟公知们的反思不一样，我认为有三个KEY：1.过时的民族政策需要检讨修订，法律制度必须平等。2.宗教信仰必须被严格限制在宗教场合，根除极端宗教思想干涉世俗事务的土壤氛围。3.对暴恐组织的打击，国家公权力需要积极作为，加大投入，借鉴各国经验走专业化道路。

➢ **@阿梅达 58**：此起彼伏事件表明，新疆的恐怖活动正处于频发期，因为自冷战结束，极端宗教蔓延，加之八九十年代中国宗教政策失误，非法宗教地下宗教猖獗，洗脑了一代人，而目前暴恐分子正是这一代出生、长大的。

➢ **@正直刚毅阳光**：昆明暴恐事件，明天就能悲剧重演在祖国任何地方；为春城不幸默哀同时，严惩凶手、顺藤摸瓜，更需反思几十年来对疆政策的一贯性与系统性；在全世界都不能有效解决极端宗教势力与民族分裂势力相结合的恐怖主义的时候，希望中华文明能以其博大智慧化解这一难题。建议成立中央层面的反分裂领导小组！

2. 对强力维稳以暴制暴方式的反思

➢ **@茅于轼**：反恐要有新思路。昆明发生恐怖分子作案，死伤惨重。全球性反恐至今仍处于胶着状态，前景并不乐观。他们处于暗处，对明处的人群施暴，防不胜防。现在的政策是严加打击，而不是恩威并施。互相以暴力回报，只能冤冤相报，何以能了。反恐的主动方在政府，只有政府的反恐政策有所调整，事情才有可能走向缓解。

➢ **@大蒲哥**：2013年全年财政收入13万亿，维稳经费预算7690.80亿元。维稳经费占用全年财政收入的百分之六左右。在如此高额的投入之下，各类恶性案件频发，恐怖袭击案例明显上升，既然大谈正能量，那么质疑这个钱到底维到什么地方去了就是正能量!

> **@李志勇律师**：暴徒能在火车站屠杀29人，伤百人才被打散。如临大敌的维稳机制似乎在恐怖袭击面前露怯了。警方反应如此迟钝，如何保护国民生命安全？

> 这不是第一次了，甚至不是第二次第三次了，说明之前的维稳策略失败了，政府应该做一下自我检讨，改变策略，从根上铲除毒瘤。

> 在恐怖袭击发生前果断采取措施。而做到提前预警、提前处置，关键问题是情报工作。这些恐怖行动明显是有组织并经过精心策划，国家每年花那么多的维稳经费，难道一点情报都没有吗？

> 以维稳的思路反恐，将反恐扩大化，后果可能比恐怖袭击更有那种。"3·01"昆明暴恐案件发生后，大理公安机关对暂住大理市辖区内的新疆籍人员进行核查。阿布都被带至派出所核实身份，并对租房主不按规定申报登记暂住人口进行处罚，后房东报警不愿再租房给新疆籍人员，派出所通知阿布都限其10天内搬离现住地。

3. 对目前警方能力的反思

> 面对越来越多的恐怖袭击事件，中国警方治安力量的分布应该做出相应调整。恐怖分子不再是以前的恐怖分子，而警察仍然是以前的警察。警方不能再满足于做秀般地、兴师动众地浪费过多精力去扫黄与维稳了，应该把更多的精力投入到防治恐怖分子中去，给人民以平安，应该比扫黄、维稳更重要！

> 这么大的事件在发生前安全部门也无得知内部消息，有点失职！

> 中国现在根本没有处理恐怖袭击的能力，我对以后出去表示很担忧。

> 不仅反恐系统需研究，全民也应该有安全警觉意识，建议建立全国预警系统和党政军警民联动机制，把暴恐威胁降低到最低程。

4. 对民众反恐意识的反思

> **具备全民反恐意识**：面对突如其来的恐怖袭击毫无防备的民众犹如惊恐的羔羊四处逃散，呼救，那时所有的哀求都无济与事，毫无人性的暴徒连老人小孩都不放过。年年讲维稳！真正民众需要保护时维稳的脚步确总姗姗来迟。

> 当我听说一个餐馆里面能藏200多人时我笑了！8个人而已！拿的是刀！又不是枪！就算是枪能装几发子弹？！只需要50个人操起板凳，拿起镐

把子，冲出去。请不要再说什么"天佑昆明"、"昆明挺住"了，这不是地震、海啸等不可抗拒因素……这只能证明这么多年来我们的教育是失败的。

（二）基本结论

1. 现行的社会公共安全政策并不能增强民众的社会安全感

通过上面的分析可看出，民众对目前的一系列政策的整体满意度不高，对其所能产生的效力持审慎态度，一方面并不赞成目前强力维稳的高压态势，虽然有些民众主张以暴易暴，加强高压态势，但并不是主流的社会意见和态度；另一方面，对目前的民族政策、宗教政策和维稳政策都进行反思，在新的环境下这些政策的效力大打折扣，必须加以优化和完善。

2. 调整民族政策，增强民族凝聚力和国家认同感，形成共同社会价值观

80年代形成的民族政策，一定程度上促进了民族地区的经济发展和社会稳定，但随着国内外形势的变化，这些政策的适用性开始下降，民族政策一味强调民族差异，在法理上造成了少数民族和汉民族的地位不平等；另外民族政策中的领导干部选用标准也造成了民族地区上中下层人士的不满；内地的官僚作风和腐败习气也被带入少数民族地区，进一步加剧了干群矛盾，造成社会价值观多元，缺乏对国家认同感。未来应该调整民族政策，强调民族之间的平等团结，在不同民族之间求同存异，制造最大范围内的社会共同价值观和归属感。

3. 完善宗教政策，弱化宗教在世俗生活中的作用

目前的宗教政策造成了地下宗教组织盛行，社会主流价值观无生存之地，同时洗脑了一大批80后和90后，很多新疆地区的年轻人文化水平不高，但经常接触一些极端主义的宣传画和书籍，因此，宗教信仰必须被严格限制在宗教场合，根除极端宗教思想干涉世俗事务的土壤氛围。

4. 维稳是治标之策，应根除恐怖袭击的生存土壤

强力维稳以暴易暴虽然在短期内可以造成社会恐吓度，但不能根除恐怖主义生长的土壤和环境，维稳只是头疼医头脚疼医脚，正如现在加强人口密集地区的警方巡逻，但总有漏洞和死角，这些都可能成为恐怖袭击的目标，应该从根本上解决问题，民众期待理性、正确客观地反恐，以暴制暴并不是上策。

5. 警惕以反恐为名加大对民众私人空间的挤压

随着"3·01"事件的影响，国家作为公权力部门肯定加大反恐的力度，但民众担心随着反恐力度的加大，是否会进一步挤压民众本来有限的私人空间，因此要警惕反恐或维稳的扩大化。

6. 稳定发展依然是治疆政策的主线，警惕强化维稳的舍本逐末思维

在关于治疆政策中有一种声音值得警惕。随着在新疆或由新疆分裂势力策划的恐怖活动的日渐增多，社会舆论中逐渐出现了要求新疆从目前以发展促稳定的思路转入强化维稳状态的声音。从新疆出生的资深媒体人黄章晋认为，近期发生的暴力事件，如果纳入社会发展的积极视角看，它是社会转型痛苦和复杂历史积弊的呈现，社会问题当用社会建设的方式来消解，开放和宽容的发展路径不可因此动摇。如果将最近的偶发事件归结为强力维稳体制实施力度不够的结果，并由此引导治疆思路，这种声音令人担忧。

7. 强化情报工作，不留信息死角

昆明暴力袭击事件发生后，网络上流传着一张来自百度贴吧的帖子截图。该帖子由网民"frequancy_AC"2月24日晚在百度2012吧里发表，内容写到"我就是某些战士之一，接下来的几天中大家很快会看到我的。具体的大事会在这周六发生，敬请关注！"一些犯罪分子由于心存侥幸，经常在网络上游走，自以为网络是法外之地，这恰给我们的网络监管部门提了醒，提醒我们的舆情监测不能有所遗漏，各地舆情监测部门要充分重视到网络舆情的预警作用。全网舆情监测不能留有死角，一些封闭性、地域性、圈子性论坛恰恰是舆情高发地，值得舆情监测部门注意。

8. 开放性的言论环境有利于提升全民反恐意识

总的来说，此次国人面对恐怖事件，除了愤慨和悲痛之外，在对事件后续的聚焦讨论中，理性面对恐怖事件的情绪得到了很好的彰显，众多网络正能量得到了很好的传递，这其中主要来源于相对开放性的讨论环境。媒体及时告知事件进展，意见领袖主动提倡守土有责，传播防暴自救手册。自媒体时代，人人都是报道者，很多信息被"原生态"呈现出来。有时发言未虑及普通民众感受，舆论建议人们在公共平台传播言论不应以血腥、暴力方式煽动情绪，尽量避免恐怖事件细节描写。在灾难面前，应是救助和关怀先行，一味地煽动情绪反而"帮着恐怖分子和自己的国家对着干"。可以看到，相对开放的舆论环境只要有度、有责反而有利于公民社会心态的建立。在今后类似事件中，相关管理部门当应慎堵、慎行。

第二节 从网络反腐主导到中央反腐主导
——当前反腐败形势的社会舆情研判

2014年两会召开之初,全国政协新闻发言人吕新华在回应香港南华早报记者有关周永康被调查传言的提问时,表示也看到了相关的信息。吕新华表示,不论什么人,不论其职位有多高,只要触犯了党纪国法,都要受到严厉的追查和严厉的惩处,这不是一句空话。并表示:你懂的。民众对"你懂的"及其背后一系列的腐败涉黑案件表示了极大关注,"反腐"、"大老虎"等话题成为两会前期主要社会公共话题。同时,2013年总计18.2万干部受党纪政纪处分,6400名县处级以上干部违纪违法被查办,一批省部级高官"落马",新一届政府的反腐"成绩单"可谓可圈可点。因此,本报告主要分析当前民众对反腐败的关注度及其社会期待,以期呈现出在改革逐步深化的大背景下,如何有效地展开反腐工作,回应民众的急切期待。

一、民众对反腐问题的关注情况

(一)反腐是十八大以来民众关注主线,已成为官民最大社会合意空间

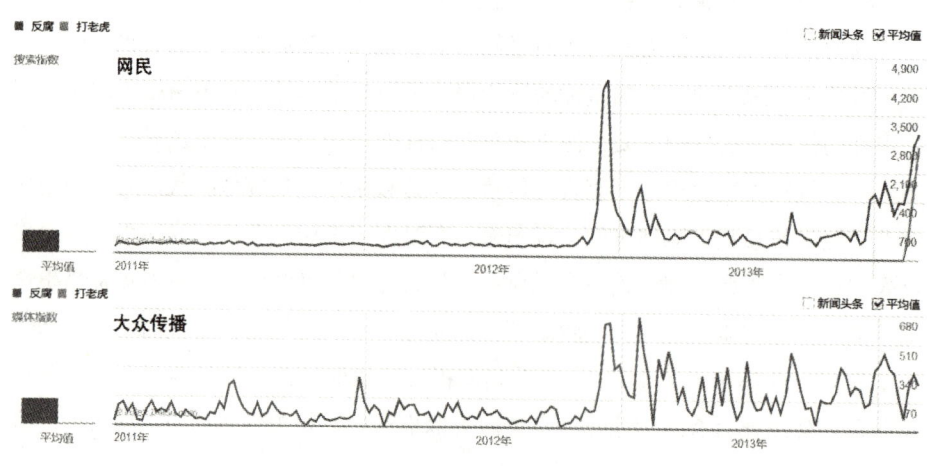

上图是2011年以来民众对"反腐"和"打老虎"两个议题的网民和大众媒体

关注度趋势变化，从历时性的变化可以看出，在 2012 年 11 月前后，民众对反腐的关注度随着十八大的召开开始上升，远远超过了 2011 年和 2012 年，说明十八大以后，随着中央反腐工作的深化，民众对反腐的关注度也呈现出高关注度态势，说明反腐已成为官民最大社会合意空间，因此，获得了民众极大支持，并寄予厚望。

相对于"反腐"，"打老虎"的议题在 2014 年初开始出现，并且在 3 月初两会期间吕新华提出的"你懂的"引起民众的快速围观，说明了民众对反腐工作进一步深化的高度期待和关注。

（二）反腐成为仅次于民生的第二大社会焦点议题

1. 民众与新闻媒体话语议程出现偏差

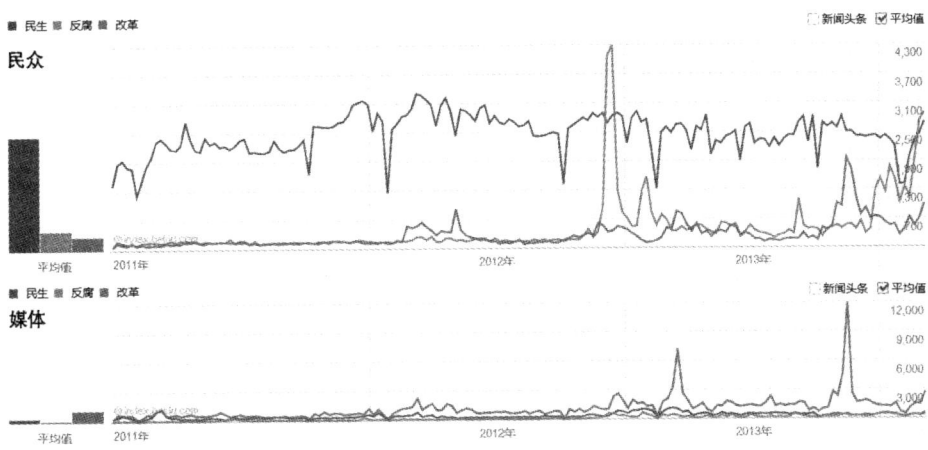

从上图可以看出，虽然十八大以来尤其是三中全会明确提出了改革作为未来社会发展的重要动力，但民众的关注焦点还停留在民生和反腐，反腐基本上成为仅次于民生的第二关注焦点议题，并且与新闻媒体的议题设置出现了偏差，新闻媒体更多地是关注改革，其次才是民生和反腐，说明媒体并没有有效设置民众议程。

2. 移动端和 PC 端民众出现话题偏移，39 岁以下青年群体更关注反腐

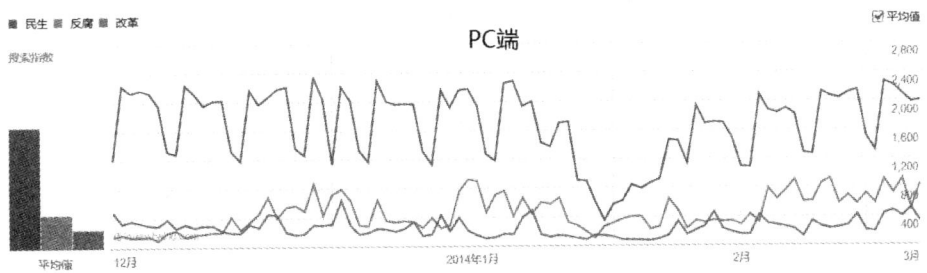

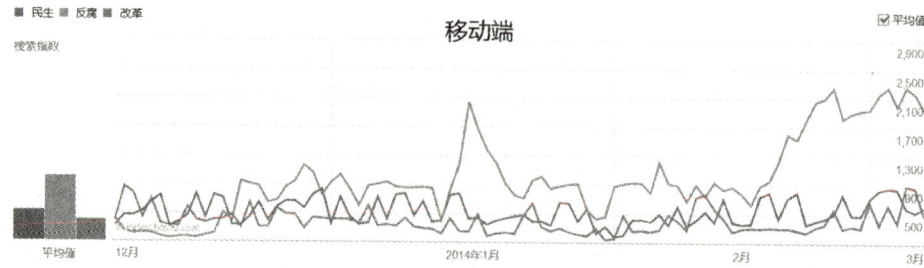

从上图可以看出，在三个议题比较中，移动端和PC端表现出来的关注点的偏移，PC端主要是19岁以下和40岁以上的人群使用，而移动端多是20-39岁的青年群体使用，这类人群也是社会的主流人群，所以，20-39岁的社会主流群体更为关注反腐这一议题，已经成为这类群体对社会话题关注的第一议题，因此，反腐关系到这类人群的人心向背。

3. 反腐也成为两会期间民众关注的重要议题，反腐带有领导人个人色彩

从上图可以看出，截至3月8日，民众主要关注的两会议题是政府工作报告、中国梦、社会主义核心价值观、房产税、转基因、二胎问题，反腐排在第八位，是民众关注的重要焦点议题。

在北京、上海和广东等主要一线地区，民众对反腐的议题关注比较集中，即"习近平反腐"、"中央反腐"和"网络反腐"等，说明民众对反腐的主要关注点集中在高层反腐，反腐带有领导人个人色彩，对习近平个人的期待较高，网络反腐相较于2012年，出现了下降，即反腐由民间的网络反腐过渡到以中央甚至是领导人个体为主的反腐阶段。

（三）反腐成基本社会共识，主体群体为30-49岁的男性群体

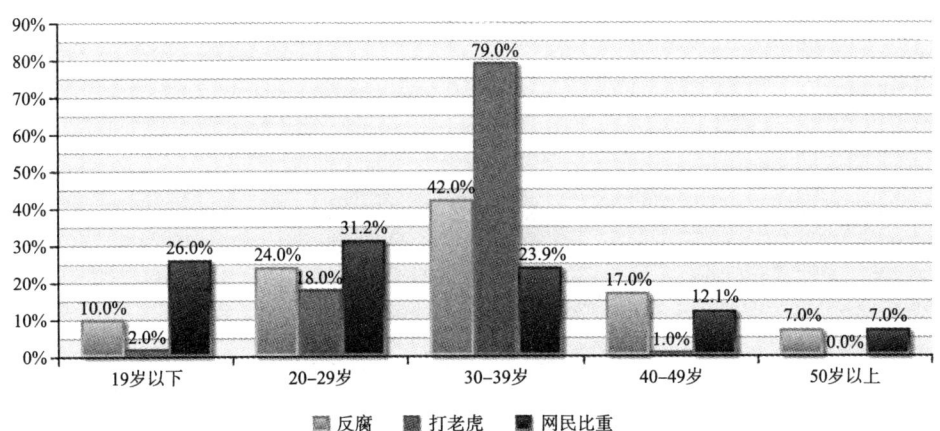

上图表示的是不同年龄段网民对"反腐"和"打老虎"议题的关注度占所有人群的比例，为使得结论更有说服性，本研究将中国互联网信息调查中心CNNIC的最新的调查报告中网民的年龄分布进行比较。从上图可以看出，29岁以下的社会民众对"反腐"和"打老虎"的议题关注度较低，30-49岁人群相较于其他年龄群体更加关注反腐议题，这类人群同时也是目前社会的主体人群。

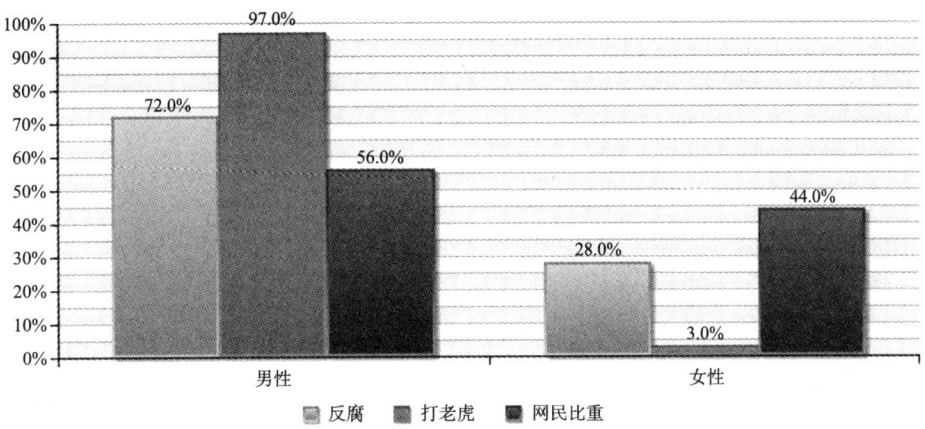

从上图可以看出，男性是关注反腐议题的绝对主体人群，尤其是对"打老虎"的关注中占到了绝对的多数，甚至达到97%。因此30-49岁的主流社会人群是反腐败议题的主要关注人群，反腐已经成为基本的社会共识，事关主流人群的人心向背。

（四）民众对反腐的满意度系数为 0.622，支持率为 75.3%

根据乐图在线提供的微博社交雷达数据，将与腐败相关的信息按照正性、负性和中性进行自动研判，相关结果如下图所示。

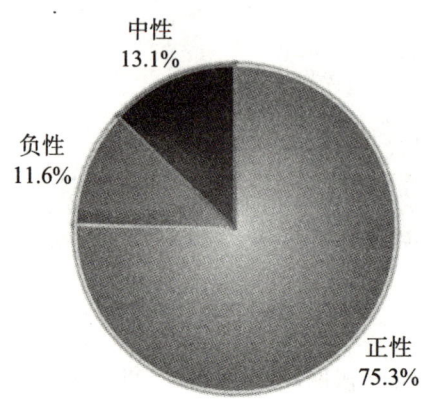

对反腐败工作社会评价中，正性占到了总体的 75.3%，说明反腐取得了初步成效，得到了大多数民众的真心支持和拥护；负性仅为 11.6%，主要是对目前反腐的举措和对官员财产公开等制度上反腐的期待。

如果将正性社会评价界定为 1，表示满意，负性界定为 -1，中性界定为 0，那么民众对社会满意度系数为 0.622（满分为 1），说明目前反腐败已经深得民心支持，取得了初步成就。

（五）民众对反腐问题的关注焦点

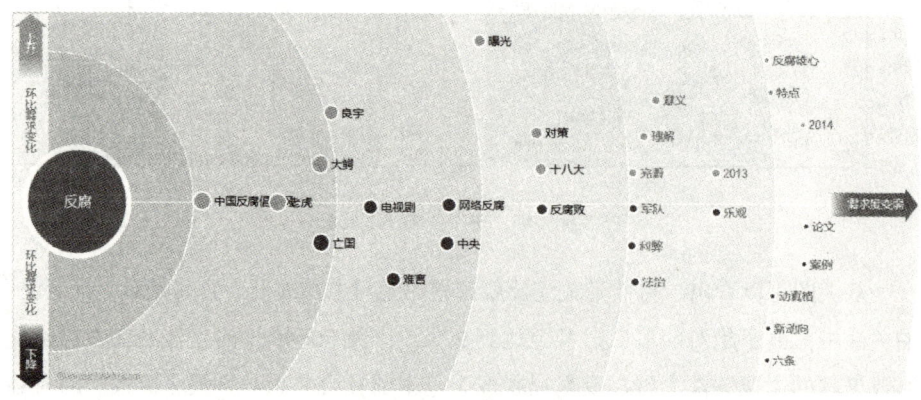

上图表示的民众对"反腐"话题的关注需求及其变化，民众关注的焦点是老

虎、大鳄、亡国、中央、网络反腐、曝光、对策、十八大、完善、法治等，这些焦点关键词说明了最近时期对于腐败中的"大老虎"和"大鳄"关注议题在不断上升，反腐的关注焦点从一般的反腐上升到了"打老虎"的层面，说明反腐进一步深入，但同时民众对反腐的力度产生了更高的期待，未来的反腐一旦不能达到民众的期待，会产生心理挫败感。

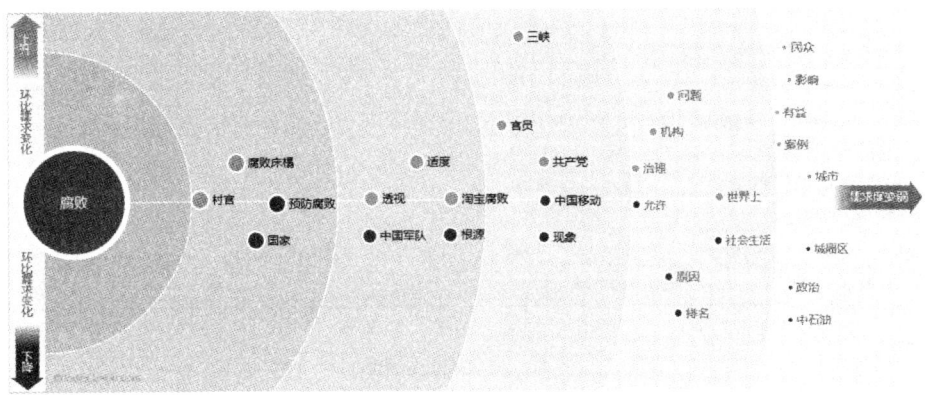

从上图可以看出，与腐败最为相关的是"村官"、"预防腐败"、"中国军队"、"腐败根源"、"官员"、"三峡腐败"，从这些词可以看出以下问题：基层腐败和军队内部的腐败已经成为民众关注的焦点领域，有民众开始关注三峡腐败，还有好多人对目前腐败现象的根源进行思考和讨论，这些都说明腐败问题已经成为上至社会精英阶层下至平民阶层的共同话题。

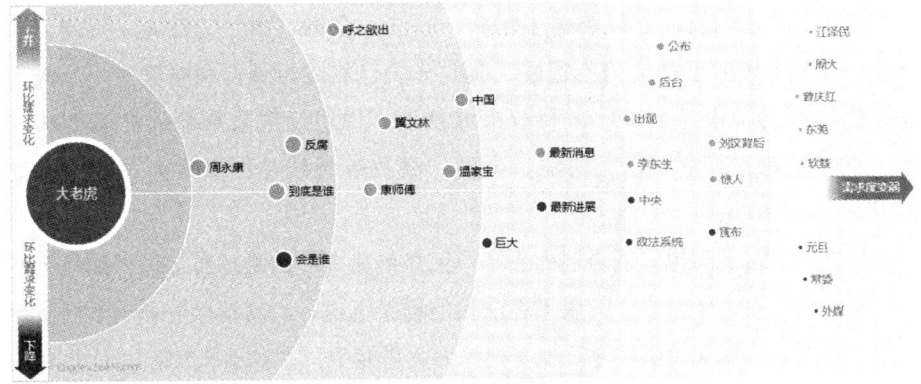

从上图可以看出，民众对"大老虎"的关注包含了以下关键词："周永康"、"反腐"、"到底是谁"、"康师傅"等，说明大老虎事件对民众来说已然没有神秘

感，但民众关注的还主要集中在周永康这一个"大老虎"身上，并且在其中伴随着一些政治性谣言，说明反腐也需要重视信息公开，民众的心理已然具有免疫性，在当下社交平台信息流动迅速的情况下，政治传播已经不需要"神秘政治"。

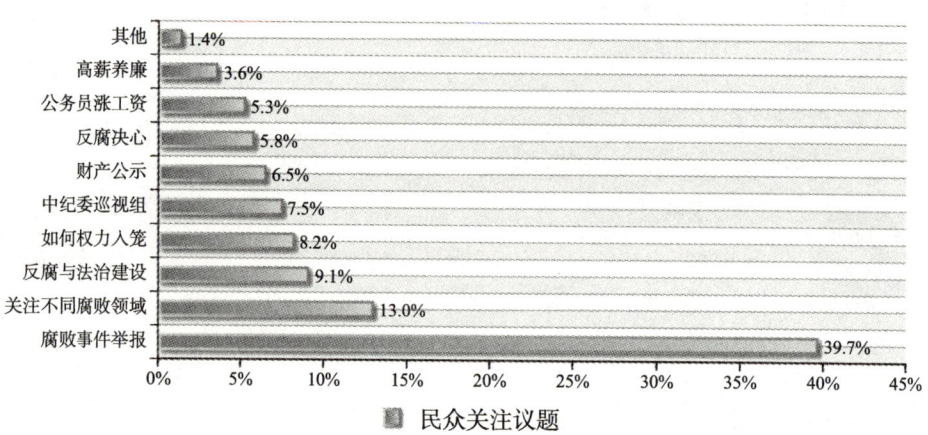

民众关注议题

从上图可以看出，在微博话语平台上，民众对反腐败的关注议题主要集中在腐败事件举报、关注不同腐败领域等，尤其是民众对反腐败事件的举报占到总体的40%左右，主要举报的是各类"苍蝇"的违法乱纪的腐败行为，一方面说明民众期待通过微博社交平台表达自己的不公待遇；另一方面是民众对反腐败寄予厚望，希望能够得到有关部门的关注，进而解决目前自身的境况。因此未来反腐的一个重要力量是民间力量，一个重要平台是社交平台。

在民众关注的反腐领域覆盖了军队、政法、金融、国企、官场、高校、媒体等，基本上覆盖了社会的各领域，腐败分子已然成为既得利益群体，形成了板结化的阶层，辐射范围广，利益错综复杂，说明反腐败形势的严峻性和困难，不容乐观。其中军队、司法、金融、高校等领域是民众最为关注的腐败领域。

另外民众对反腐也发表自己的看法，民众最为关注的是反腐工作中如何更好地进行法治建设，即很多人反腐不在法治的框架下进行，其持续性和有效性值得关注，其次是从更深的层次建议如何把权力关进笼中，占到了8.2%，再次是对中央巡视制度的讨论，财产公示也成为民众关注的焦点。

（六）民众对反腐的态度分析

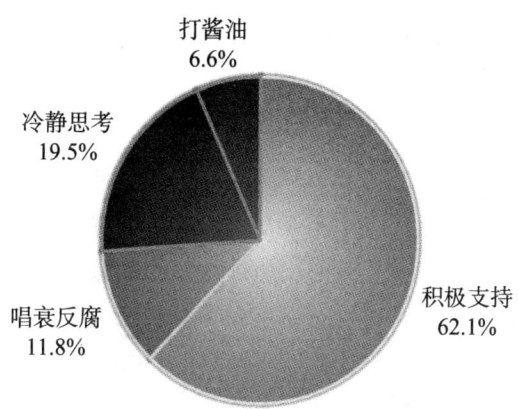

上图可以看出民众的基本意见分布，支持者占到了总体的三分之二左右，但也有部分对反腐持比较冷静的态度，占到了总体的五分之一，还有一部分民众对反腐相对唱衰，对其时效性和持久性保持审慎态度，另外一部分民众则抱着打酱油的态度。

1. 冷静思考的代表观点

> @**老李头06**：上有政策，下有对策，眼下的变化只是表面现象，不能估计过高。"官不聊生"不宜炒作；党风、政风能否有实质性的转变，至少5年后看。

> @**如果可以664**：反腐深思：中央领导反腐坚定，重拳出击。民心欣慰，但似乎民众信心不足，因腐蚀太深，非一日之功可除。欲除病根还需中药：1 力修法制让众惧之不敢为腐，最终的权威和判决是法。2 德者居之，升职如升仙，唯德可成，非机巧聪者能投机。则人心不腐，腐则必除，天下兴。

> @**完全披露**：打老虎终于打到政治局常委级了，又有不少臣民欢欣雀跃。他们总以为腐败是人的问题，却不知道是权力导致腐败，绝对的权力导致绝对的腐败。所以，不把权力关进笼子，腐败永远也不会绝迹，而且会越来越腐，前腐后继。

2. 唱衰反腐败的代表观点

> @**蒋雪峰1984**：打老虎封建社会早就有了，皇室兄弟之间为了争权手足相残并不稀罕。揪出一个大老虎并不能表明反腐决心有多大，百姓不是

傻子，出问题的仅仅是那一只被揪出的老虎么？
> @猫熊LOVE：反腐力度加大了，不少官员落马，似乎是取得了一定成效，但所谓上有政策，下有对策，你们怎么从根源做好反腐的工作啊？

（七）基本结论

从以上的分析可以看出，反腐是民众关注的焦点问题，并且经过过去一年多的反腐深入，民众和官方已经就反腐问题达到了最大的合意空间，一定程度上恢复了老百姓对党中央反腐倡廉的信心，如有网友@阿甘Q"过年聊得最有共同话题的是反腐力度和公务人员不能在公众场合奢侈浪费，基层老百姓感觉事好办了，年好过了，生活改善有起色了"。整个社会公共舆论已经从对腐败问题的强烈不满与非议，纷纷到普遍持观望态度和支持态度，中央也在反腐中获得了更多数的民心支持。

二、民众对反腐问题的社会期待舆情研判

（一）民众对反腐对策的关注和期待：相比较"打虎"更期待"拍蝇"

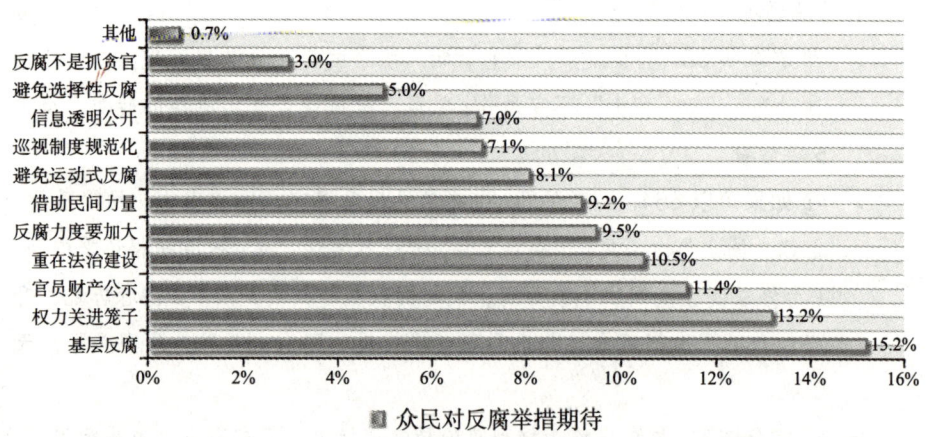

从上图可以看出，民众对未来反腐措施的期待程度依次是基层反腐，占到了15.2%，说明相比较"打虎"，民众更期待"拍蝇"；将权力关进笼子占到了13.2%，期待加强政治改革，改变目前"一处长就可以决定民企生死的畸形权力关系"；再次是官员财产公示的社会期待为11.4%、加强法治建设为10.5%，这些举措是民众最为期待的四个政策。

反腐力度加大、借助民间力量反腐、避免运动式反腐、巡视制度规范化和贪

腐信息要及时公开透明等举措也是民众最为感兴趣和最期待的举措。

（二）相关结论和代表性观点

1. 当前是反腐的最好时候，民众支持度高，有信心和耐心

从社会民众的反映来看，民众对目前的反腐工作大多数表现出欣喜和支持，虽然其中有一些杂音，但目前的民众支持度较高，并且对反腐工作的持续深化表现出信息和耐心。

2. 全民期待反腐工作长抓不懈，并期待力度继续升级

有网友担心当前的反腐工作是否是一种运动式反腐或者是基于政治斗争的选择性反腐，期待反腐工作长抓不懈，并且希望以"打老虎"为新一轮反腐败突破口，启动"全党合力"模式，公务员"禁令"有增无减，大力查处"裸官色官"等影响不好的社会现象，做到"下无死角，上无禁区"。破解那些看不见的阻力，关键正在于通过更大的反腐动作来凝聚民心。王子犯法与庶民同罪，这是老百姓对法律公平性的最朴实表达，也是民间社会对法律驯服特权的恒久期待。

3. 基层反腐是未来反腐的重点领域

有网友认为"老虎要打，苍蝇更需要打，因为苍蝇数量多，危害党风政风更直接"。2014年全国两会前夕，人民网就公众关注的21个热点问题展开网上调查，截至2月26日21时30分，"反腐倡廉"获得网民投票超过45万票，位列第二。不少网民都在留言中呼吁要加大对"身边苍蝇"的查处力度。民众期待在未来的反腐工作中在"打老虎"的同时，基层反腐"拍苍蝇"也能迎来一场暴风骤雨，对直接涉及老百姓切身利益的相关腐败问题进行严打。

代表性观点：

➢ @西安时评：说"全国面貌焕然一新"为时尚早，大老虎还未显现，苍蝇还在肆无忌惮地满地飞。

➢ @拥护党：希望党中央下大力气，用铁手腕，以快速度铲除老百姓身边的腐败。

➢ @郎永强：中央应加大对村、镇、县的反腐力度，只有让百姓看到身边的腐败被清除，才能更好地鼓舞民心。

➢ @zhuo帅帅褀：中国的反腐之路还是很长的，从俺们村就可以看出来，上头有政策下头有对策，官员配合地痞流氓那就是无敌模式。当官不为民，官民不同心，基层反而成了庇护的最佳场所，有些只是为了成为先

富的那一拨人然后继续剥削,再怎么看也是拿着贞操牌坊的婊子而已#习大大你还管不管#。

> @云林禅士:现在由于中央打老虎声势浩大,基层一些"苍蝇"暂时冬眠。如果今后"风头"一过,这批"苍蝇"可能重新复活。强烈建议,2014年各地、各基层同步加大反腐力度,多查揪一些基层百姓身边的"老虎"、"苍蝇"。

> @dzfb维护司法公正:中纪委真反腐,老百姓看到了效果,基层纪委、公安机关不作为,苍蝇继续腐败、司法不公,城管暴力肆无忌惮,不能只打老虎不灭苍蝇。

> @云轩公馆:反腐收到了一定的效果,但是还是有些地方官员不为老百姓的利益着想,只顾收取他人好处,公检法,环保,国土资源,看到他们的行为真是令人气愤,用他们自己的话上有政策,下有对策,国家的巡视员不可能常驻,只要工作组一走,又恢复了原来的鬼脸。国家的政策是好的,但到市县一级就执行"变味"的政策。

4. 选择政法、军队等民众关注最集中的领域为突破口

目前民众最为关注的腐败领域是政法和军队等领域,可以考虑以这两个领域作为突破口,其中政法系统腐败标志着各个系统腐败的严重程度,军队腐败标志着最后防线的全面溃败。可以考虑以政法等实权领域作为打虎拍蝇的重点,可以起到事半功倍的效果。

代表性观点:

> @哀莫大于心伤ing:政法系统是反腐深水区。

> @遂北:说政法腐败,有人不让说,李东生事抖落开了,不嗤声了。说军队腐败,有人不让说,谷俊山事抖落开了,不嗤声了。什么都捂着,不让斗民打听。他们总以党国机密为由,实行密室政治,实际就是便于玩猫腻。希望国家透明,让贪腐无处藏身,才是长久之计。而要透明就离不开公布财产和新闻开放。

5. 强化信息公开透明,重视民间力量尤其是网络平台

反腐需要强化信息公开透明,无论是官员财产公开还是反腐案件信息,如大老虎周元根已经在网上盛传了近半年,没有任何官方消息,都是民间小道消息,反而不利于稳定民心,应制定《信息公开法》,将公权力尤其是一把手决策活动公之于众、接受社会监督。

另外，网络反腐在 2012 年和 2013 年年初成为主要的反腐力量，但随着中央反腐力度加大和对网络反腐的不鼓励政策，民间反腐力量在反腐中逐步弱化，应该发挥好民间力量，尤其是情妇、邻居等民间力量。如在某大型网站的调查中，对于目前反腐过程中遇到的突出难题这一问题，有 25.84% 的网民认为"难在能否重视群众举报线索"，位列第一位，因此必须要进一步依靠群众的力量，这是我们党的群众路线的要求。

代表性观点：

➢ **@叶建林博客**：要把腐败势头压下去，就必须公开官员的财产，并接受人民的监督。另外，只要我们利用好网络，坚持走群众路线，发挥人民群众的积极性和网络的威力，我们的反腐功效就会大大提高。

➢ **@杰瑞Au**：反腐是个很古老的问题了，历史确实可以给我们很多借鉴。罗胖认为最有效的是邻里反腐（包括小三反腐），谁能拿出证据来，说某官员瞒报了哪些财产，这些财产就 80% 归国库，20% 归举报人。美国 IRS 反逃税其实也用类似的奖励方法。

6. 反腐治本之策：制度化，将权力真正关入笼中

在"老虎"、"苍蝇"被纷纷打落之后，如何从体制机制入手让"权力入笼"、如何进一步铲除"老虎"、"苍蝇"滋生的土壤等问题备受民众期待，从长远看，反腐重在机制和常态化，必须完善强效反腐机制，形成制度反腐，真正实现清正廉明。如网友期待新任领导干部配偶子女从业、财产、出国（境）等有关事项公开制度、权力清单制度、反腐败单行法律和配套法规立法等改革能够加速推进，尽快出台更多、更细化、更具操作性、更方便监督的反腐制度。

代表性观点：

➢ **@许小年**：贪腐是制度之恶，不贪才是傻瓜。贪腐普遍说明主要制度决定。官员既是制度受益者，也是受害者，他们的善恶之心、道德、自律能力和普通人没有太大差别，到那个位置，有这么好的捞钱机会，被抓风险又这么小，谁不动心？贪腐是非理性制度下理性行为，不贪傻瓜。

➢ **@孤帆远影 xxx**：估计会打一只老虎。不过就一只，打完一切如旧，如果不建立制度和法治反腐的话。中国到了该抛弃强人政治、口碑效应和运动思维的时候了。希望打老虎能演变成法治和制度建立的前导。

➢ **@纪实微言**：打老虎治表，短期见效；关老虎治本，长治久安。制度笼子，保护所有人，包括老虎。

> @pwjf：运动式反腐治标，制度式反腐治本。王大人说先治标后治本，我们期待治本哦。

> @乘龙有话说：【陶铸女儿：打掉特权才能除腐败】陶斯亮：反腐，能得到全民的支持……惩治腐败，一个个惩治腐败干部，一个个地"打老虎"，这只是战术层面上的行动。更重要的是要铲除腐败温床，应该从战略层面，下决心面对面跟特权打一场战役，只有打掉了特权，才能把腐败温床和基础彻底打掉。

反腐是改革题中之义，体制制度性腐败既是改革的重点，又是改革的最大阻力。改革必先反腐，不反腐等于不改革，所谓反腐影响经济发展应该适可而止的谬论，是利益集团对抗改革的舆论挣扎。说什么继续反腐可能难以收场，现实明摆着不反腐就无法收场。只有做到有案必查，有腐必惩，才能够震慑腐败、赢得民心，从而为更深入的改革赢得更广泛的腾挪空间。

第五章 十八届三中全会社会舆情分析报告

第一节 总体情况

作为影响中国未来十年的纲领性文件,十八届三中全会公报无疑是近期的网络舆情热点。

相关趋势	三中全会					
用户关注度:	1周	+475%	1月	+1146%	1季度	+2141%
媒体关注度:	1周	+261%	1月	+1485%	1季度	+35775%

在不同话语场域的关注度上,十八届三中全会无疑是各个话语场域大家关注的焦点事件。在媒体话语场域,十八届三中全会在两天内(12号-13号)的新闻报道数量增长率和总量超过今年以来所有的新闻事件,成为今年最大的新闻报道事件。在社会草根话语场域,主要是微博场域,三中全会两天的微博信息为2690多万条,相关互动量超过1.4亿次,信息总量和互动次数成为今年仅次于薄熙来案、李天一案的第三大微博舆情话题。

第二节 三中全会公报内容分析

本研究首先对公报的内容本身进行分析,主要是从关键词的词频分析和其内部结构的比较,相关分析结果如下所示。

一、词频分析

三中全会公报的关键实词的词频一定程度上体现了党未来十年的主要着力点和政治承诺,因此本研究主要分析其中的TOP10关键实词,即主要是名词,相关分析结果如下图所示。

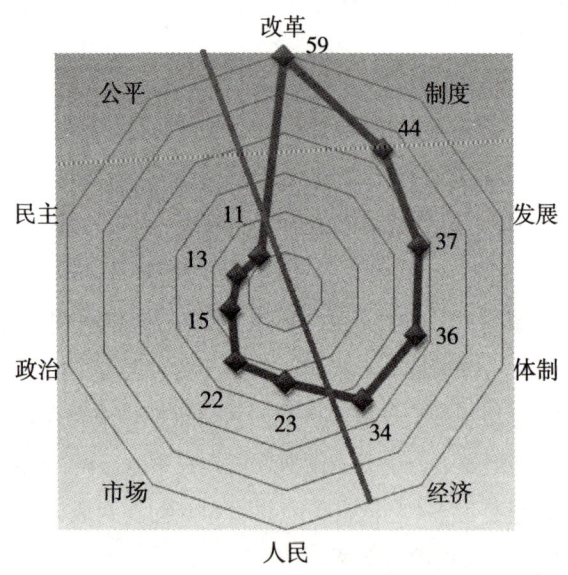

从上图可以看出,在不到5000字的公报中,改革(59次)、制度(44次)、发展(37次)、体制(36次)、经济(34次),词频最高,提出的次数在30次以上;而民众和社会中产阶层寄予期待的政治改革、民主和公平则词频相对较低,因此一定程度上降低了民众的改革预期,同时也凸显出本次公报主要是纲领性的,聚焦经济改革而不是政治改革,聚焦于宏观制度而不是具体的措施出台。

二、高频词语义网分析

对不同高频词的分析是体现公报的关注焦点及问题单,而考察不同关键词之间的相关结构和关联可以考察出党在处理以上问题单的手段和方法,因此本研究对相关的高频词进行了语义网的分析,如下图所示,球的大小表示的是词频,线条之间的粗细表示的是不同词之间的关联紧密程度,词的不同位置表示其所在公报内容中的地位和重要性,词与词之间的距离表示词之间的紧密程度。

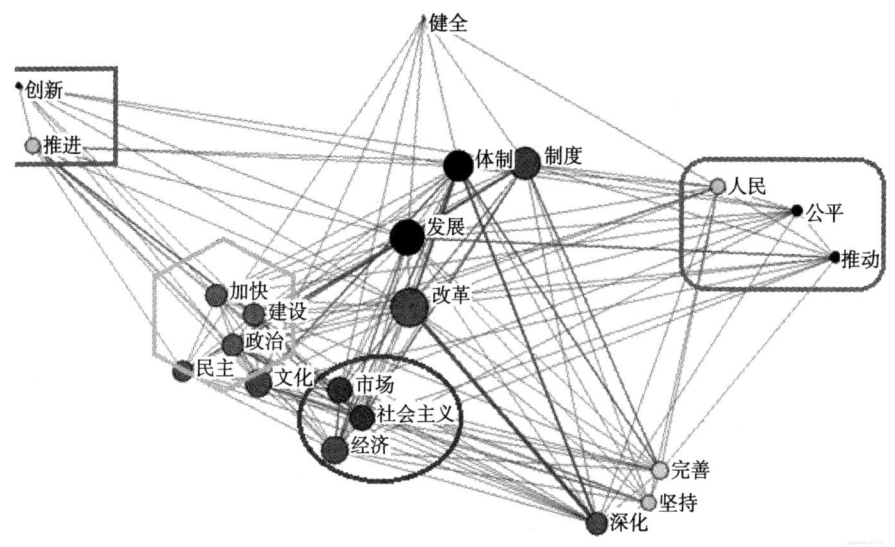

从上面可以看出,改革、发展、体制和制度是本届全会公报的核心关键词,除去动词深化、坚持和完善,未来的改革解决的问题是经济与市场、政治与民主、公平与人民、文化、创新五个核心命题。

三、改革开放以来历届三中全会高频词

通过对改革开放以来的历届三中全会公报统计可以发现:"发展"和"经济"是名副其实的"高频词",在8次全会公报中出现210次和207次,其次分别是"改革"、"体制"和"制度",分别为175次、101次和100次,可以说,我们党30多年的首要工作目标是发展经济,手段是改革体制和制度。

下面是对历届三中全会公报的词频分析,虽然公报的总字数有所差异。但可以看出党的一些工作思想和工作重心的变化趋势。

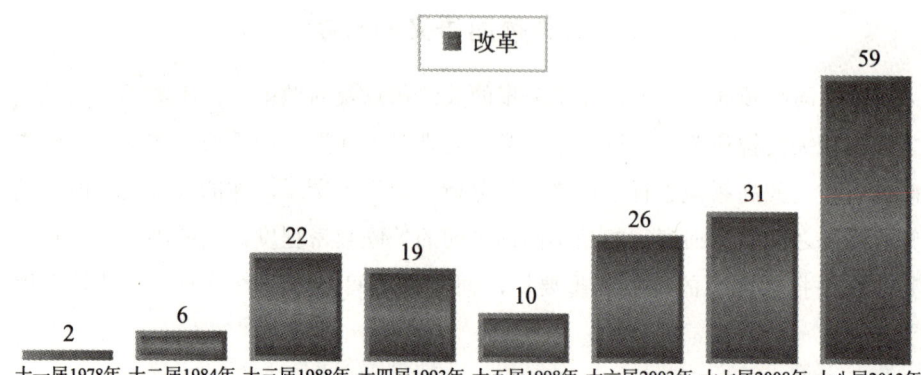

改革是历届三中全会的主线,由于是本届三中全会,重点突出,主要诉求于改革,反映出改革的决心和全面性。

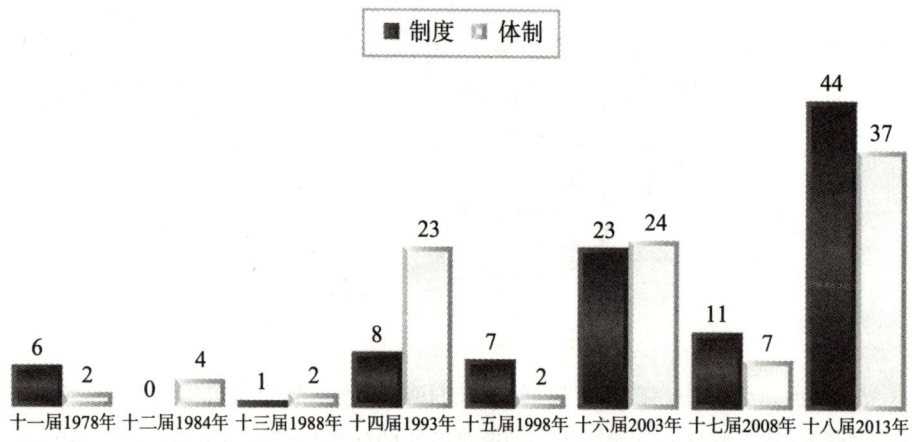

制度也是历届三中全会公报中的关键词,尤其是进入21世纪以后,是历届三中全会高频词,也尤其以十八届为最,凸显出改革不是小修小补,而是伤筋动骨的制度层面的宏观改革。

相对于制度,体制是历次三中全会提及更多的关键词,在十四届和十六届都超过了制度,而在十八届则首次大幅度的低于制度,凸显出十八届三中全会确立的改革力度前所未有、层次更深远。

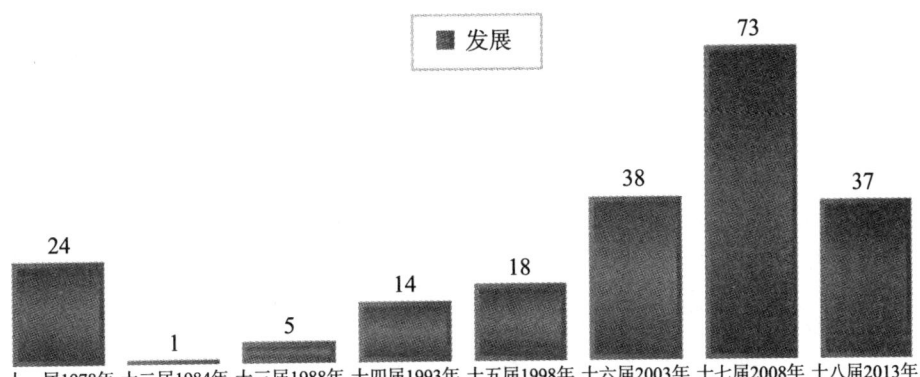

发展是促进中国社会不断前进的动力,在历届三中全会中都是重点关键词,并且呈不断上升趋势,中国成为世界第二大经济共同体也得益于发展,十八届三中全会公报中第一次出现了下降,说明未来虽然强调发展,但更多不是发展的规模而是质量。

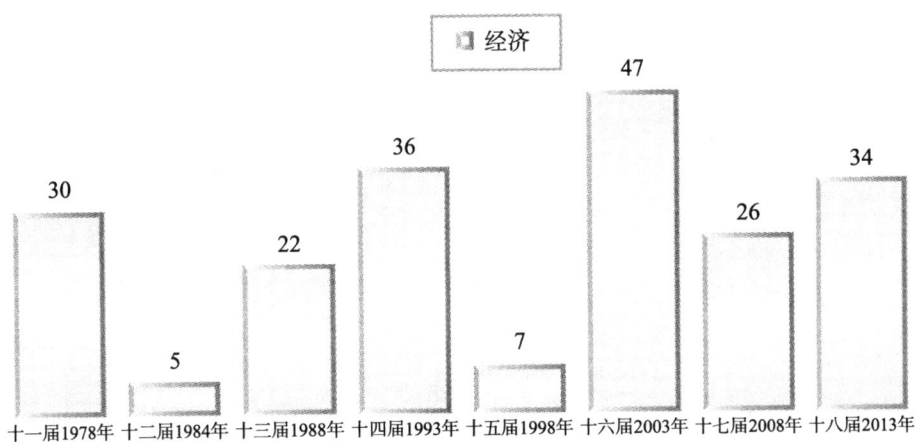

经济也是改革开放后中国社会发展的主旋律,同时也是历届三中全会的核心主题,尤其是江泽民和胡锦涛时代的核心命题,经济在本届三中全会第一次出现了下降,并且下降幅度较大。和发展一样,中国社会经济发展到一定程度,其他社会层面也会出现一定的错位和失衡,需要对经济进行重新评估。

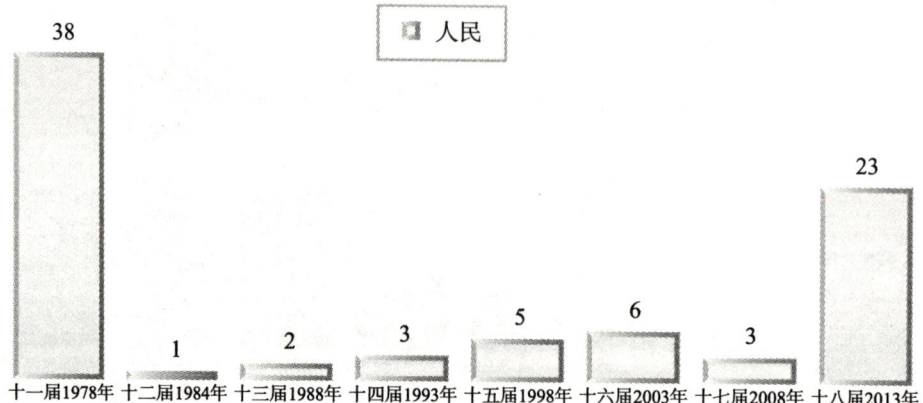

"人民"是本届三中全会的主要高频词,虽然不如经济等主体实词提及多,但纵向来看超过了除却十一届三中全会的最高值。人民的主体性得到一定回归,虽然没有对民众关注的养老、住房等核心民生话题直接提及,但凸显了人民的重要主体地位。

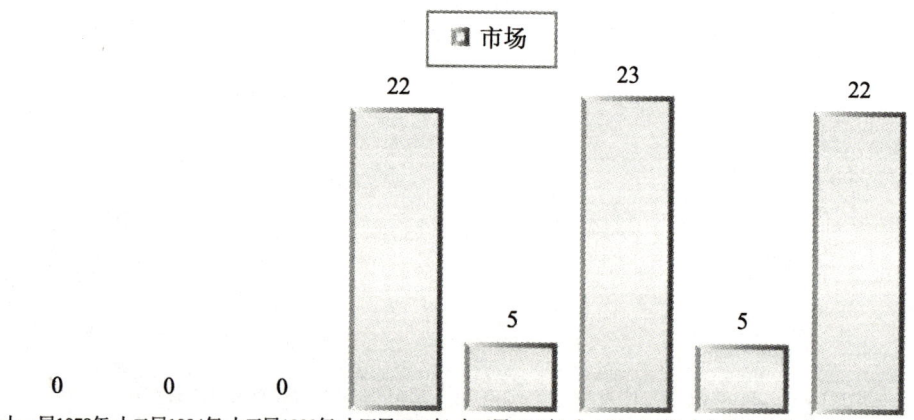

中国经济的发展得益于社会主义市场经济体制的确立和不断完善,本届三中全会确立了市场经济在整个社会资源配置中的决定性地位,是具有历史性的价值意义。

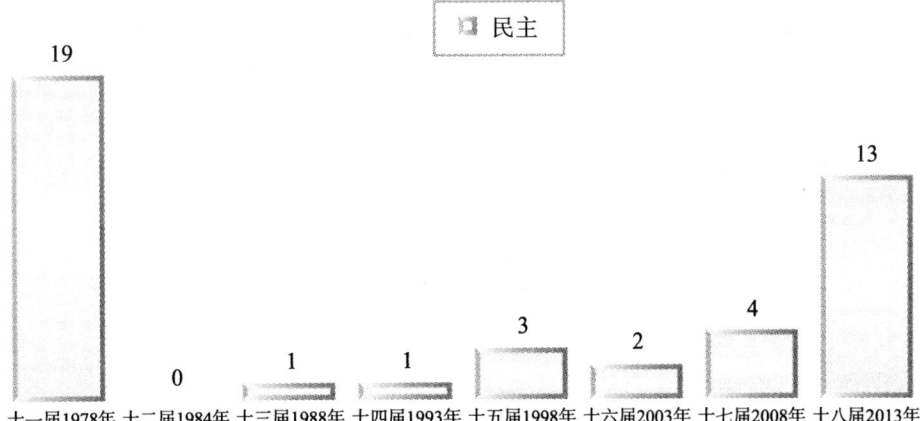

本届三中全会对民主的提及度仅次于十一届三中全会,十一届三中全会具有特殊的历史背景,本届三中全会虽然没有直接回应社会民众关注的政治改革,但对民主的提及一定程度上说明中央对民众关切的了解。

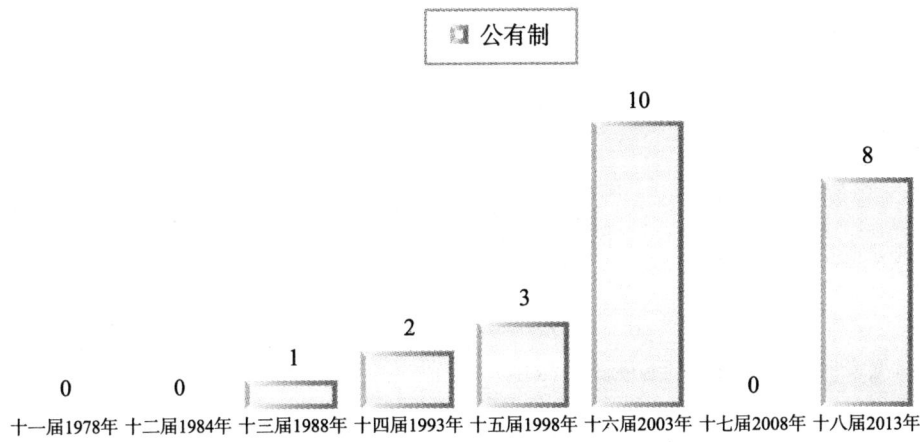

本届三中全会公报中对社会主义经济制度进行了重要阐述,一方面凸显了公有制经济的主体地位,另一方面也强调凸显了私营经济。社会民众寄予厚望的国企改革没有得到实现,经济改革的成效有待观察。

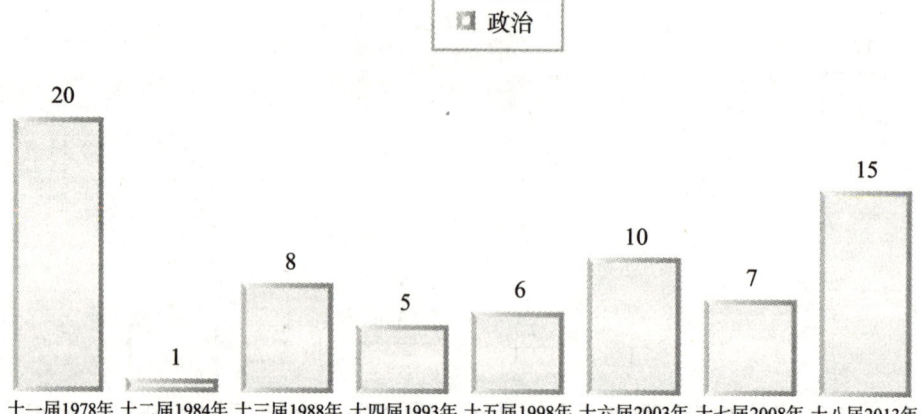

三中全会公报虽然对政治改革没有直接回应，但提及政治的次数仅次于十一届三中全会，说明政治秩序的调整和完善也是未来十年的主要工作之一。

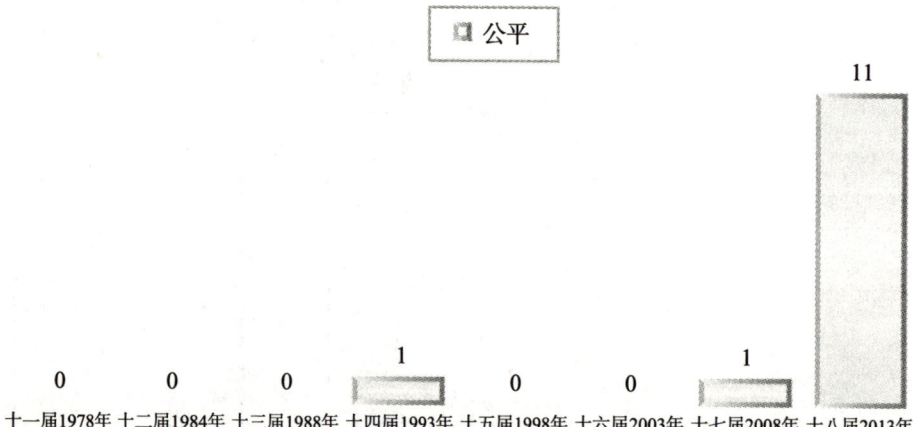

社会公平是近年来社会经济发展过快后的突出社会问题和社会矛盾，也是经济发展到一定程度时必须面临的主要问题，因此十八届三中全会相较于以往的三中全会重点突出了公平，但在具体的表述和改革措施上没有详细凸显，一定程度上说明其作为未来改革的难点所在。

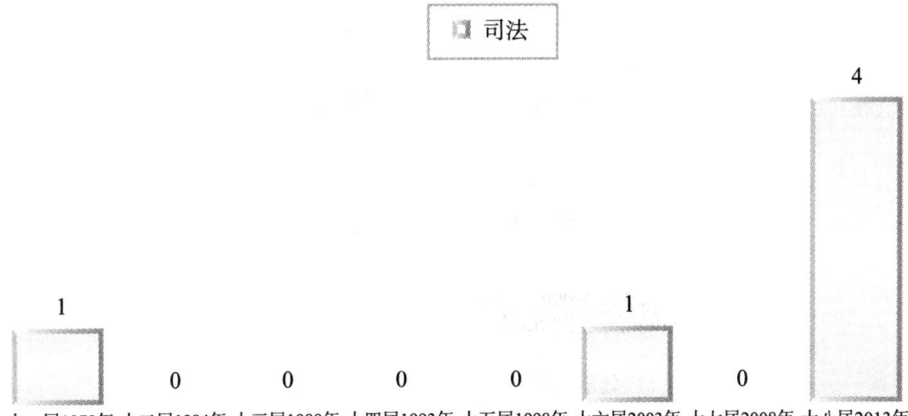

司法独立或者赋予司法体系更大的独立权也是目前社会发展中的突出问题，作为社会公平正义的最后一道保险，司法更大的独立权是维持社会良性运行的基础和保障，本届三中全会公报中提及了四次司法，远远超过历届三中全会，因此未来的司法改革的思路是明确的和最为可能实现的。

通过以上的简单词频分析可以看出，在十八届三中全会公报中很多提法具有一定的创新性和开创性，各项关键词指标可以与十一届三中全会相媲美。

第三节 舆情分析

一、民众关注话题

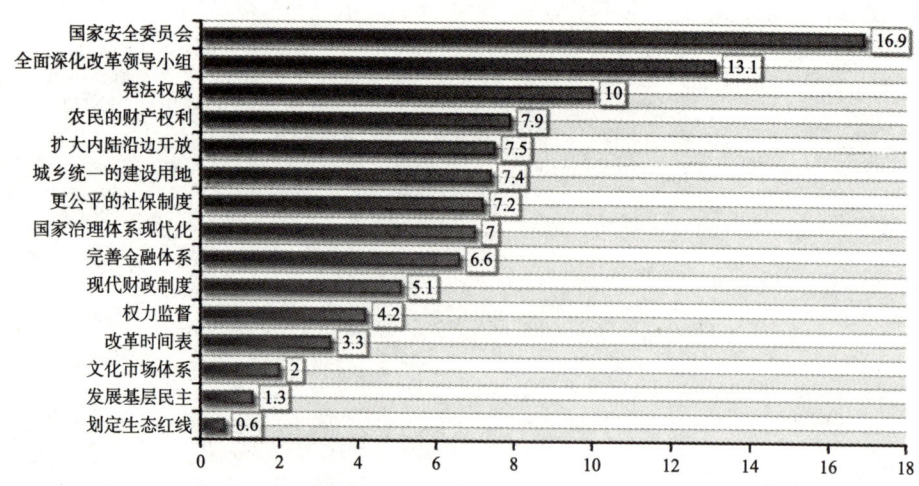

以上是十八届三中全会的主要热搜词,可以看出,国家安全委员会、经济体制改革、完善税收等话题是网民热搜的主要关键词。

本届三中全会公报提出了15项改革,通过对微博中的民众提及度和关注程度,可以计算出三中全会提出的15项改革的关注程度如下。

从上面可以看出，民众关注最多的不是涉及社会民生、政治改革的话题，而是集中于两个机构的成立，民众关注出现了话题的偏移，即相对于那些宏大的叙事来说，这些具化的措施更容易引起民众的关注；其次才是宪法权威和农民财产制度等话题。

二、关注人群分析

（一）性别

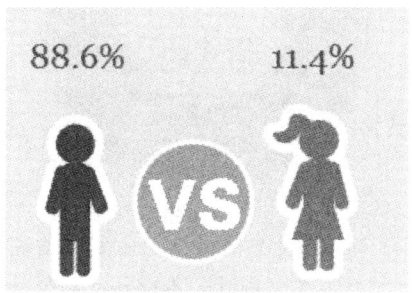

从上图可以看出，关注十八届三中全会主要集中在男性网民，占到总体的88.6%，女性仅占到了11.4%。说明三中全会是男性的话题，具有性别上的偏好。

（二）网络世代

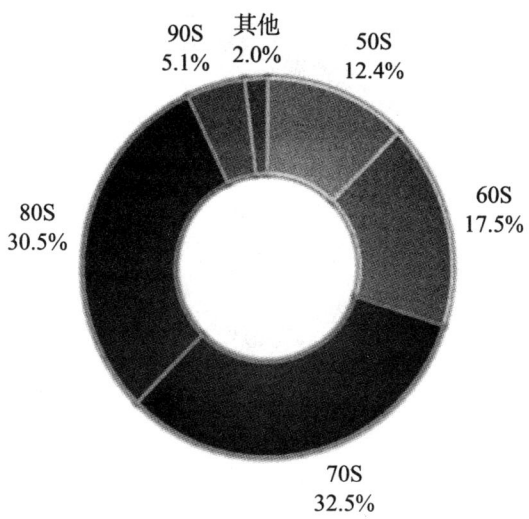

上面是关注该话题的网络世代的分布情况，可以看出，关注三中全会的主要

是 70 后和 80 后两个时代，占到总体的近三分之二，因为三中全会未来的发展与这群人关联最大，这群人也是网络上的主流人群，但 90 后关注相对较少。

（三）话题原创

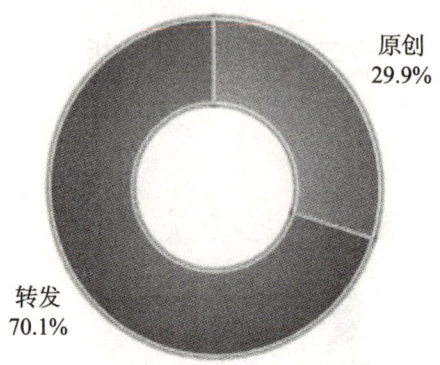

从上面可以看出，有关三中全会的微博还主要停留在转发层面，原创仅占到总体的 30% 左右，说明三中全会虽然是一个影响广泛的政治性话题，但还停留在以官方表达为主导的层面。话题本身的亲和度和带给民众的共鸣都有待提升。

（四）用户类别

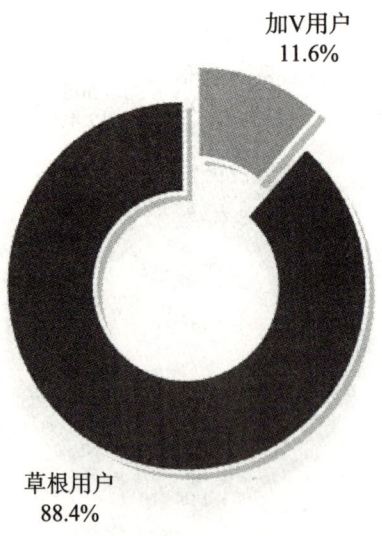

加 V 人群在整个话题的比重仅为 11.6%，比例相对较低，一方面与 8 月以来的微博谣言治理行动有一定关联，另一方面与加 V 人群对公报的内容期待下降也

有关系。

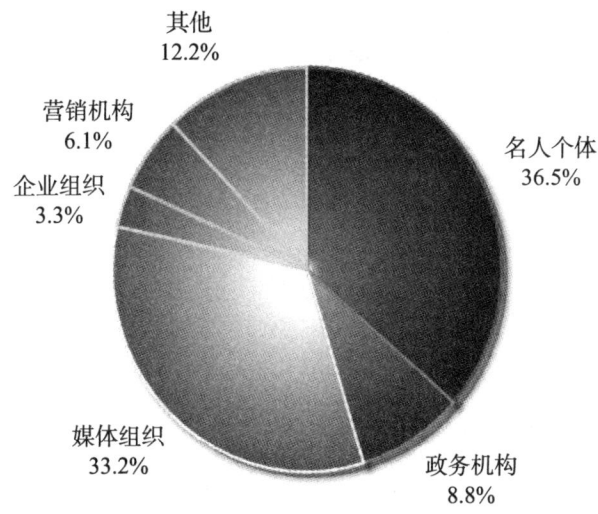

在加 V 人群中，主要是以名人个体和媒体组织最为活跃，政务微博反而比较低调，对信息的传播相对比较低调。这与加 V 人群的总体结构分布情况相一致。

（五）省域分布

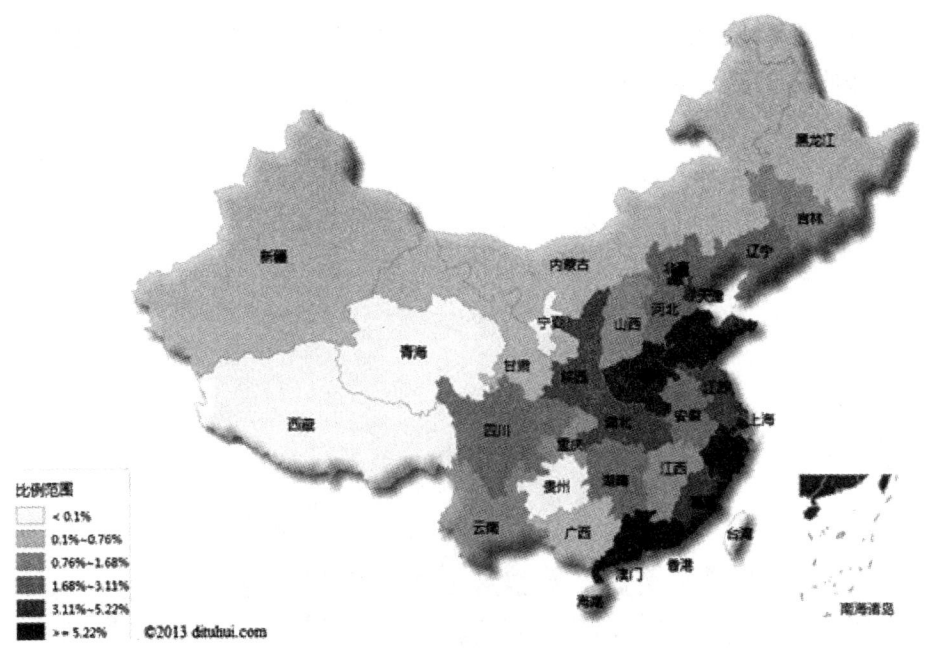

从上图可以看出，对三中全会比较关注的人群主要集中在北京、广东、上海、河南、山东和浙江等沿海地区，这主要与微博的普及度有一定关系，其中以北京地区为最，主要与北京的政治中心地位有一定关系。

三、传播情况

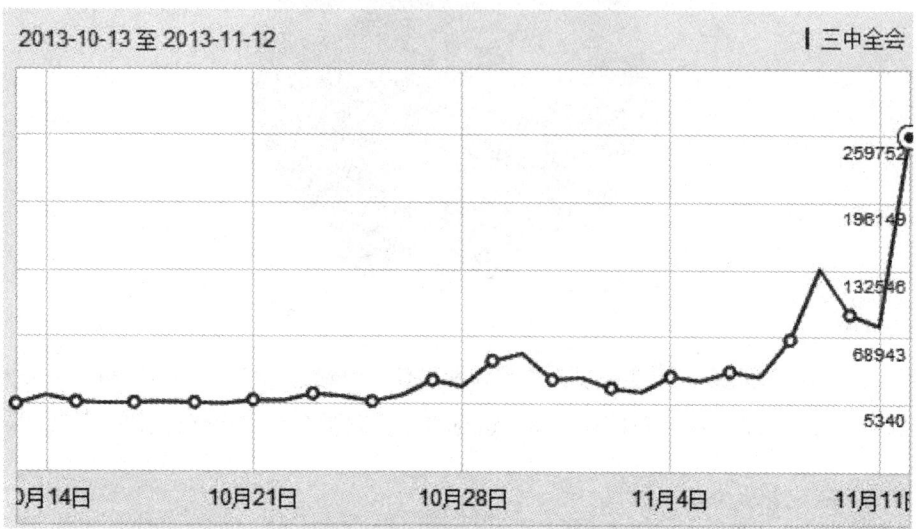

从上图可以看出，根据微博的数据，民众对十八届三中全会的关注主要是随着公报的发布开始陡增起来。

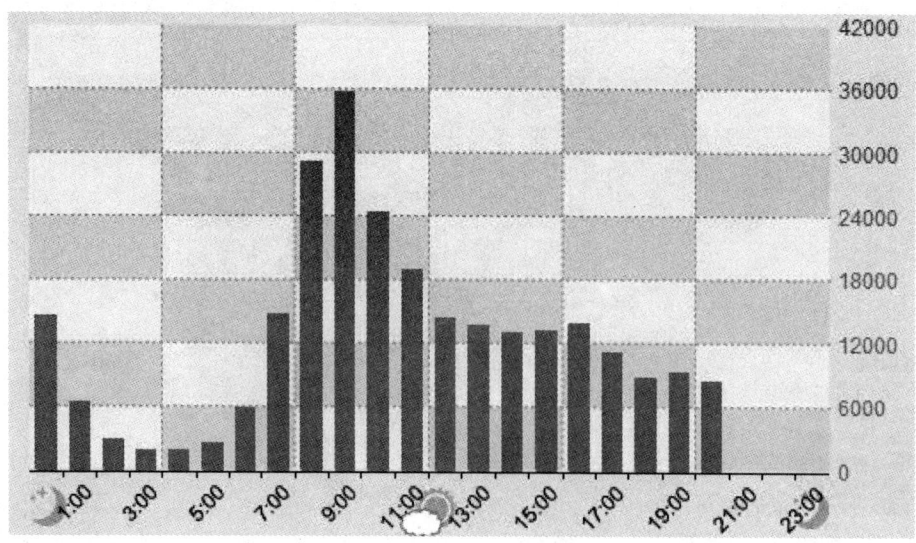

上图是截至 2013 年 11 月 13 日晚上 19 时的微博关注情况变化，可以看出，在 12 号三中全会公报出现后即引起民众的关注，尤其是次日的 8 时 -10 时，但这种讨论热情仅维持了几个小时便出现了一定程度的下降，并且呈逐步下降的趋势。

上面是在整个三中全会相关微博传播中扮演重要作用的关键传播节点的账号，分别为 @人民日报、@央视新闻、@新华视点、@人民网和 @于建嵘等账号。

其中微博加 V 名人用户 @于建嵘的微博转发数量最大，影响也较广泛。

四、社会支持及社会期待

（一）反馈信息倾向性

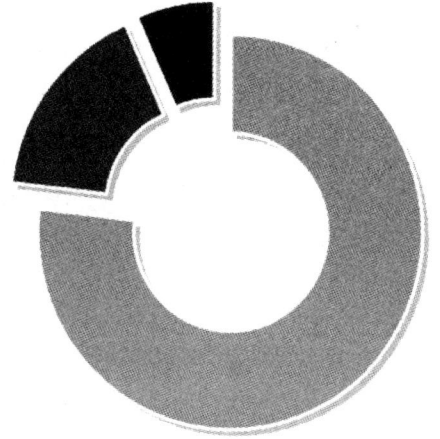

从上图可以看出，对十八届三中全会的正面评价为主，近 8 成的信息是对三中全会公报内容的正面评价，其次是中性信息，负面信息的比重为 6.5%，说明民众对这一报告的整体评价是积极的。

（二）正负面舆情高频词

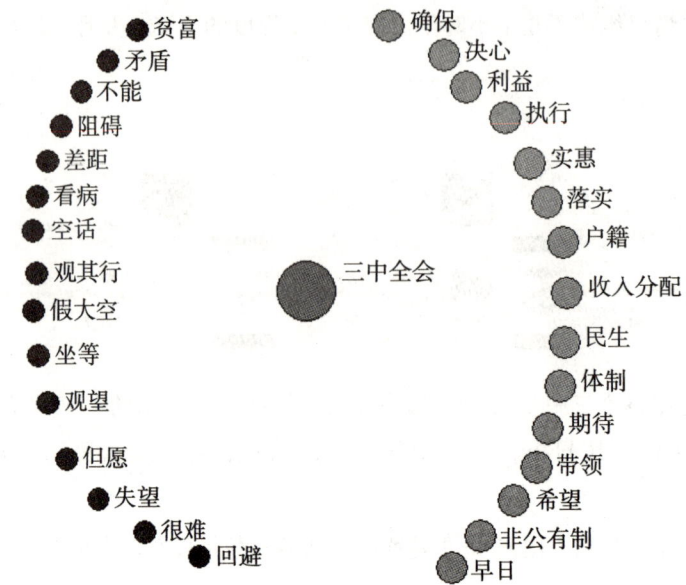

（三）民众关注与公报提及

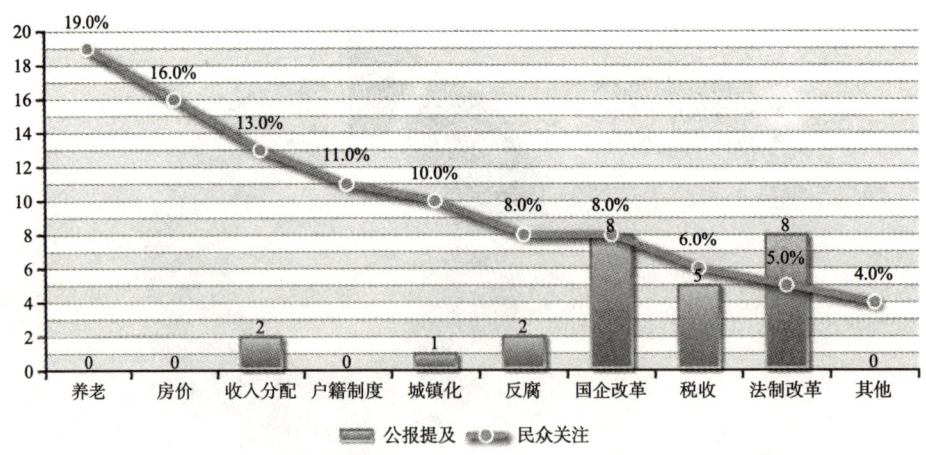

上图是民众关注议题和公报提及的关键词频度，民众关注议题是中国人民大学舆论研究所2013年对民众关注议题的总体统计分析，通过分析可以发现，目前民众讨论和关注最多的是养老、房价、收入分配、户籍制度、城镇化、反腐等

问题，而在三中全会公报中提及最多的是国企改革、法制改革、税收制度等，可以看出，公报并没有完全解决民众的重大关切，尤其是困扰民众生存的养老、住房等问题基本没有涉及。

（四）民众期待与公报提及

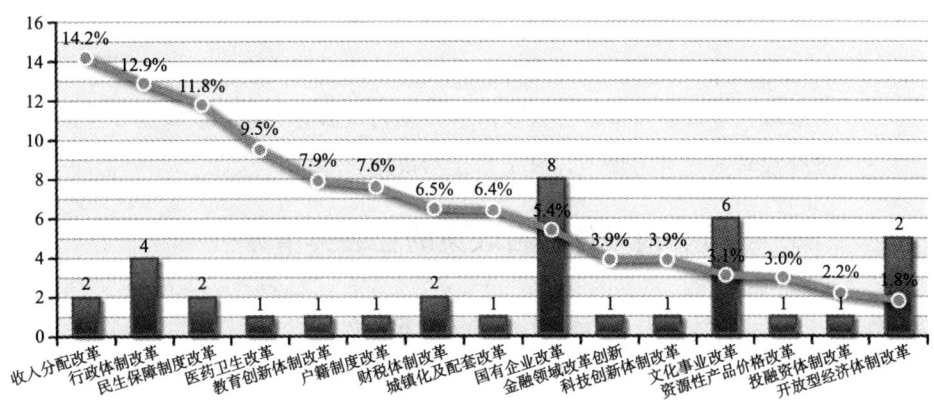

公报提出了十五大改革，本研究引用人民网的网民投票关切数据进行比较，从上面可以看出，民众最为关注的改革是收入分配改革、行政体制改革、民生保障改革、医药卫生改革等，而公告提及的依次是国企问题、文化事业改革、开放性经济体制、行政体制改革，与上面民众的关注问题相一致，公报内容与民众期待的改革之间也存在一定的错位情况。

（五）基本总结

总体来看，民众和社会意见领袖之间对三中全会的总体评价较高，但对之前集中关注的政治改革、国企改革等没有体现有所失望，普遍认为经济议题的重要性下降，传递的仍然是"渐进"改革的调子。社会意见领袖对三中全会的总体评价要高于社会民众，具体意见主要如下。

社会意见领袖的主要意见和想法：

◆ 此次全会强调了"全面深化改革"，对此表示赞赏并希望尽快落实。
◆ 没有预想中的政治体制改革、国企政策改革，对此表示失望。
◆ 关注公报中提到的法制建设表示赞赏，期待尽快真正落实。
◆ 很期待更细节的报告出台，等待重大问题的决定。

- ◆ 较为关注政府对于土地改革的一些政策。
- ◆ 成立国家安全委员会,使得中央更加集权,对成效持审慎态度。

普通民众的主要意见和想法:

- ◆ 对公报及会议涉及到的政策表示一定程度的失望,没有达到预期的期望值。
- ◆ 认为公报内容很多话题是炒冷饭,不痛不痒,缺乏实际措施。
- ◆ 持观望态度,保持一定的期待,希望政策不能假大空。
- ◆ 对公报内容表示质疑,怀疑政府挥刀割肉及自身利益的政策能否落实。
- ◆ 觉得改革只能自上而下,自下而上的改革不靠谱。

五、对具体出台政策的社会舆情分析

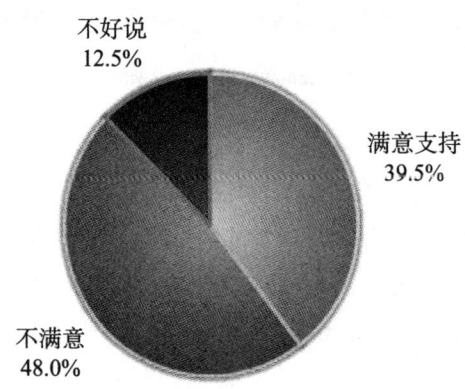

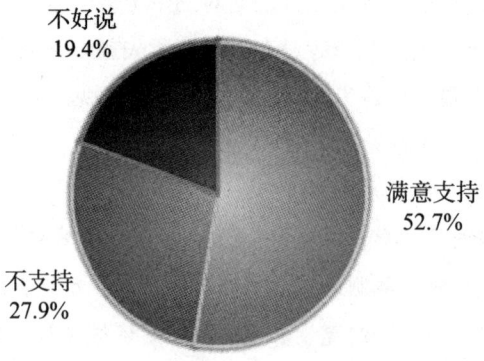

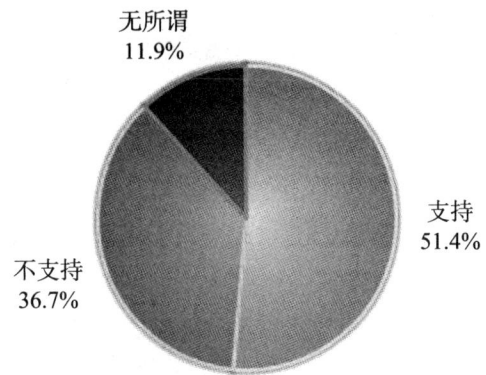

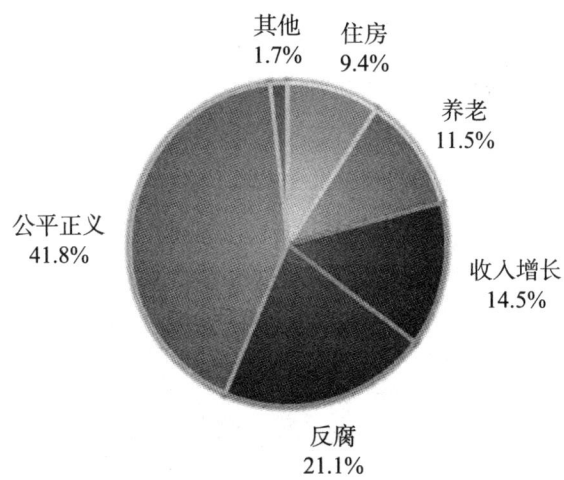

六、单独二孩政策舆情分析

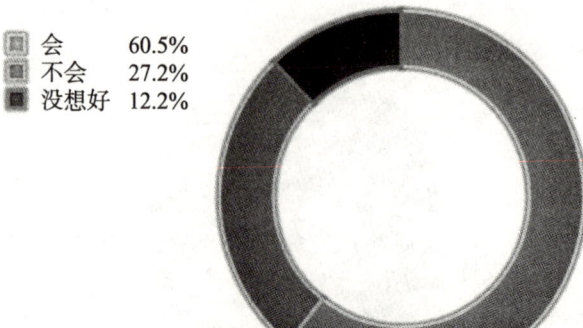

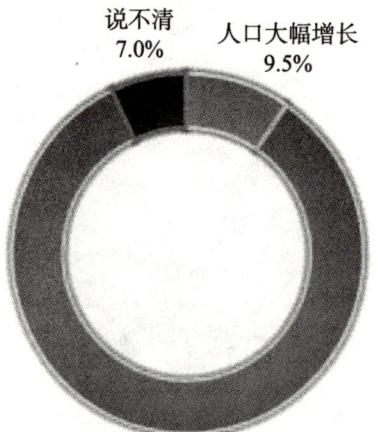

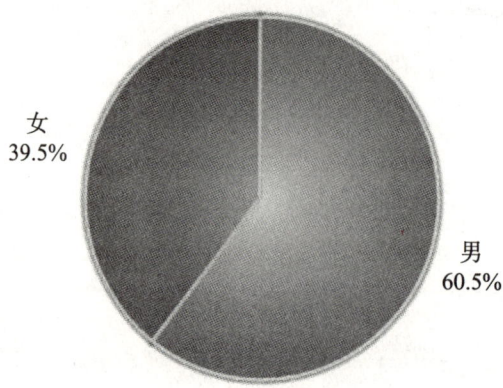

关注二孩政策的网民地区分布

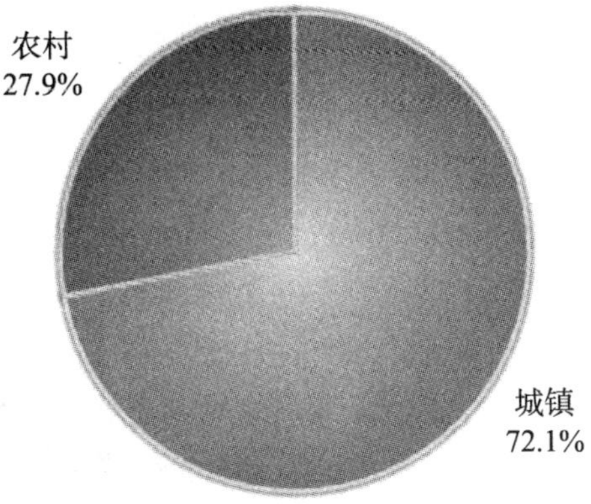

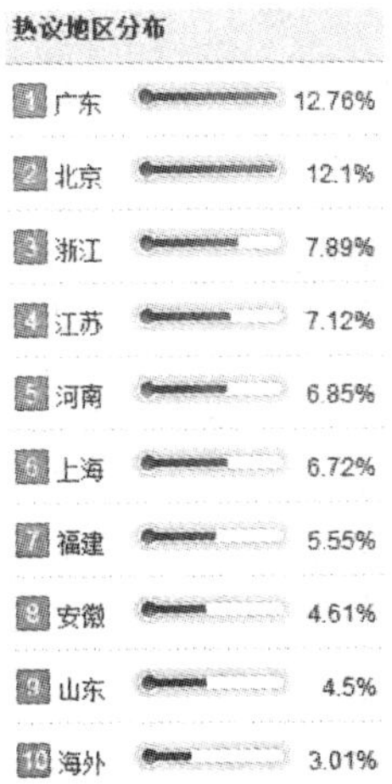

农村 27.9%
城镇 72.1%

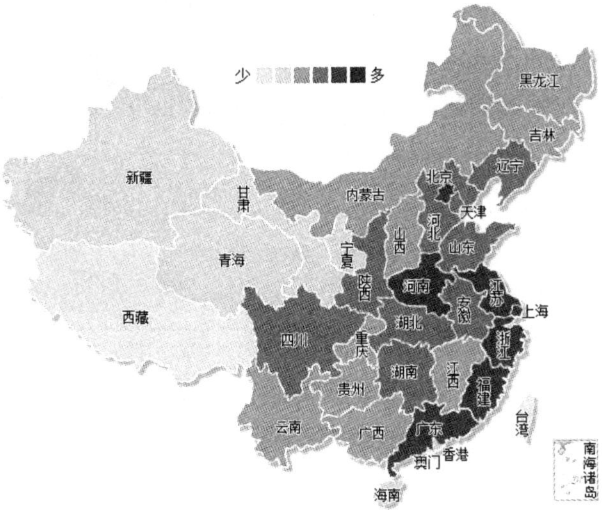

热议地区分布

1. 广东　12.76%
2. 北京　12.1%
3. 浙江　7.89%
4. 江苏　7.12%
5. 河南　6.85%
6. 上海　6.72%
7. 福建　5.55%
8. 安徽　4.61%
9. 山东　4.5%
10. 海外　3.01%

生二胎意愿的年龄分布

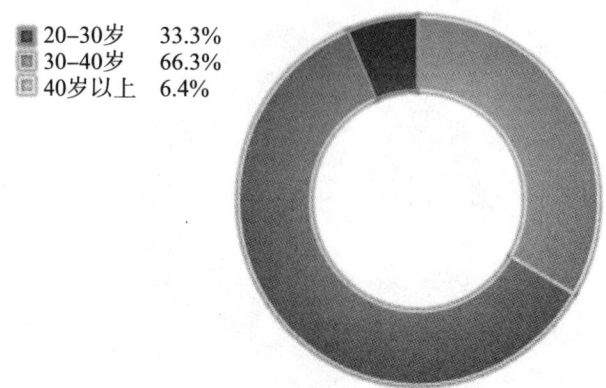

- 20–30岁 33.3%
- 30–40岁 66.3%
- 40岁以上 6.4%

符合生育二胎中生育意愿年龄分布

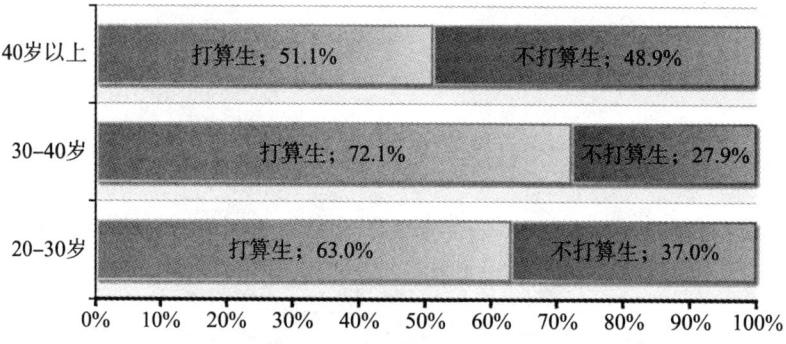

二孩政策的社会语义网分析

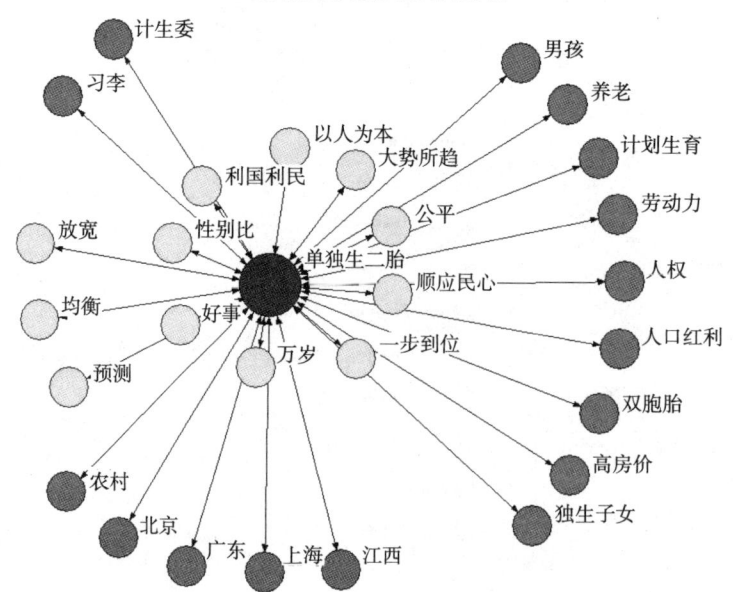

七、渐进式延迟退休政策舆情分析

渐进式延迟退休支持度

- 支持 23.4%
- 不支持 68.3%
- 无所谓 8.3%

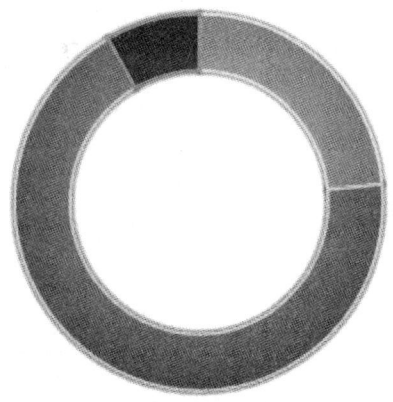

延迟退休缓解养老金缺口认可度

- 认可 7.3%
- 不认可 88.5%
- 不好说 4.2%

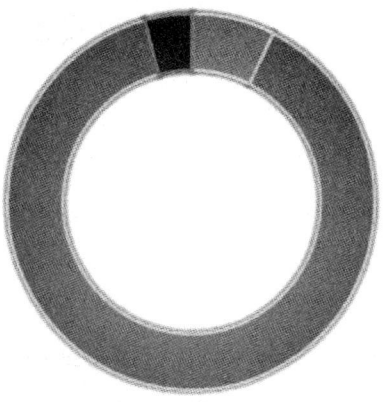

养老金缺口解决措施

- 不好说 3.8%
- 延迟退休 2.2%
- 回归商业保险自己解决 8.1%
- 社保基金填补 14.5%
- 国企上缴利润填补 71.4%

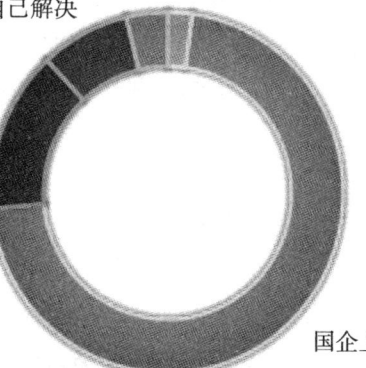

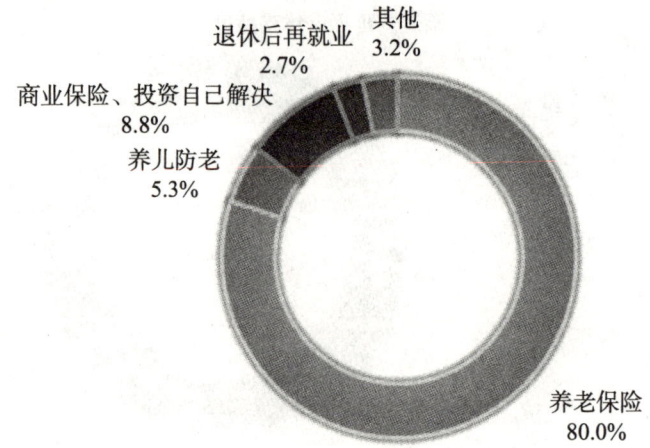

养老方式选择

八、外媒的相关报道及舆情分析

（一）外媒整体报道态势

十八届三中全会公报引发外媒报道热潮，关注点与会前预测基本保持一致，乐观派和悲观派都认为，这份公报印证了他们此前的观点。

外媒的关注点表现得较为集中，着重笔墨分析公报中有关"市场在资源配置中起决定性作用"的陈述、关注国家安全委员会的成立并解读其职能。

在经济改革方面，外媒在报道中普遍提及"市场在资源配置中起决定性作用"这句话，多家媒体用这句话作为当天的新闻标题，分析认为该表述表明中国决策层有意加快改革。

外媒还特别关注国家安全委员会的成立，整体上对这一举动予以积极评价。多数外媒认为该委员会有望提高习近平的权威，加强其对军队、国内安全和对外政策的掌控。此外，外媒还对这一委员会的职责进行预测。

但在改革的力度方面，外媒认为公报中在如何提高市场决定性方面措辞模糊，表示有关改革的内容"有创新、有亮点、但不完善"，期待未来出台更多细节内容。有些报道则评价认为此次改革将深度不够，并质疑改革执行力度。

（二）外媒关注重点

1. 外媒普遍提及公报中称"市场在资源配置中起决定性作用"，认为习李政

府有意加快经济改革

外媒普遍注意到公报中让"市场起决定性作用"的相关表述,认为其表明新一届政府有意加快经济改革,这种有别于以往让市场扮演"基础性"作用的表述或对中国经济产生深远影响。《华盛顿邮报》称,评论人士利明璋称,对市场作用的认可是一"大转变",推动改革的新委员会或许"强大,且具有影响力"。《经济学家》称,公报首次呼吁市场在资源分配中发挥"决定性"作用。措辞变化意义非凡。

为了进一步洞悉本届领导人的改革意愿,部分外媒还把此次公报与往届公报相对比,并得出积极结论,认为本届政府支持市场化改革。《华盛顿邮报》称,共产党领导人强调了改善环境的重要性,承诺根除腐败,减少收入不公,提高"管理","管理"一词比过去的使用率有所提高。"改革"一词也被提及59次,比上一次三中全会的31次有所增加。《华尔街日报》称,1993年的十四届三中全会为重要的国有企业改革浪潮奠定了基础,在那次会议上,中共只是承诺要让市场发挥基础作用。今年的用词语气更强,暗示了习近平支持市场化的倾向。

同时,外媒认为公报中有关"更好发挥政府作用"的说法,表明中国在承诺令市场发挥更重要的作用的同时,维持对经济的严格控制。《南华早报》称,公报点出,经济体制改革的核心问题是处理好政府和市场的关系,"使市场在资源配置中起决定性作用",但公报也不忘加上"更好发挥政府作用"作为平衡。

2. 外媒关注国家安全委员会的成立,对其予以积极评价

除了经济改革内容,外媒在报道中另一大焦点是新成立的国家安全委员会。整体看来,外媒对这一委员会的成立评价较为积极,称虽然缺乏构成细节,但却有利于加强习近平的权威,助其推动改革。与此同时,外媒普遍对国家安全委员会的职能进行猜测。

3. 外媒认为国家安全委员会有利于习近平巩固权力,表明习的权力和威望已达顶峰,认为国安委成立有助于改革

《每日电讯报》称,中国国家主席习近平在此次三中全会上收紧了对共产党的控制,成立了新机构以避开其领导的政府,推动改革。《华尔街日报》称,分析师们称,此举进一步显示出习近平正将自己打造为自邓小平以来中国最强有力的领导人。《联合早报》称,比较本次全会的公报以及2003年中共十六届三中全会公报两者的不同,中国10年的建设成就,执政理念的提升与未竟之目标,都在字里行间一览无遗。《外交学者》评论文章称,在某种程度上,国家安全委员会的成立可能是为了减少保守派对改革可能瓦解共产党权力控制的顾虑。国家安全委员会的成立彰显了共产党推动改革的决心。

4. 外媒推测国家安全委员会职责，将之与美国国家安全委员会相比较，有外媒认为该机构旨在使各部门在实施国家安全政策方面形成合力；也有外媒认为其或主要处理国内事务

BBC中文网称，中国人民大学政治学教授张鸣接受BBC访问对公报进行解读时表示，虽然未知设立国家安全委员会的具体内容，总的目的一定是维护政权的安全，维稳为前题，估计是包括对外及对内的机制。《南华早报》称，观察人士说，设立国家安全委员会旨在避免政府各部门在实施相关政策时无法形成合力。《华尔街日报》称，专家们称，国家安全委员会的职权将取决于其内部成员的构成，比如谁在委员会内担任二号人物、以及这个人是否会有类似于美国国家安全顾问那样的影响力。《联合早报》称，日本舆论认为，中国设立国家安全委员会的真正目的虽还不明朗，但不排除中国选在日本之前成立，有其特殊意思，凸显了亚洲两大强国都将偏重于比赛军事战略。《联合早报》称港泛民主派担心国安委，将打压"占领中环"行动。

5. 外媒在改革力度方面见解不一，有外媒因公报未涉及国企改革等颇受外界关注的领域而对其感到失望；也有外媒态度较为乐观，认为失望态度为时过早

6. 有外媒从自身关注的领域出发，称公报在如何加强市场决定性方面措辞模糊，且对土地改革、户籍改革等与城镇化进程有关的内容避而不谈，认为改革深度不够，同时质疑改革执行情况

在承认公报中存在亮点的同时，外媒多认为其中内容措辞模糊、乏善可陈，缺乏实质性。外媒称，这种情况表明党内还未就改革达成一致。尽管外媒认为此种结果符合之前预期，但仍表露出失望态度。《华盛顿邮报》称，前《学习时报》副总编邓聿文说道，公报意在强化领导集体政左经右的策略，虽然该论断仍有待佐证。《联合早报》称，受访学者认为，揭盅的改革内容基本上在意料之中，而且有创新、有亮点、但不完善，与"全面深化改革"为主题的会议仍有距离。《大西洋月刊》称，知名学者裴敏欣教授称，大会的结果也使得更广泛市场改革的前景变得暗淡，而这一点是中国政府已经承诺过的。《每日电讯报》称中国欧盟商会对三中全会公报"模棱两可"的措辞表示失望。《纽约时报》称亚洲市场对三中全会公报反应冷淡。

还有媒体质疑市场改革的落实情况，认为此次改革力度仍有待观察。《金融

时报》称，公报包含的改革具体内容稀少，让一些分析人士感到失望。"它的力度不大，如何落实的细节仍有待观察"，北京师范大学公司治理与企业发展研究中心主任高明华表示。《华尔街日报》称，中国共产党的十八届三中全会已经闭幕，但中国国家主席习近平的经济日程依然是个谜团。金融改革的议题被完全回避。会议公报中只有一段文字提到要适应经济全球化新形势，并指出要放宽投资准入。

7. 有外媒对公报中的改革内容予以肯定，对改革进程态度乐观，称公报是新一届政府长期战略目标的表现，并不旨在提供细节内容

《外交学者》评论文章称，各界普遍对中共十八届三中全会感到失望。而我认为，这些失望情绪并不成熟，甚至可能是误解。此次三中全会似乎实现了其召开目标，比起会议召开时，现在有足够理由对改革抱持更乐观的态度。在很大程度上，失望情绪源自公报中细节的匮乏。然而，公报并不旨在提供改革细节。与此相反，他们是为了向共产党员、中国国内及海外观众传达新领导班子宽泛的长期战略目标。从这个角度看，公报似乎较为出色，确立了改革框架。美国布鲁金斯学会网站评论文章称，在避开更多激进提议的同时，中国领导人还是努力完成了一些主要政策转换。首先就是承诺更大的司法独立性。而三中全会公报采用了更加平衡的语调。从乐观角度而言，未来几年，一旦习近平通过市场型经济政策赢得了民众（特别是中产阶层）的支持，那么他将着手开展政治和司法改革。

（三）外媒报道倾向性

1. 与会前预期阶段一样，外媒关注点都集中在新政府改革宽度和深度之上

外媒一方面承认公报中存在亮点、创新，对"市场在资源配置中起决定性作用"的表述和成立国家安全委员会予以较为正面的评价；另一方面援引各方专家观点，称这份公报印证之前的预测——公报内容缺乏新意，措辞含糊，改革深度不够。

2. 新一代领导人的执政理念仍是外媒解读重点

在报道中，外媒普遍把习近平总书记看作是市场经济的支持者，认为国家安全委员会有助于加强他的权力，促进改革的推进。

第六章　用信息公开解 H7N9 之慌：禽流感社会舆情专项报告[1]

2013 年 3 月 31 日国家卫生和计划生育委员会通报 H7N9 情况以来，相关部门所采取的防控工作也不断升级。市民不敢接触禽类，板蓝根遭疯抢，市场活禽区关门，一时间禽流感话题又被推向了风口浪尖。

第一节　H7N9 总体情况判断

一、禽流感已经成为当前老百姓最为关心的话题，超过其他任何话题，并有进一步演变为社会恐慌情绪的可能性

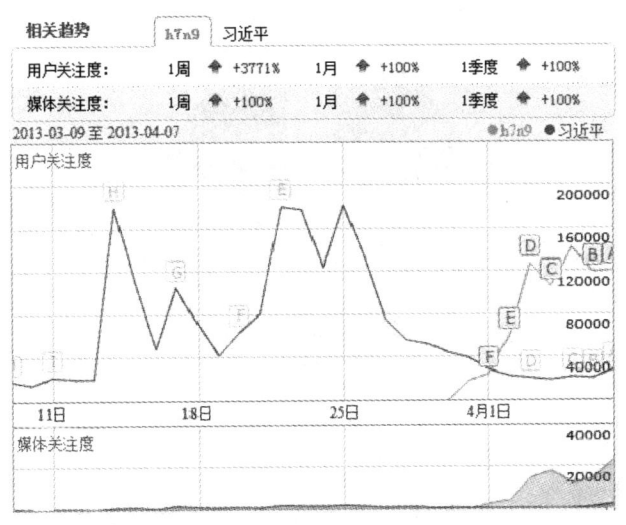

图 6-1　禽流感关注趋势变化情况

图 6-1 可以看出，禽流感成为民众和媒体关注的焦点，根据系统采集的数据

1　本报告完成于 2013 年 4 月 15 日，因此相关数据搜集也截至这一时段。

进行相关推算,目前民众对禽流感的感知率在96.4%左右,通过系统的分析将"禽流感"和"习近平主席"的搜索量情况进行比较发现,民众对禽流感的关注还在大幅度上升,并有可能出现大规模的恐慌趋势。

二、新闻媒体报道在数量和质量上与民众的信息需求存在错位偏差

从图6-1民众和媒体对H7N9关注度的变化趋势比较看出,民众对禽流感信息的需求量增长比例较高,而媒体的关注没有呈现出应有的趋势,呈现出数量上不能满足民众的信息需求量,在下面的分析中也可以发现在质量上也存在错位现象,民众期待获取的信息内容得不到媒体的关注和解答。

三、民众整体情绪相对稳定,但一些民众存在恐慌情绪,质疑瞒报声不断

使用iROST情绪词判断系统,对新浪微博中民众情绪进行判断,相关统计结果如下图6-2所示。

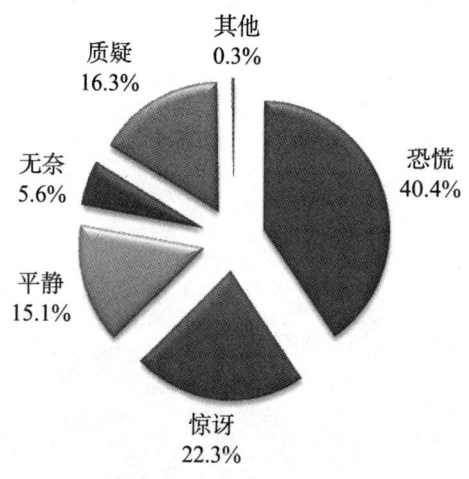

图6-2 微博中对禽流感的情绪分布

通过抓取2013年3月35日-4月8日23:00的新浪微博数据分析,民众对禽流感的基本情绪是以恐慌为主,占到了总体的40.4%,尤其在大量碎片化信息的反复冲击下,社会公众的情绪可能陷入了恐慌的漩涡;其次是惊讶,主要是对再次发生禽流感和禽流感的高致死率的惊讶等,占到了22.3%;还有部分人群是质疑和疑惑态度,其中包括对江苏卫生厅公布消息称板蓝根可预防H7N9禽流感

的吐槽，对政府应对突发事件的应对机制的拷问，以及对感染病人治疗费用的思考。《"板蓝根"背后的应急机制漏洞》、《H7N9，是难题更是考题》、《免费治疗散发病例有何不可？》等评论文章，就发出这样理性和反思的声音。无论是舆论对板蓝根的集体吐槽，还是工程院院士钟南山呼吁对感染H7N9流感患者的免费治疗，舆论除了表现出民众对公共卫生事件的本能恐慌外，还有向政府寻求求证、获得支持的诉求。政府在公共卫生事件上面临了一次重大的考验。

从4月1日开始，微博上质疑内地媒体报道不及时的声音越来越密集。涉猎广泛的网友，把香港媒体的报道和内地的作了对比，矛头直指政府信息公开。纸媒也不甘人后。《中国青年报》4月3日发表评论员文章《面对4G的民意，政府能达到几G》，"人们还是在追问，为什么迟了这么多天才公布？政府的信息公开仍没有跑得过公众的质疑和困惑，难言及格"。不过，在这个问题上，《环球时报》显然不这么看，"10年前的那场公共卫生危机，成为中国疾病防控以及政府信息公开许多方面的转折点。那次留给中国人的教训实在太多了。值得庆幸的是，那些巨大损失刺激了这个国家的进步，中国很像是在'吃一堑长一智'"。

这种情绪的分布对禽流感未来的治理和情绪的疏导都存在一定的工作难度。

四、男性和40岁以下的年轻人群对禽流感更恐慌，积极利用新媒体平台进行宣传

通过将微博用户的男女性别和情绪进行交叉分析，相关结果如下图所示。

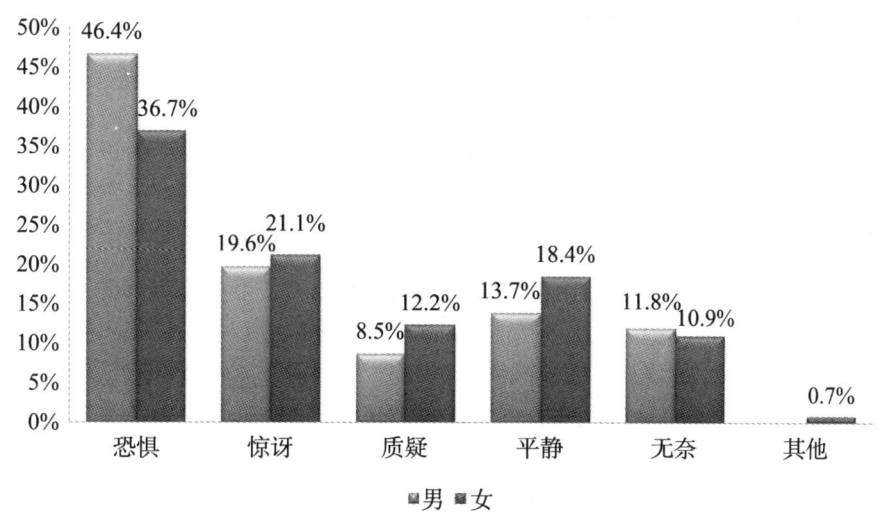

图6-3 不同性别对禽流感的情绪分布

从图 6-3 可以看出，男性相较于女性对禽流感更加恐慌，女性相较于男性稍微平静和淡定些。

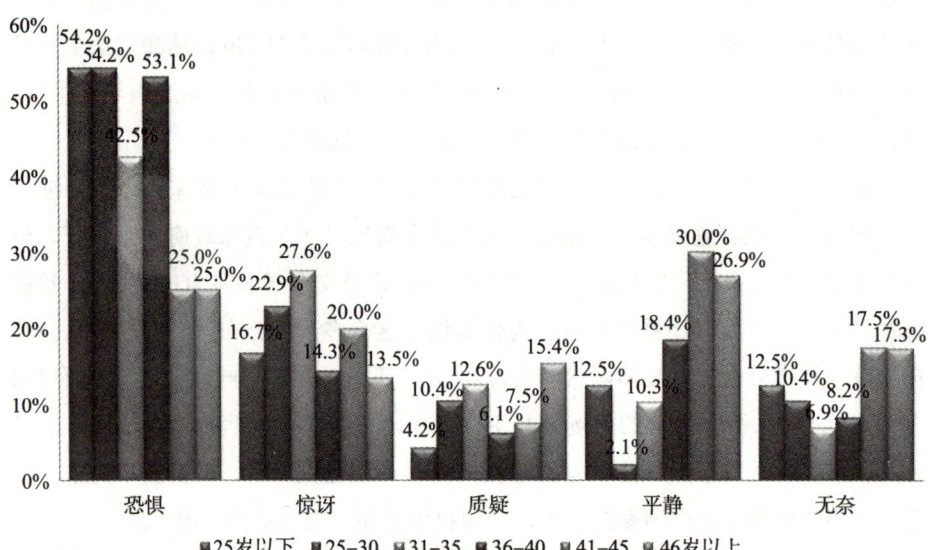

图 6-4 不同年龄对禽流感的情绪分布

从图 6-4 可以看出，30 岁以下年轻群体、36-40 岁群体对禽流感的恐慌明显高于其他年龄人群，41 岁以上人群对禽流感的恐慌程度稍微理性，尤其是在平静情绪中，主要以 41 岁以上人群为主，说明未来禽流感的主要疏导人群为年轻群体，要加大新媒体阵地的宣传力度。

五、广东、江苏、上海、北京、浙江等地民众恐慌情绪最为严重，社会各类谣言并起

将各省域内微博用户对禽流感疫情的恐慌情绪比例与各省互联网普及率进行对比，可以计算出各地区对禽流感的恐慌系数。相关结果如下。

第六章　用信息公开解H7N9之慌：禽流感社会舆情专项报告

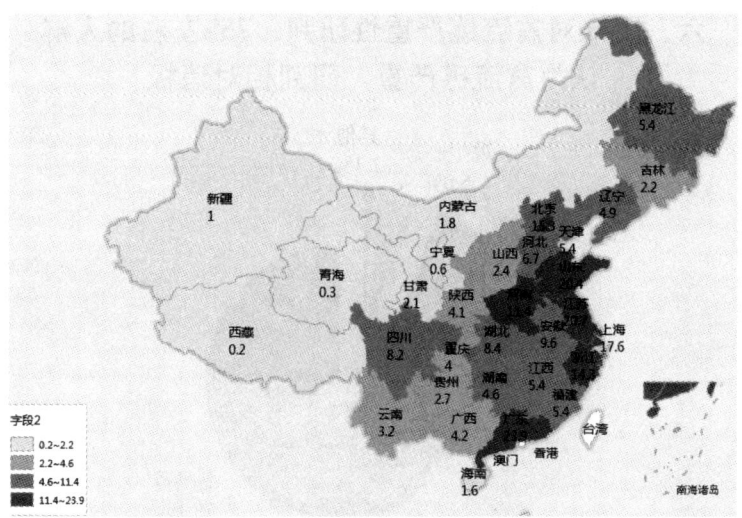

图 6-5　各地民众恐慌系数分布

从上图 6-5 可以看出，图中颜色越深的区域民众的恐慌系数越高，从图中可以看出，目前禽流感的恐慌范围还主要集中在禽流感的原发地及其周边区域，但北京和广东作为 2003 年非典的主要疫区，事后民众的心理疏导机制不健全，民众对禽流感的恐慌程度明显高于其他地区。

每次突发事件，都是一场真相与谣言的较量。4 月 2 日，微博、微信上一则以"东直门医院感染办"开头的通知被多次转发，称出现了 H7N9 禽流感病毒。当晚，东直门医院通过其认证微博发布声明澄清，网上的相关信息纯属捏造。而针对有微博发布关于"南昌两名学生疑似感染禽流感"内容，校方亦通过其官网辟谣。昨日微博中又疯传北京已经发现禽流感。相关截图如下。

图 6-6　关于北京已发现禽流感病例的微博截图

六、民众对禽流感严重性研判：75%左右的人群认为禽流感严重，研判相对消极

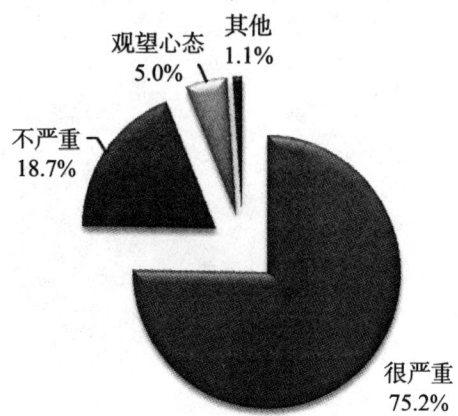

图 6-7 民众对禽流感严重性的评估

通过微博中对禽流感的讨论，可以看出，民众对禽流感的严重性的基本判断为很严重，占到总体的75.2%，预估不严重的占到18.7%，主要受到2003年非典疫情的影响，民众对禽流感的整体预判相对比较消极。政府应该加强足够的信息公开，切实有效地消除民众的信息盲点。

七、男性和25岁以下青年群体对禽流感评估相对严重

将微博用户的性别预期对禽流感的形势的评估做交叉分析，结果呈现如下图6-8所示。

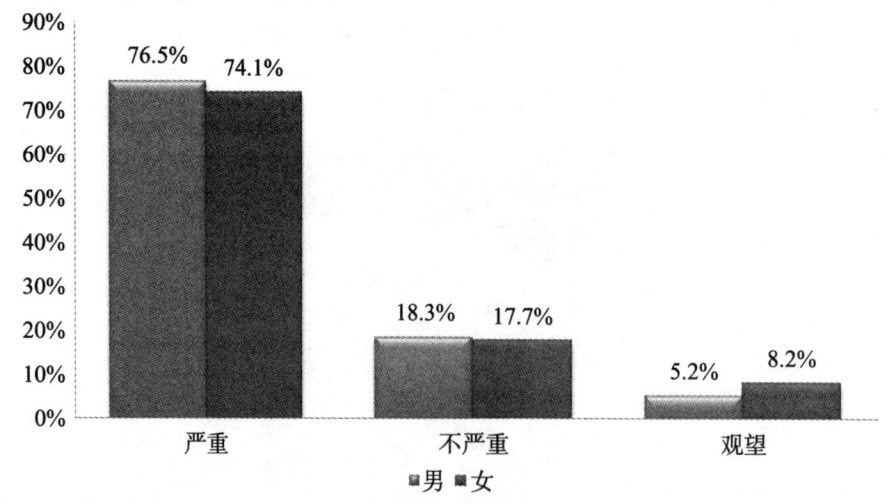

图 6-8 不同性别对禽流感形势的评估

从上图 6-8 可以看出,男女对禽流感的评估形势基本上一致,四个人中有三个认为形式相对严重,持乐观或观望态度的仅占到四分之一。相较于女性,男性稍微认为形势不容乐观,多出 2.4% 左右。

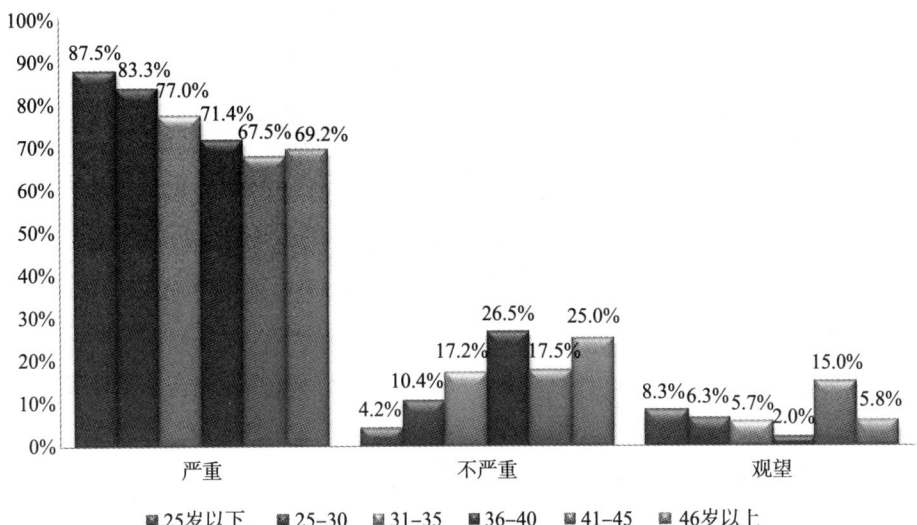

图 6-9　不同年龄对禽流感形势的评估

从上图 6-9 可以看出,对禽流感形势判别为严重的人群随着年龄的增长在逐步下降,再一次说明经历了十年前的非典疫情年长人群对禽流感这一疫情的评估相对比较理性,年轻人群相对判断比较严重,这类群体比较特殊,情绪传导机制比较敏感,如果引导不当很容易引起社会性恐慌情绪的蔓延。

八、民众关注最多的是禽流感疫情和担心被感染

通过对微博用户发布的与禽流感相关的信息内容进行归类分析,相关结果呈现如下图 6-10 所示。

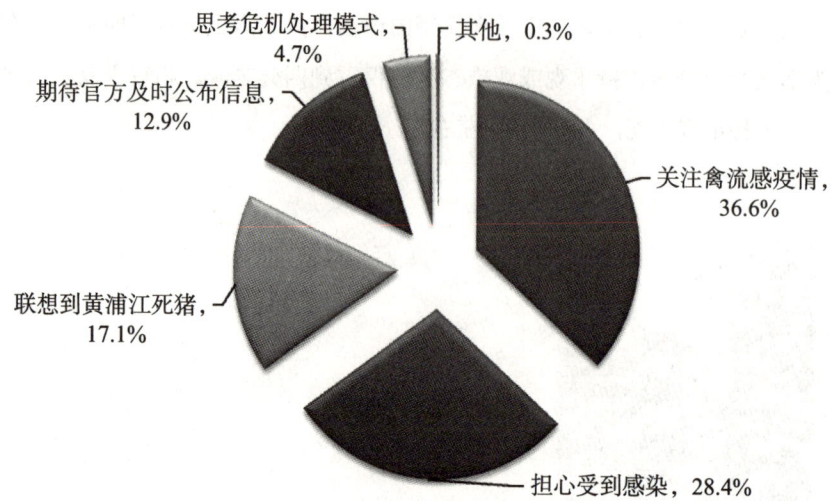

图6-10 微博用户关注的焦点问题分布

从上图6-10可以看出,民众对禽流感关注的焦点问题是关注禽流感疫情变化(36.6%),担心自己受到感染(28.4%),这些都是对目前禽流感的发展现状不了解、信息公布不及时等问题造成的;联想到黄浦江的死猪,占到了17.1%,主要是政府相关部门缺乏公信力,虽然出来澄清但并没有打消民众的疑虑。只有充分的信息公开,在此基础上广泛征集民众的意见,禽流感的防控措施才能取得切实有效的成果。

九、民众急切要求获取公共卫生、医药费用等信息,信息要及时、真实地公开,消除信息盲点,平复社会紧张情绪

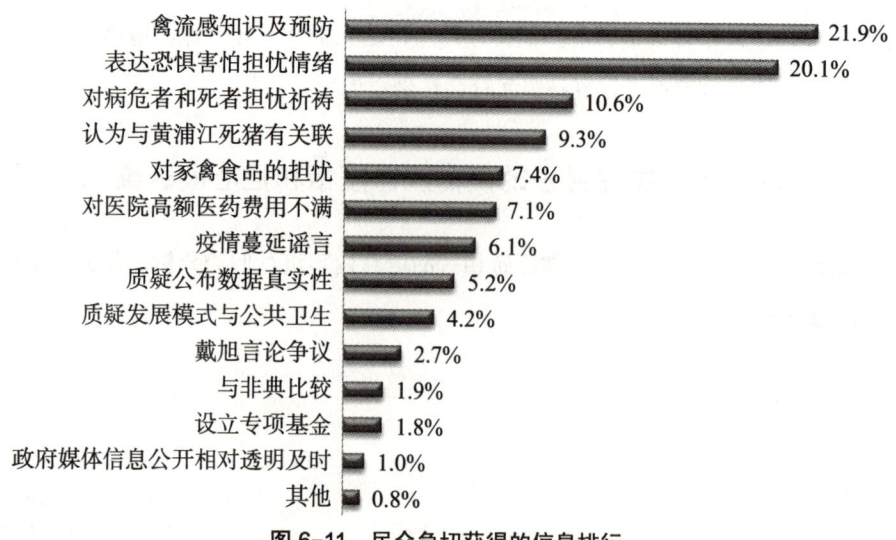

图6-11 民众急切获得的信息排行

综合相关舆情采集平台数据，民众对禽流感主要关注点集中在禽流感基本知识和预防、恐慌心理的传播与蔓延，对黄浦江死猪、家禽食品的担忧等等。

通过上图可以看出以下几点：一是民众对禽流感的基本常识不足，存在盲从和谣言传播夸大的趋势；二是担忧禽流感的高额费用的负担问题；三是将近期的黄浦江死猪、大气污染、水污染等结合起来，质疑目前环境恶化和经济发展之间的关系。

下表中是全国、北京地区、上海地区和广东地区民众对禽流感的关注点前十位信息。

表6-1 各地民众对禽流感的关注点排行

	全 国	北 京	上 海	广 东
1	H7N9禽流感	H7N9禽流感	H7N9禽流感	H7N9禽流感
2	禽流感症状	禽流感症状	禽流感症状	禽流感症状
3	H7N9禽流感症状	H7N9禽流感症状	上海禽流感	H7N9禽流感症状
4	禽流感传播途径	禽流感传播途径	H7N9禽流感症状	禽流感传播途径
5	上海禽流感	上海禽流感	禽流感传播途径	H7N9禽流感病毒
6	H7N9禽流感病毒	北京禽流感	禽流感预防	上海禽流感
7	禽流感预防	H7N9禽流感病毒	H7N9禽流感病毒	禽流感概念股
8	禽流感的症状	禽流感概念股	禽流感的症状	禽流感预防
9	禽流感概念股	禽流感预防	禽流感概念股	禽流感的症状
10	江苏禽流感	禽流感的症状	禽流感病毒	新型禽流感

第二节 相关对策建议

一、要有绝对真实的、有效的信息公开，及时回应民众的疑问和质疑，而不要一味"讲政治"

虽然卫计委要求确诊2小时内就要通过网络通报，但民众关注的不仅仅是疫情基本进展，对其余事情真相也急切获取。有人说得好，"十年前抗击非典的深刻体会是：最大的敌人不是病毒，而是隐瞒；最好的药品不是激素，而是透明和信任"。此言极是，信息公开在非典之后成为重大突发公共事件的常规选项，此次H7N9禽流感来袭，信息公开当然要好过10年前非典初期，但北京、南昌等个别地方仍旧有谣言流出，这提醒当地的信息公开仍旧有做得不足之处。

当政府慢吞吞地对公众的前一个质问有了差强人意的回应时，公众早已有了新的质问。这种时差和错位下，政府发布的信息常常落在民众的需求后面，处于"被舆论逼着公开"的被动境地，一次次地在误解中耗散着政府的公信力。公众也许没有专业能力去对黄浦江死猪与禽流感之间的联系证实或证伪，但公众态度反映出对政府的不信任，也是对政府在上海黄浦死猪事件上处理不利的情绪的延续。政府在为他们以前在公共事件中的表现埋单。正如@人民日报官方微博所说："疫情突如其来，防控紧急展开。不断攀升的数字令人沉痛，但比疫情更让人担心的，是信息不对称带来的猜疑与不安。从非典到禽流感，我们当铭记生命换来的警示：面对危机，信息公开方能纾解焦虑，带来理性应对、同心化解。"

面对H7N9禽流感，为什么中国人如此恐慌？表面看是这个疾病的危害性，本质是我们因为无法知道真相而造成的恐慌。这些背后深层的原因，就是信息的不透明所带来的集体不信任。信息传播透明的制度，才是杜绝恐慌和防止麻痹的最好良药，而不是"神药板蓝根"。政府必须吸取10年前"非典"来袭的教训，面对灾难疫情最需要的是信息公开透明，只有让民众拥有更多知情权，才能凝聚人心科学地抗击疫情。

二、面对疫情要允许多元化的权威信息开放表达

面对突如其来的病毒，上海官方与世卫组织的说法截然不同，前者不承认与

死猪有关，后者则不排除这一点。这样一来，公众可以通过信息对比得出结论，并积极采取个体的应对措施。这样还能杜绝"官方"利用渠道控制"作弊"的可能，逼着他们实话实说。

三、借助媒体和微博等社交网络加大预防宣传力度

在预防知识的宣传方面，尽管4月4日国家卫计委发布H7N9禽流感诊疗方案，但本地有关部门的预防宣传力度还有欠缺。江苏省卫生厅在没有任何科学依据的前提下，擅自发布板蓝根具有预防H7N9的效果，引起民众的疯抢和质疑，相关部门也有缺位失声之嫌。

四、集中资源进行危机处理，启动跨部门的应急预警体系，建立灵活多变的预防措施，细化预警机制，及时发现新问题并修正

H7N9禽流感带来的危害和恐惧需要很长时间才能消除，尤其需要在借鉴SARS经验的基础上进行针对性的处理。各地都先后宣布启动了不同级别的应急预案，从技术上制定高效、完善的监测与防控方案，其实不成问题，但百密难免一疏，如看似武装到牙齿的应对预案，已是万无一失，但是对于民众呼吁的对患者免费治疗的声音，至今仍没有在有关部门的预案中得到回应。再如尽管民众可以从媒体上及时地了解H7N9动态，但是，上海卫生局信息披露前后不一，让人们对信息的可靠性有更高的要求，本地卫生部门在公布消息的同时，还应更进一步公布详细的内容，比如有没有复核制度？有没有责任到人到岗？如有病情出现，会如何应对，这些恰恰是公众在了解基本信息之后，还需要知道的东西。

五、在县级以上人民政府设立重大疫情专项资金，定点对相关疫情进行免费诊断、治疗

对于目前的H7N9禽流感患者，建议相关部门给予一定比例的补助，对特别贫困的患者政予以救助。长远看来，政府应建立应对突发公共卫生事件基金，基金来源包括每年财政按一定比例注入的资金、按一定比例提取药品企业和盈利性医院的利润、社会捐助等。但对受损失鸡农的补偿费用由中央和地方财政共同负担。中央和各级政府在每次扑杀结束后，都尽量确保受损失的农民能够及时地拿到补偿款。及时发放补偿款可以杜绝农民因为害怕受损失而瞒报的情形发生。

六、在加紧预防病毒变异扩散的同时，不能忽视对民众尤其是年轻群体的心理疏导

要求相关部门在信息发布方面，要更为及时透明，也要确保信息的科学准确，以免引发不必要的质疑。面对H7N9，既不能草木皆兵，但也绝不能掉以轻心，这是人类和病毒的斗争史的经验和教训。非典还历历在目，禽流感又来袭，公众有恐慌，其实很正常，这是本能反应，关键是让公众纵有恐慌但却不慌乱，这正是相关部门应该正视和发力的方向。某种意义上，公众情绪的变化图，其实就是此次抗击H7N9禽流感胜败的最直观指标。

年轻群体通过微博等自媒体平台表现出相较于其他群体恐慌的心态，需要相关部门对其心理特别加以疏导。

七、加强民众科学素养和健康意识的提升和教育

应对公共危机，需要有责任、有担当、有素养的公民。这些年，但凡突发公共事件，有过抢醋、抢大蒜、抢食盐等莫名其妙的事情，也发生过故意传播谣言等唯恐天下不乱的不可理喻的事情，虽然都有情有可原之处，但也必须承认，在危机频频发生的时代里，如何做个合格的公民考验着每一个人。相关部门要重视公民基本科学素养和健康意识的教育和提升。

八、加强重大疫情和突发公共事件的模拟演习，验证各政府部门的预警与合作能力

2011年，在欧洲蔓延的肠出血性大肠杆菌疫情结束后，欧盟在全欧盟范围内举行一次模拟演习，验证在出现流行病大流行的情况下，欧盟是否能够迅速反应、有效应对，通过类似的模拟演习和训练，可以检测目前社会危机信息的预警和传导机制，提升政府部门的联合应对能力。

九、切实重视经济发展和公共卫生、公共安全的关系

无论是北京雾霾、黄浦江死猪，还是华北地区水质的持续恶化，各种信息不断给老百姓造成这样的刻板印象，为了经济的发展民众的公共卫生安全日益下降，应该通过相关措施切实改变目前的现状，经济发展不能以环境恶化为代价。现实中并不是缺乏制度与条例，而是缺乏贯彻与执行的力度，更是缺乏有效监督以及能够有效监督的执政手段。

第七章　2012-2013年媒体官方微博运营报告[1]

第一节　2012-2013年媒体微博运营报告研究说明

本部分主要介绍本次运营报告数据的来源以及研究方法，对整个报告的研究基础和科学依据进行介绍说明。

一、数据来源和甄选

本报告数据源于北京乐图在线科技公司，媒体微博账号数据选择日期是：2012年12月1日—2013年7月1日，甄选条件是：新浪微博、腾讯微博中被认证的官方媒体机构账号。官方媒体账号包括以下几个类别：报纸、杂志、电视、电台、通讯社、新媒体和媒体网站等，媒体账号在地理位置上的分布包括中国大陆地区的31个直辖市、省和自治区，也包括香港、澳门、台湾地区媒体的账号。

二、研究方法和标准

本报告结合定量和定性分析，借助数据挖掘和内容分析技术，运用了统计分析中的交叉分析、对比分析等研究方法。报告涉及的原始数据来自北京乐图在线科技公司，并经过了层层的筛选，对垃圾账号、网络水军信息予以过滤处理，保证了各项排名的客观真实有效。

本报告初次筛选的媒体范围为新浪认证的媒体微博数量19832个；腾讯认证的媒体微博25874个，首先以粉丝量作为第一次筛选指标，筛选出两个微博平台

---

[1] 本报告由中国人民大学舆论研究所和灵思营销公司联合发布。

中的前 2000 个微博 ID；对这 2000 个微博按照相关指标体系进行考察和排序，进行重点考察。

三、指标体系说明

排行榜综合考察的指标包括以下几个：

（1）微博原创率：原创性微博占所发所有微博的比例。

（2）微博被转发量：所发微博被转发总量。

（3）微博被转发率：平均每条微博被转发量。

（4）粉丝活跃率：活跃粉丝占所有粉丝的比例。

（5）粉丝加 V 认证率：获得新浪微博或腾讯微博认证的粉丝在所有粉丝中所占比例。

（6）微博二次传播力：媒体对该媒体微博进行的报道或评论文章总量。

（7）覆盖度：粉丝活跃度、分布面以及一级粉丝、二级粉丝的人群规模。

（8）传播度：用户生产的内容被转发、被评论的规模（量）。

（9）渗透力：微博的影响深度和社会动员能力，即微博转发最多的深度及在社会舆论热点事件中的影响动员能力。

（10）粉丝的粉丝数：其每一位粉丝的粉丝数之和。

（11）活跃度：媒体微博用户在微博平台活跃度，及其和其他账号之间的关联程度。

第二节 媒体微博运维的背景分析

相较于2012年，今年媒体微博运维面临的新形势和新变化有以下几点：

一、媒体生产已经由内容信息生产转向产品生产

在微博时代，媒体的信息生产逐渐成为新闻生产运作，在网络上有所谓的"总编辑消亡论"，其实一定程度上总编辑消亡论可以理解为总编辑变成了总经理，而另一方面，记者也由以前的信息生产者转变为"产品经理"。媒体需要把自己当成产品去经营，注重受众需求，加强服务属性。

二、用户对信息的消费转为个人page化和应用card化，为媒体微博商业化铺平了道路

随着微博和微信等社会化媒体的崛起，用户对信息的消费逐渐转为个人page化和应用card化，这种模式下会进一步增强用户特定标签属性，通过标签更加快速的引导进入电商、娱乐等平台，这为媒体微博借助微博平台进行商业化开辟了新的道路。

三、私信推送功能使得媒体微博成为重要的内容分发平台

7月上旬，新浪启动新版媒体微博的平媒开放申请，一周内已有超过2000家媒体机构升级到新版，此前有媒体分析认为，新浪新版微博上线后，采取全新的多媒体信息流及RSS自定义内容库，并搭载"私信推送"等创新功能，给了传统媒体更多选择空间。此前，媒体机构会以订阅数作为影响力的评判标准，现在，媒体机构对外宣传时已将官方微博粉丝作为重要数据对外呈现，那么未来，官微订阅粉丝有望成为媒体影响力的重要参考之一。

对于媒体官微来说，是更加忠诚的用户，把忠诚粉丝变成线上订阅用户，而这部分用户对于媒体更有价值。在以前，媒体官微发布的信息之前有可能会被海量信息所淹没，但如果能够实现私信推送和信息订阅的话，则意味着信息的有效和精准到达。媒体官微未来将会成为一个重要的内容分发平台。

四、媒体微博在标签化和大数据挖掘等方面尚存在不足

曾经有研究者将微博发展定义为三部曲：引流、聚流和导流。从目前微博的发展现状来看，引流已经基本完成，用户从增长放缓，内容等方面也开始逐步沉淀，从过度社交、心灵鸡汤，谣言满天飞到如今趋于理性，一个能"说话"的平台，做到这步已经非常成功；聚流，这是一个精细活，也是开始为用户喜好，习惯打上各种标签的时候，即现在常说的时髦词——大数据、云计算，坦诚地说，还是需要用户贡献更多内容才能做得更好。导流目前来说只能简单粗暴，聚流做到一定阶段后，才能做更多导流的事，才会有更多好玩的事。

目前来看，媒体微博在引流方面已经做得相对成熟和完善，但在聚流方面也存在很大的问题，更不用说所谓的导流。

五、微博用户活跃度的下降成为媒体微博未来面对的不争事实

2013年上半年，微博用户活跃度在2013年中期到达顶峰后，出现了小幅下降，主要原因有以下几点：一是用户新鲜度下降；二是微信的一部分分流；三是功能越来越复杂庞大，不够聚集及彰显特色；四是迫于盈利压力以及阿里的引入，商业气息较浓，影响了部分用户体验；五是存在不说明理由的屏蔽与删帖现象，连@央视新闻也曾经被关过"小黑屋"；六是部分企业或机构账号运营方还是传统媒体的思路，未发挥微博应有的特点。因此，媒体微博在尚没有在微博平台大展拳脚之际，微博平台本身的吸附力就开始一定程度的下降，当然，随着微博平台功能的完善和优化，部分流失用户会重新回归，但媒体微博更需要思考的是如何留下更多的用户资源，如何更好地与优质的用户资源进行互动。

第三节 媒体微博运维现状分析

一、媒体官微整体发展情况分析

（一）总体情况

截至 2013 年 7 月 1 日，整体来看，媒体微博取得了一定发展，增长趋势开始放缓，其中，新浪微博媒体机构账号总数从 2013 年 11 月底的 1.8 万个左右，增长到 2.0 万个左右，增长率为 11.1%，相较于去年的 55.2%（2011 年的增长率为 140%），新浪媒体微博的整体增长速度和绝对增长数量都趋于放缓，媒体开设微博的热度和风潮开始一定程度的降低。

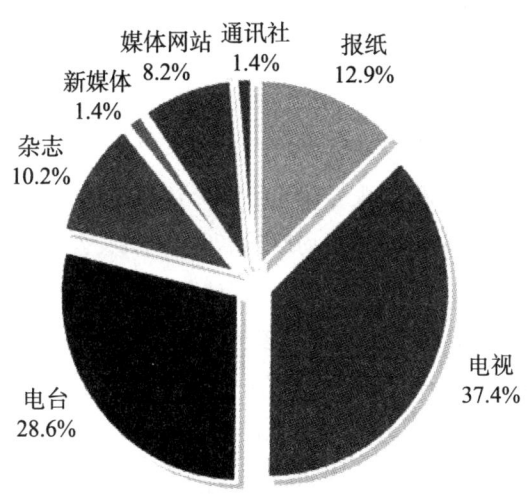

图 7-1 媒体微博的类别分布情况

数据计算：中国人民大学舆论研究所

截至 2013 年 7 月 1 日，在新浪微博上开通了官方微博的媒体中，其中报纸占 12.9%，杂志占 10.2%，电视台占 37.4%，广播电台 28.6%，通讯社 1.4%，媒体网站 8.2%，新媒体 1.4%。

媒体机构微博的粉丝数呈快速增长趋势，截止到 2013 年 7 月 1 日，新浪媒体机构账号的粉丝数已经达到 2.21 亿[1]，较 2013 年 11 月的 2 亿，增长了 10.5%，与同时期微博账号增长的速度基本持平；粉丝数已经占有新浪微博用户总数的二分之一，即每两个新浪微博用户中就有一位用户关注了某一个媒体官微。

截至 2013 年 7 月 1 日，腾讯微博媒体账号总数从 2012 年 11 月底的 2.3 万左右增长到 2.6 万左右，增长率为 13% 左右，远远低于 2013 年的 150% 的增长，绝对增长数量开始趋缓，一定程度上说明媒体微博的热潮开始出现一定程度的消退，当然这也与腾讯微博的战略调整有一定关系。

两个微博平台上的媒体账号覆盖了全国所有的省级行政区域，包括经济欠发达的西藏和新疆等西部地区，但区域之间发展极不平衡，北京、广东、上海、浙江等经济发达地区账号数量和运营水平均超过中西部地区。

表 7-1　媒体微博的平均关注账号、平均粉丝数、平均发布微博条数和平均原创率[2]

年份	平均关注账号	平均粉丝数	每个账号平均发布微博数[3]	平均微博原创率
2013 年	489	1044565	7846	75.7%
2013 年	512	1103454	9311	77.0%

数据计算：中国人民大学舆论研究所[4]

2013 年平均每个媒体微博账号关注了 489 个其他用户，约有 104.5 万个粉丝数，平均发布 7846 条微博，微博平均原创率为 75.7%（含引用名人名言等，即不属于跟帖都记作原创）。相较于 2013 年，媒体微博的活跃度也出现了一定程度的放缓，这其中一方面与新增长媒体微博多为小众微博，拉低了平均值有关，另一方面也说明媒体微博的整体热潮在冷却的不争事实。

---

[1] 不同媒体账号的粉丝数已进行了消重聚合，本报告余下相关数据除特殊注明均为消重后的粉丝量。

[2] 本蓝皮书中媒体微博账号数据如无特别说明，都是指新浪微博和腾讯微博两个平台的数据，如果媒体账号只能新浪微博开设微博仅指新浪微博数据，如果在两个微博平台都开设账号则是两个平台的平均值。

[3] 该数据为微博账号开播以来至 2013 年 7 月 1 日所有发布微博的平均数。

[4] 以下数据如无特别说明，均有乐图在线负责采集数据，由中国人民大学舆论研究所计算所得。数据如无特别说明，包括了腾讯和新浪两个微博平台的数据。

（二）开设时间

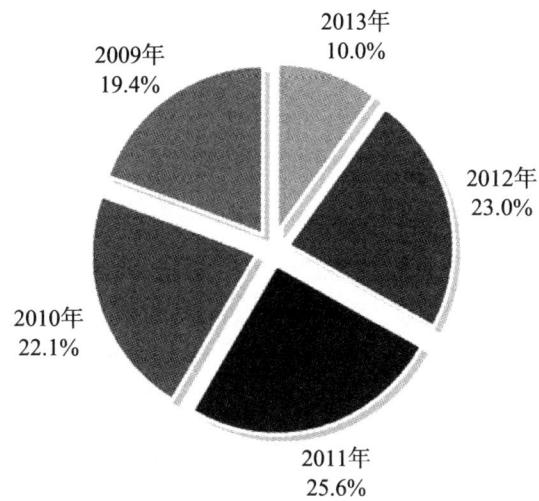

图 7-2 媒体微博开设时间分布

数据计算：中国人民大学舆论研究所

上图 7-2 是微博平台上线以来相关媒体开设账号的年度分布，可以看出，从 2011 年和 2013 年出现了媒体开设微博的高峰阶段，但 2013 年出现了下降，虽然 2013 年尚没有结束，但按照目前的发展趋势来看，媒体微博的整体增长趋势开始放缓，可能回归到 2010 年的水平。一是主要由于微信等社会化媒体的出现，微博的整体增长趋势在下行；二是因为媒体微博运营的成熟模式和微博营销还处在探索初期，媒体微博的标杆性成功案例还没出现，也一定程度上影响了媒体官微开设的进度。

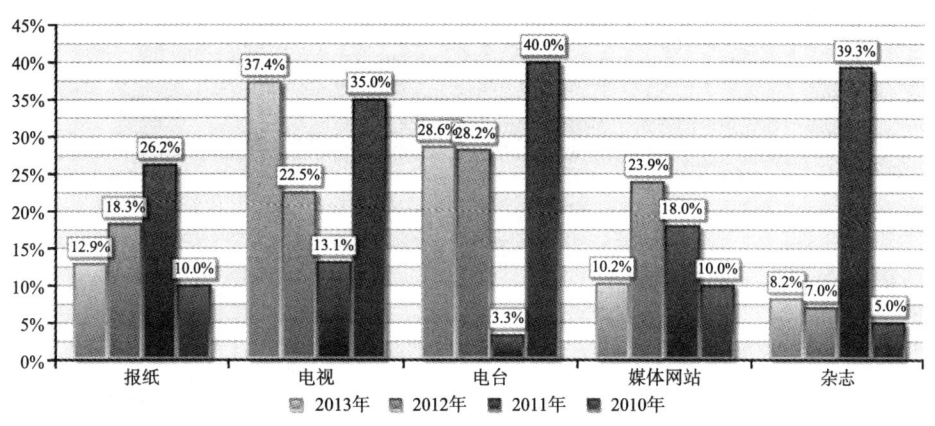

图 7-3 不同类别媒体微博开设时间分布

数据计算：中国人民大学舆论研究所

2013年开设微博的媒体类别中,最大的变化体现在电视台和电台成为媒体开设微博的主力军,纸媒尤其是报纸开设媒体的速度放缓,比例在下降。

(三)分布地区

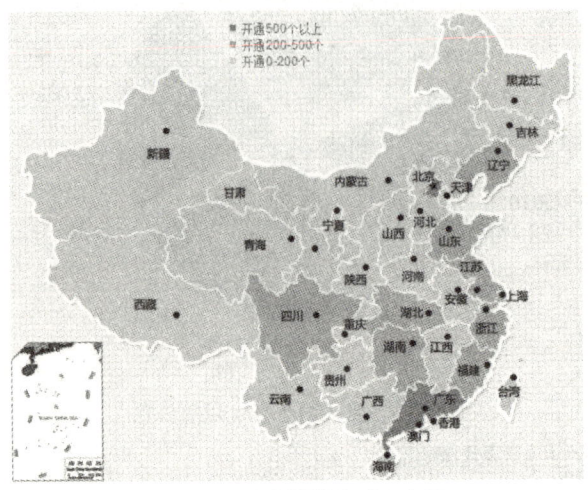

图7-4 媒体微博省域分布图

数据截图:新浪微博

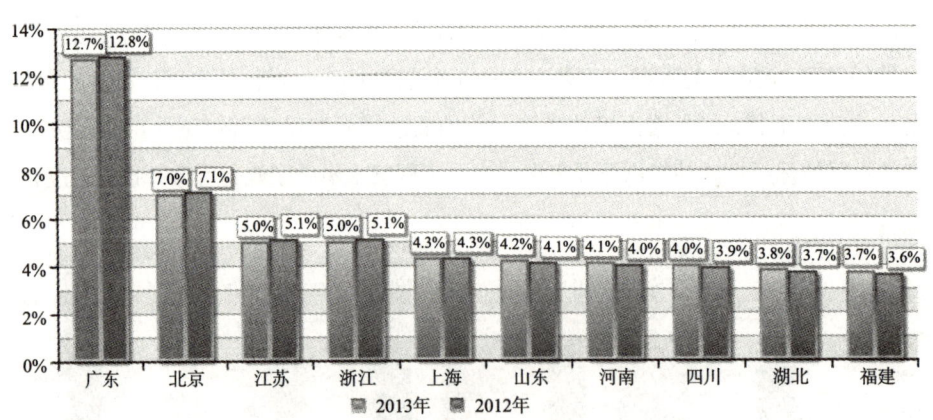

图7-5 媒体微博最多的前十个省份分布

数据计算:中国人民大学舆论研究所

截至2013年7月1日,广东、北京、上海、江苏、浙江是媒体微博分布最多的TOP5省份,其分布省域与目前国内经济最为发达的五个省市基本一致,媒体微博与媒体的总体布局也基本一致。从另外一个角度,媒体微博发展存在地域不均衡性。

本报告将 2013 年新增的媒体微博类别进行划分，下图 7-6 是报纸新增微博的省域分布。

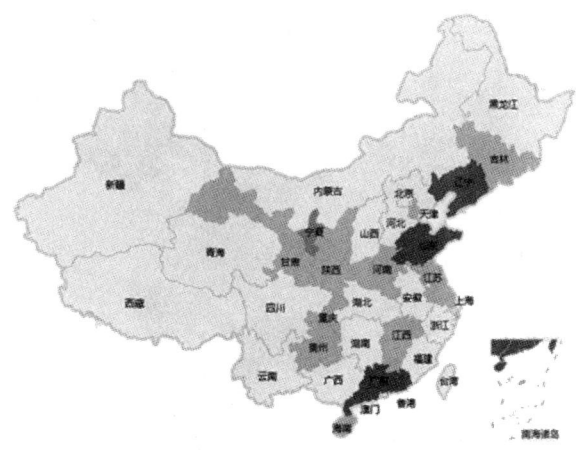

图 7-6　报纸新增微博的省域分布

数据计算：中国人民大学舆论研究所

从图中可以看出 2013 年报纸新增微博的主要分布地区集中在广东、山东、辽宁等省份，宁夏、吉林、江苏等省域也有所增长，报纸新增微博的增长呈现出传统报业大省带动、遍地开花的基本增长态势。

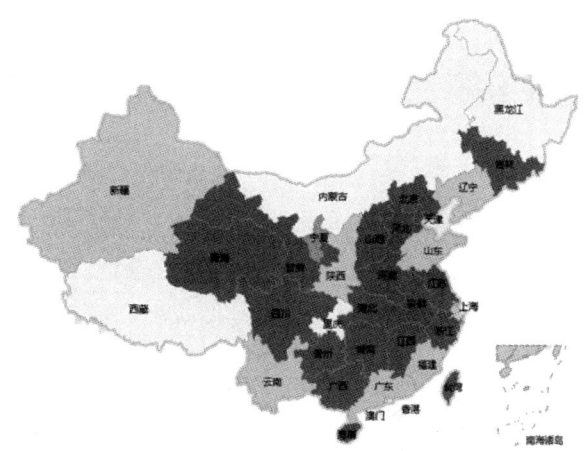

图 7-7　电视/栏目新增微博的省域分布

数据计算：中国人民大学舆论研究所

2013 年是电视新增微博遍地开花的年份，各省域除却西藏、内蒙、天津和重庆等开始的数量不高外，其余各省份的电视台/栏目均有大规模开设微博的趋势，电视（或栏目）微博增长呈现出全国遍地开花的整体态势。在增长的数量和地理范围上都超过报纸新增微博。

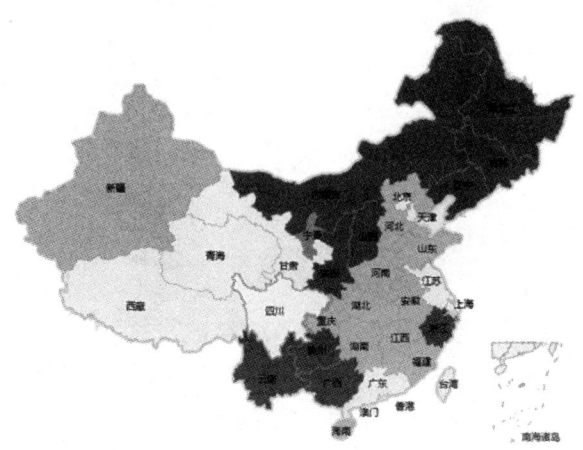

图 7-8　电台 / 频率新增微博的省域分布

数据计算：中国人民大学舆论研究所

　　2013 年新增的电台 / 频率主要集中在东北、西南地区，主要集中在黑吉辽、内蒙、云南、广西和贵州等省域，虽然不如电视 / 栏目新增微博那么宽广，但相对比较集中，而东部沿海经济较发达地带新增电台微博的数量不多，一定程度上说明报纸和电台在东部沿海地区已趋饱和，未来媒体微博饿增长点在中西部经济欠发达的地区。

　　（四）媒体微博类别

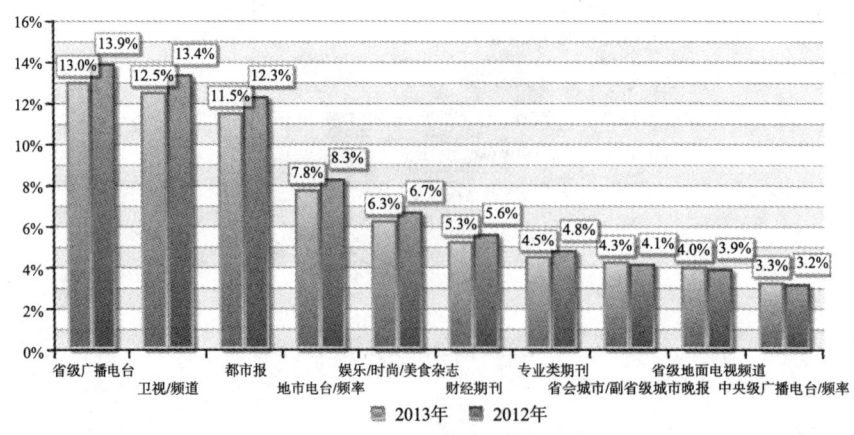

图 7-9　媒体微博的类别分布

数据计算：中国人民大学舆论研究所

表 7-2　媒体微博分布的不同媒体类型及比率

媒体微博	2012 年	2013 年	媒体微博	2012 年	2013 年
卫视/频道	12.53%	13.38%	境外媒体	2.76%	1.39%
省级广播电台	13.03%	12.31%	体育类杂志	0.75%	1.25%
都市报	11.53%	11.60%	户外传媒	0.25%	1.20%
地市电台/频率	7.77%	8.29%	地市党报	1.00%	0.97%
娱乐/时尚/美食杂志	6.27%	6.69%	周报	1.00%	0.97%
财经期刊	5.26%	5.61%	文摘类杂志	1.00%	0.97%
专业类期刊	4.51%	4.81%	其他中央级报纸	0.75%	0.80%
省会城市/副省级城市晚报	4.26%	4.15%	媒体网站	0.75%	0.80%
省级地面电视频道	4.01%	3.91%	生活服务类报刊	0.75%	0.80%
中央级广播电台/频率	3.26%	3.18%	省级党报	0.75%	0.73%
央视	3.26%	3.18%	省会/副省级城市党报	0.75%	0.73%
新闻期刊	3.01%	2.93%	地市晚报	0.50%	0.53%
生活文化/综合类报刊/杂志	3.01%	2.74%	免费报纸/地铁报	0.75%	0.32%
地市级地面电视台/频道	2.01%	1.96%	中央级党报	0.25%	0.27%
财经类报	1.50%	1.46%	教育台	0.25%	0.21%
其他	2.76%	2.69%			

数据计算：中国人民大学舆论研究所

在相关媒体类别中，卫视/频道、省级广播电台/频率、都市报、地市电台/频率、娱乐/时尚/美食杂志等五类媒体是开设微博最多的，占到了总体的52.3%，这是媒体微博的主力军，相较于2012年，卫视/频道的增长比例超过了省级广播电台/频率，主要是一些卫视台的栏目开设了媒体微博；在这五类媒体中，广播电视台包括了三类，是绝对的主力，其次是报纸，再次是杂志；中央党报、教育台和户外媒体比例较低，与其本身的基数较小有一定关系。

（五）微博发布工具

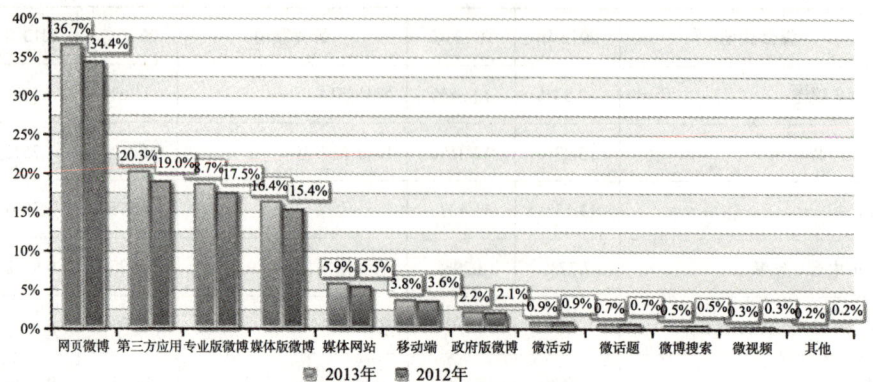

图 7-10 媒体微博发布工具分布

数据计算：中国人民大学舆论研究所

从整体来看，2013年媒体微博发布的工具和2012年没有太大的变化，以网页微博、第三方应用（如皮皮时光机、享拍微博通）、专业版微博和媒体版微博四大类为主，其中以PC端浏览器的网页微博发布占到了总体的36.7%；移动端发布还依然较小，仅为3.8%。

从微博发布工具上可以看出以下几点：一是媒体微博发布工具还停留在网页等发布工具，发布时间局限在工作时间段，对微博综合运维能力还有待提升；二是媒体版微博的使用还有待进一步推广，一方面说明媒体版微博的必需性有待提升，另一方面也说明媒体对其官方微博的重视程度还不够。

（六）微博发布时段

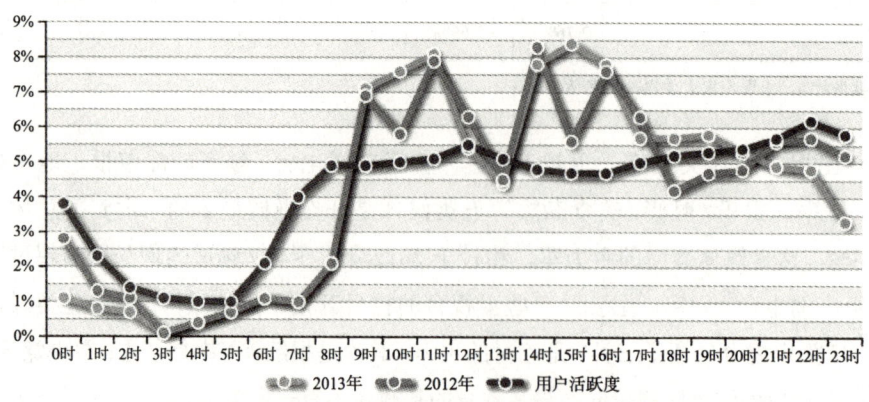

图 7-11 媒体微博24小时微博发布

数据计算：中国人民大学舆论研究所

2013年，媒体微博一天内的发布时间基本符合微博用户的作息时间，但也存在高峰错位的现象。民众使用微博的活跃度集中在两个小高峰：一是12点；二是22点，即中午和晚上睡觉前。而媒体微博发布高峰期主要有两个时段，一是早上9点-11点，二是下午14-16点。这两个时段都是一天中工作开始的两个时段，但也错过了微博登陆的两个高峰期——午间（12点-2点）和晚间（20点-22点），说明目前媒体微博运营基本以工作时间运营为主，即使有个别微博在晚上23点以后甚至凌晨还在发布微博，但基本上使用第三方定时软件发送，然而微博作为一种平等的社会化媒体，应当体现出身份平等、态度真诚，这在一定程度上说明目前媒体微博日常运维存在一些操作层面的问题。

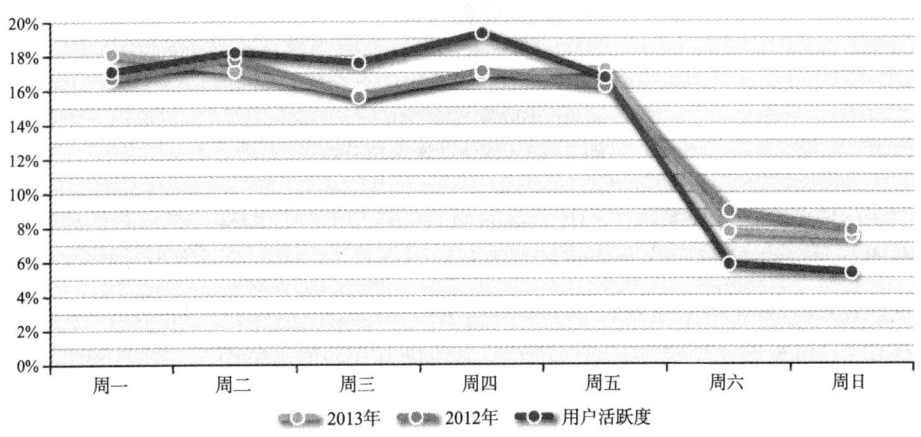

图7-12　媒体微博一周内微博发布

数据计算：中国人民大学舆论研究所

一周内媒体微博发布数量整体呈下降的趋势，周一、周二是媒体微博发布高峰期，在周四、周五会出现一个小高峰，周日是微博发布量最少的时间。周一到周五的媒体微博发布规律基本上符合民众一周内对微博信息的需求，周一刚上班对信息需求的要求较高，适当提升推送的频次有助于用户了解更多的信息，满足其基本的信息需求。周末的微博发布数量偏少与用户的需求稍微有些偏移，周末是休息日，普通用户浏览微博的时间有可能会长些，因此媒体微博运维人也要适当提高周末的发布数量。

（七）微博内容分布

根据以下基本分类，对媒体微博中TOP500的微博发布内容进行统计，相关结果如下图7-13所示。

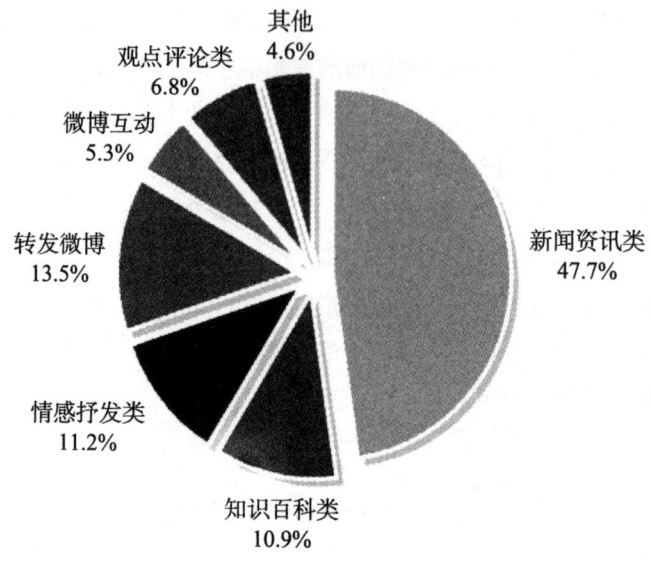

图7-13 媒体微博内容分布

媒体微博依然以新闻资讯作为主要内容,占到了总体的近一半,其次是转发微博,占到约1/8,再次是情感抒发类和知识百科类;论点评论类为6.8%,说明媒体微博还主要是个内容发布平台,主要与微博运维人员的授权不足和本身水平有关;相关来说,媒体微博与粉丝或其他微博互动的比例不高,仅占到总体的5.3%。其他主要是一些社会动员和社会呼吁信息。

(八)微博活跃度

媒体微博属于高活跃度微博。其平均每条微博转载数21.4条,评论数为15.2条。而美国研究机构调查数据显示,Twitter上平均每个用户有307条微博,71%的微博被忽略,仅有23%的微博会得到回复。

平均每条原创微博的转发数为231.2条(2013年是126.6条),评论数为211.5条(2013年是317.6条),这说明用户对媒体微博具有热情的回应度,但前提是媒体微博必须真诚相待,多积极创造具有原创力、信息量足的微博,而不能靠转发别人的微博"炒冷饭"来吸引大家的关注。

从以上数据比较来看,2013年媒体微博的整体活跃度也在下降,无论是原创、转发还是粉丝的评论都在下行,这说明媒体在对微博这一新产品的热度在下降,其作为一种产品形态的重视程度还不够,对2013年媒体微博运维所暴露出来的问题依然没有引起足够重视,在体制和机制建设上依然是我行我素,整体改变程度不大。

二、媒体官微粉丝分析

（一）媒体微博粉丝性别分析

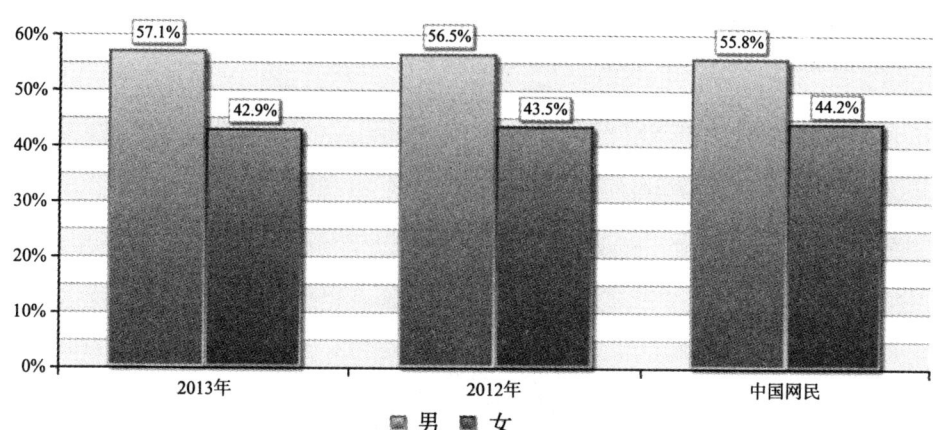

图 7-14 媒体微博粉丝的性别分布

数据计算：中国人民大学舆论研究所

2013年，媒体微博的粉丝依然以男性为主，达到57.1%，相较于2013年有所上升，根据中国互联网信息中心《第31次中国互联网络发展状况统计报告》，将中国网民的整体性别与之进行比较，可以看出，男性更加热衷于关注媒体微博，对新闻信息的需求和关注程度都高于女性，一定程度上说媒体微博尤其是新闻媒体微博是一种男性媒体。

（二）媒体微博粉丝年龄分析

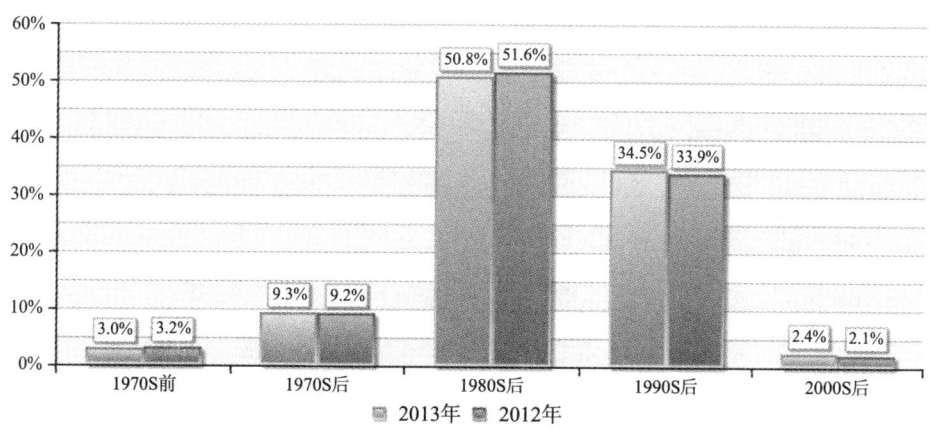

图 7-15 媒体微博粉丝的年龄分布

数据计算：中国人民大学舆论研究所

媒体微博的粉丝以80后、90后群体为主，占到了总体的80%以上，00后所占的比例也在增长，说明微博是年轻人的媒体；需要说明的是，在报告的相关数据处理中，可以清楚地看出，80后主要集中于新浪微博平台，而90后则主要集中在腾讯微博平台，体现了两个平台在粉丝群体上的差异。

（三）媒体微博粉丝学历分析

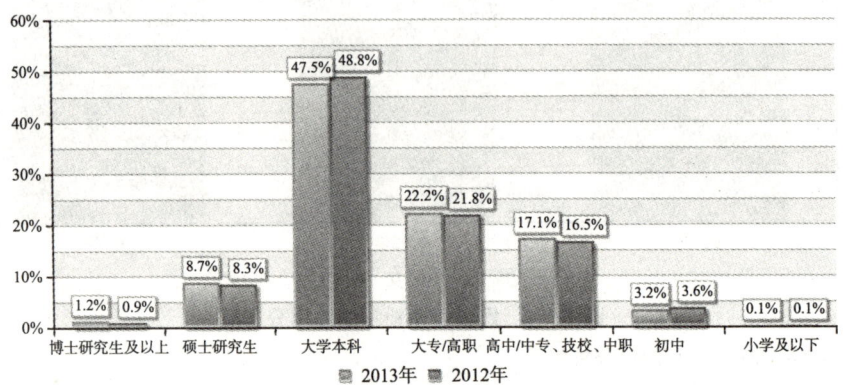

图7-16　媒体微博粉丝的学历分布

数据计算：中国人民大学舆论研究所

媒体微博的粉丝以大学本科学历为主，占比接近总体的50%，硕士研究生占到了总体的8.7%。大学本科以上学历的粉丝共占到了总体粉丝的约60%，说明媒体微博的粉丝属于高知型粉丝，媒体微博的影响力超过其他组织机构。相较于2013年媒体微博粉丝的学历，基本上变化不大，高学历群体出现了一定程度的增长。

（四）媒体微博粉丝地域分析

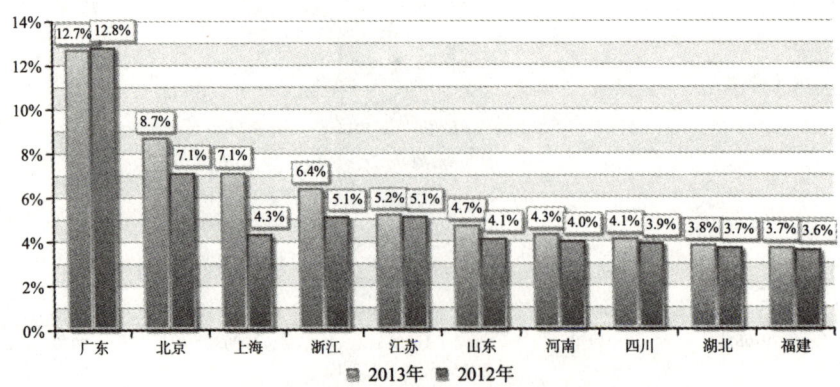

图7-17　媒体微博粉丝的地域分布

数据计算：中国人民大学舆论研究所

媒体微博的粉丝分布与媒体微博的数量分布存在一定的错位现象。媒体微博粉丝数量TOP3的是广东、北京和上海，合计粉丝量占到了总体的三分之一，尤其是广东地区的媒体微博粉丝数量最多，达到了12.7%。与各个省份的互联网普及率有一定关系，即所谓的社会知识沟。相较于2013年，上海地区的媒体粉丝量有所增长，超过了浙江地区成为第三大媒体微博粉丝的集中地。

三、媒体微博覆盖力总结

通过以上分析，相较于2013年的研究报告可以发现：

媒体微博的增速和热潮较2013年出现了下降趋势，媒体微博与粉丝之间的互动频度也出现了一定的下降，这一方面与微博关注度在下降这个大环境有一定关系，也与媒体微博运维存在一定的问题有关。

从新增媒体微博的数量和类型来看，报纸微博基本达到一定的饱和状态，增速在大幅放缓；电视台及其栏目还有一定的增长空间，增长速度很快；电台/频率呈现出不对称增长的态势，主要集中在东北和西南地区。

媒体微博所覆盖的人群特征以男性、年轻群体、高知阶层、经济发达地区人群等主，因此从一定程度上说明媒体微博群体拥有高质量的粉丝群体，进行媒体微博营销具有一定的先天优势。

综合来看，媒体微博作为一种特殊的机构组织微博，在覆盖力和影响度上都远远超过其他类别的官方微博，因此在新闻宣传、社会舆论引导、社会动员和维护社会稳定等方面扮演着重要的角色。

第四节 媒体微博影响力分析

一、媒体微博影响力综合排行

（一）媒体微博影响力综合指数评测体系

表 7-3 媒体微博影响力综合指数测评体系

一级指标	二级指标	三级指标
媒体微博影响力指数 100	覆盖度 25	直接粉丝量
		粉丝的粉丝的平均数
		日均粉丝增长量
	互动度 25	日均微博数
		微博原创率
		单条微博转载量
		单条微博评论量
	传播力 25	微博等级
		主页推荐度
		转载量最大微博的转载量
		评论量最大微博的评论量
		微话题数量
		微博中多媒体形式使用率
		媒体矩阵使用量
	渗透力 25	粉丝中加 V 人群数量
		大众媒体二次传播力
		网络媒体二次传播力
		微博评论中的认可度

指标构建：中国人民大学舆论研究所

为了方便比较，本年度衡量媒体微博的影响力指标体系和 2013 年一致。以上指标首先通过无量纲化,成为可以进行相关计算的量化指标,再利用平均赋值法[1]进行赋值。为了与社会大众的日常用法相一致,最后的结果在呈现方式上采用百分制,即所有媒体的影响力指数得分均落在 0-100 的区间范围内。

(二)媒体微博影响力指数 TOP500

详细榜单见附录。

二、媒体微博影响力分类排行

(一)媒体官微综合影响力 TOP20

表 7-4　媒体官微综合影响力 TOP20

序号	媒体微博	影响力指数	序号	媒体微博	影响力指数
1	@人民日报	99.5	11	@凤凰卫视	65.7
2	@央视新闻	91.5	12	@每日经济新闻	63.7
3	@中国新闻周刊	81.3	13	@米娜	63.1
4	@新周刊	78.3	14	@快乐大本营	62.4
5	@财经网	78.3	15	@广州日报	58.8
6	@人民网	71.8	16	@中国之声	58.6
7	@三联生活周刊	70.7	17	@南方周末	58.0
8	@安徽卫视	67.8	18	@湖南卫视	57.1
9	@南方都市报	66.5	19	@2013快乐男声	53.5
10	@新闻晨报	66.1	20	@新京报	52.8

数据计算:中国人民大学舆论研究所

在所有类别中,排名最前的五家媒体微博分别是 @人民日报、@央视新闻、@中国新闻周刊、@新周刊、@财经网,与 2013 年的影响力差别相对较大,@人民日报成为第一大影响力的媒体微博,在 Top20 中可以看出传统媒体的影响力与其微博影响力呈现出一定的正相关关系,传统媒体影响大,媒体微博的影响力也较大,说明 2013 年媒体微博的发展和格局已经基本趋于成熟;从媒体类别来看,

---

[1] 对各指标赋值可以采用特尔斐专家赋值法和平均赋值法,由于专家库的不固定和随意性,指标赋值的有效性值得商榷,本蓝皮书第一次发布,因此本蓝皮书采用平均赋值法。

纸媒尤其是报纸媒体的影响力要高于电子媒体，说明报纸对媒体微博的运维具有优势；电子媒体除却音视频的感染力外，文字的组织能力还有待提升。

下面是不同类别媒体微博影响力指数的比较分析。

表7-5　报纸、杂志、电视和电台媒体官微综合影响力TOP10

序号	媒体微博	报纸	媒体微博	杂志	媒体微博	电视	媒体微博	电台
1	@人民日报	99.5	@中国新闻周刊	81.3	@央视新闻	91.5	@中国之声	58.6
2	@南方都市报	66.5	@新周刊	78.3	@安徽卫视	67.8	@MusicRadio音乐之声	42.9
3	@新闻晨报	66.1	@三联生活周刊	70.7	@凤凰卫视	65.7	@经济之声	42.7
4	@每日经济新闻	63.7	@米娜	63.1	@快乐大本营	62.4	@环球资讯广播	42.3
5	@广州日报	58.8	@南都周刊	52.1	@湖南卫视	57.1	@中国歌曲排行榜	41.4
6	@南方周末	58.0	@Vista看天下	51.7	@2013快乐男声	53.5	@中央人民广播电台	36.4
7	@新京报	52.8	@创业家杂志	50.4	@央视财经	52.1	@杭州交通918	32.6
8	@大河报	50.3	@中国企业家杂志	48.7	@浙江卫视中国蓝	50.2	@HITFM	31.6
9	@扬子晚报	50.0	@南方人物周刊	45.7	@非诚勿扰	48.8	@轻松调频EZFM	29.7
10	@新快报	49.8	@昕薇	41.5	@山东卫视	45.0	@浙江交通之声	28.8

数据计算：中国人民大学舆论研究所

从各类别媒体微博的TOP10综合影响力指数可以看出，在不同媒体类别中，报纸微博的影响力最大，其次是电视台，再次是杂志和电台，这和传统媒体的权力格局基本一致。

在报纸类别中，以@人民日报、@南方都市报、@新闻晨报等为最，其中TOP5中有3家是都市报微博；杂志中以新闻类杂志的微博影响力最高；电视中卫视或者其栏目的微博影响力较高；电台中以中央广播台频道的微博影响力较高，基本上和现实生活中各媒体的影响力差距不大。2013年与2013年的基本格局差不多。

（二）媒体官微粉丝量TOP20

由于媒体在新浪和腾讯两个微博平台的注册名称和栏目均有所不同，同时避免单平台的对比，本蓝皮书在粉丝量排序上选取新浪微博一个平台数据进行排行。

表 7-6　媒体官微粉丝量 TOP20（单位：万个）

序次	媒体微博	新浪粉丝数	序次	媒体微博	新浪粉丝数
1	@三联生活周刊	854	11	@南方都市报	469
2	@人民日报	853	12	@米娜	468
3	@央视新闻	708	13	@南方周末	465
4	@新周刊	689	14	@新闻晨报	424
5	@财经网	612	15	@山东卫视	421
6	@人民网	599	16	@中国之声	419
7	@中国新闻周刊	562	17	@非诚勿扰	407
8	@凤凰卫视	532	18	@中国歌曲排行榜	405
9	@快乐大本营	511	19	@江苏卫视	379
10	@湖南卫视	482	20	@浙江卫视中国蓝	376

数据计算：中国人民大学舆论研究所

从新浪微博单平台来看，杂志和电视台的粉丝数量最多，在 TOP5 粉丝量最多的媒体微博中，杂志占到了两个，这与其在线下所覆盖的人群基本一致。

表 7-7　报纸、杂志、电视和电台媒体官微粉丝量 TOP10（单位：万个）

序次	媒体微博	报纸粉丝数	媒体微博	杂志粉丝数	媒体微博	电视粉丝数	媒体微博	电台粉丝数
1	@人民日报	853	@三联生活周刊	854	@央视新闻	708	@中国之声	419
2	@南方都市报	469	@新周刊	689	@凤凰卫视	532	@中国歌曲排行榜	405
3	@南方周末	465	@中国新闻周刊	562	@快乐大本营	511	@经济之声	263
4	@新闻晨报	424	@米娜	468	@湖南卫视	482	@中央人民广播电台	260
5	@广州日报	365	@南都周刊	344	@山东卫视	421	@环球资讯广播	240
6	@新京报	334	@中国企业家杂志	291	@非诚勿扰	407	@MusicRadio 音乐之声	227
7	@精品购物指南	327	@第一财经周刊	286	@江苏卫视	379	@HITFM	221
8	@新快报	323	@南方人物周刊	276	@浙江卫视中国蓝	376	@轻松调频 EZFM	208
9	@每日经济新闻	295	@昕薇	262	@2013 快乐男声	351	@杭州交通 918	167
10	@楚天都市报	273	@创业家杂志	256	@安徽卫视	306	@直播新疆	150

数据计算：中国人民大学舆论研究所

TOP10 的媒体类别中，报纸以都市报的粉丝最多，Top5 中有 3 个都市报；杂志以新闻类期刊和时尚类期刊为最，Top5 中有 4 个新闻类期刊；电视台以各卫视台/栏目为最；电台以央广的各频率为最。

（三）媒体官微日均发布量 TOP20

表 7-8　媒体官微日均发布量 TOP20

序次	媒体微博	日均发布量	序次	媒体微博	日均发布量
1	@现代快报	92.6	11	@新京报	73.3
2	@城市晚报	88.7	12	@南都周刊	71.2
3	@每日经济新闻	88.5	13	@华西都市报	68.6
4	@扬子晚报	87.1	14	@成都商报	67.4
5	@财经网	86.0	15	@中国经营报	65.6
6	@中国新闻周刊	84.9	16	@新闻晨报	63.8
7	@南方都市报	83.8	17	@经济观察报	62.1
8	@三联生活周刊	82.7	18	@新周刊	60.4
9	@新华视点	81.7	19	@创业家杂志	58.7
10	@广州日报	74.2	20	@钱江晚报	57.1

数据计算：中国人民大学舆论研究所

报纸和杂志等纸质媒体由于其适当的媒介刊载条件和对文字的娴熟程度，微博的日均更新数量也最高，其中主要以都市报为主；电视台和电台由于其对文本信息不如纸质媒体娴熟，因此更新频度相对较低。

表 7-9　报纸、杂志、电视和电台媒体官微日均发布量 TOP10

序次	媒体微博	报纸日均发布量	媒体微博	杂志日均发布量	媒体微博	电视日均发布量	媒体微博	电台日均发布量
1	@现代快报	92.6	@中国新闻周刊	84.9	@2013快乐男声	42.7	@中国歌曲排行榜	48.3
2	@城市晚报	88.7	@三联生活周刊	82.7	@非诚勿扰	37.4	@经济之声	44.5
3	@每日经济新闻	88.5	@南都周刊	71.2	@安徽卫视	32.8	@中国之声	41.0
4	@扬子晚报	87.1	@新周刊	60.4	@快乐大本营	28.7	@Music Radio音乐之声	37.8

（续表）

序次	媒体微博	报纸日均发布量	媒体微博	杂志日均发布量	媒体微博	电视日均发布量	媒体微博	电台日均发布量
5	@南方都市报	86.0	@创业家杂志	58.7	@浙江卫视中国蓝	25.2	@第一财经广播	31.7
6	@广州日报	74.2	@Vista看天下	54.2	@CCTV音乐	24.3	@中央人民广播电台	29.2
7	@新京报	73.3	@南风窗	50.1	@江苏卫视	24.0	@河南新闻广播	26.9
8	@华西都市报	68.6	@米娜	46.2	@央视新闻	23.7	@民生996	24.8
9	@成都商报	67.4	@财经杂志	42.2	@凤凰卫视	21.2	@北京交通广播	21.8
10	@中国经营报	65.6	@中国企业家杂志	36.8	@CCTV5	19.7	@湖北之声	20.3

数据计算：中国人民大学舆论研究所

在不同类别的媒体微博中，报纸TOP10的更新率为日均79.2条（2012年为76条），杂志为58条左右（2012年为49条），电台为32条（2012年为27条），电视台最少，28条左右。可以看出纸质媒体在微博运维上的优势。

在报纸类别中，都市报和财经报纸信息更新频度最高；在杂志期刊类，新闻类期刊、时尚类期刊的更新频度相对较高；在电视类别中，知名电视栏目的更新频度最高；在电台类别中，电台频率下面具体栏目的更新频度较快。

（四）媒体官微平均单条转发量TOP20

表7-10 媒体官微平均单条转发量TOP20

序次	媒体微博	平均单条转发量	序次	媒体微博	平均单条转发量
1	@中国歌曲排行榜	4681.1	11	@米娜	566.1
2	@人民日报	2567.0	12	@南方周末	559.2
3	@2013快乐男声	1265.7	13	@每日经济新闻	462.8
4	@快乐大本营	1204.0	14	@中国新闻周刊	455.6
5	@三联生活周刊	1178.0	15	@广州日报	450.1
6	@新周刊	1150.4	16	@时尚先生Esquire	414.8
7	@南方都市报	1123.4	17	@南方人物周刊	382.3

（续表）

序次	媒体微博	平均单条转发量	序次	媒体微博	平均单条转发量
8	@昕薇	1097.0	18	@都市快报	352.3
9	@央视新闻	649.7	19	@Vista看天下	324.6
10	@财经网	568.3	20	@康熙来了	299.2

数据计算：中国人民大学舆论研究所

在媒体微博平均转发量方面，个别电台、电视台的微博更容易获得更高的转发量，但在数量上，获得较高转发量的报纸和杂志又多于电视台和电台，因此总体上表现出一定的均衡态势。

表7-11 报纸、杂志、电视和电台媒体官微平均单条转发量TOP10

序次	媒体微博	报纸平均单条转发量	媒体微博	杂志平均单条转发量	媒体微博	电视平均单条转发量	媒体微博	电台平均单条转发量
1	@人民日报	2567.0	@三联生活周刊	1178.0	@2013快乐男声	1265.8	@中国歌曲排行榜	3214.6
2	@南方都市报	1123.4	@新周刊	1150.4	@快乐大本营	1204.0	@中国之声	295.4
3	@南方周末	559.2	@昕薇	1097.0	@央视新闻	649.7	@经济之声	287.3
4	@每日经济新闻	419.6	@米娜	513.3	@康熙来了	299.2	@MusicRadio音乐之声	273.1
5	@广州日报	408.1	@中国新闻周刊	413.1	@央视财经	297.8	@中央人民广播电台	226.1
6	@都市快报	376.6	@时尚先生Esquire	385.5	@凤凰卫视	291.8	@第一财经广播	217.7
7	@新闻晨报	352.3	@南方人物周刊	381.5	@非诚勿扰	276.2	@环球资讯广播	208.4
8	@新京报	344.0	@Vista看天下	363.4	@CCTV音乐	274..6	@浙江之声	176.3
9	@成都商报	335.9	@中国国家地理	332	@安徽卫视	238.3	@河南新闻广播	134.2
10	@扬子晚报	321.0	@环球杂志	286.9	@CCTV5	223.4	@北京体育广播FM1025	121.8

数据计算：中国人民大学舆论研究所

具体类别来说，报纸微博会引起较高的转发量，这主要与2013年网络热点新闻不断等有关，其次是杂志也较容易获得较高的转发量，一般杂志发表的多是名人名言、人生感悟等哲理性信息，这类信息容易超越族群和学历等因素，获得更为广泛的传播；电台和电视微博转发量表现参差不齐，呈现出"马太效应"，主要是一些娱乐类信息更容易获得较高的转发量。

（五）媒体官微平均单条评论量TOP20

表7-12 媒体官微平均单条评论量TOP20

序次	媒体微博	平均评论量	序次	媒体微博	平均评论量
1	@中国歌曲排行榜	2107.3	11	@广州日报	254.2
2	@人民日报	1741.1	12	@南方人物周刊	234.2
3	@2013快乐男声	702.4	13	@新京报	188.2
4	@快乐大本营	613.6	14	@三联生活周刊	155.5
5	@新周刊	539.8	15	@Vista看天下	151.3
6	@康熙来了	411.4	16	@环球杂志	149.2
7	@南方都市报	401.7	17	@非诚勿扰	135.3
8	@新闻晨报	392.3	18	@昕薇	132.9
9	@南方周末	383.0	19	@中国新闻周刊	122.7
10	@央视新闻	288.6	20	@时尚先生Esquire	116.5

数据计算：中国人民大学舆论研究所

高评论的媒体微博主要是娱乐类媒体微博、新闻类和部分时尚类微博，这类信息是民众比较关注并且积极参与讨论的信息类别，需要说明的是媒体微博的评论与娱乐具有很大的关联度，在平均单条评论量TOP5中有3个是娱乐节目，说明微博作为一种社会化媒体不仅具有社交、信息告知的功能，娱乐和精神按摩的功能也很强烈。

表7-13 报纸、杂志、电视和电台媒体官微平均单条评论量TOP10

序次	媒体微博	报纸平均单条评论量	媒体微博	杂志平均单条评论量	媒体微博	电视平均单条评论量	媒体微博	电台平均单条评论量
1	@人民日报	1741.1	@新周刊	539.8	@2013快乐男声	702.4	@中国歌曲排行榜	2107.3
2	@南方都市报	401.7	@南方人物周刊	234.2	@快乐大本营	613.6	@中国之声	115.8

（续表）

序次	媒体微博	报纸平均单条评论量	媒体微博	杂志平均单条评论量	媒体微博	电视平均单条评论量	媒体微博	电台平均单条评论量
3	@新闻晨报	392.3	@中国新闻周刊	155.5	@康熙来了	411.4	@经济之声	114.2
4	@南方周末	383.0	@Vista看天下	151.3	@央视新闻	288.6	@中央人民广播电台	107.5
5	@广州日报	254.2	@环球杂志	149.2	@非诚勿扰	135.3	@第一财经广播	103.2
6	@新京报	188.2	@昕薇	132.9	@安徽卫视	132.3	@环球资讯广播	101.6
7	@新快报	183.8	@三联生活周刊	122.7	@湖南卫视	129.8	@MusicRadio音乐之声	97.4
8	@每日经济新闻	169.4	@时尚先生Esquire	116.5	@浙江卫视中国蓝	123.4	@国际在线	92.3
9	@大河报	165.4	@第一财经周刊	112.4	@山东卫视	118.7	@浙江之声	74.2
10	@京华时报	161.5	@创业家杂志	110.5	@CCTV音乐	110.6	@河南新闻广播	63.2

数据计算：中国人民大学舆论研究所

总体来看，在报纸微博中，相比较而言，权威度越高的报纸越容易受到评论；杂志微博中新闻类媒体的微博容易引起粉丝的评论，其次是时尚类杂志；在电视微博中，娱乐化的电视栏目引发的评论量较高。

（六）媒体官微原创率TOP20

表7-14　媒体官微原创率TOP20

序次	媒体微博	原创率	序次	媒体微博	原创率
1	@经济之声	89.39%	11	@新闻晨报	76.80%
2	@中国歌曲排行榜	89.12%	12	@每日经济新闻	73.89%
3	@新华视点	88.70%	13	@家人杂志	71.09%
4	@齐鲁晚报	86.50%	14	@信息时报	68.40%
5	@羊城晚报	84.36%	15	@昕薇	65.81%
6	@南风窗	82.27%	16	@人民日报	63.32%

（续表）

序次	媒体微博	原创率	序次	媒体微博	原创率
7	@21世纪经济报道	80.17%	17	@中国之声	60.92%
8	@广州日报	79.74%	18	@华西都市报	58.61%
9	@环球企业家杂志	79.41%	19	@扬子晚报	56.39%
10	@南方周末	77.54%	20	@南方人物周刊	54.70%

数据计算：中国人民大学舆论研究所

纸质媒体微博的原创率较高，尤其是报纸类，这主要与其媒体的属性有一定关系，原创率体现了一个媒体在微博平台上的工作态度或者是对微博本身的重视度。个别广播台微博原创率相对较高，但内容主要是一些音视频内容。

表7-15 报纸、杂志、电视和电台媒体官微原创率TOP10

序次	媒体微博	报纸原创率	媒体微博	杂志原创率	媒体微博	电视原创率	媒体微博	电台原创率
1	@齐鲁晚报	86.50%	@南风窗	82.3%	@非诚勿扰	54.6%	@经济之声	89.4%
2	@羊城晚报	84.36%	@环球企业家杂志	79.4%	@CCTV315	53.9%	@中国歌曲排行榜	89.1%
3	@21世纪经济报道	80.17%	@家人杂志	71.1%	@cctv今日观察央视财经评论	53.2%	@中国之声	60.9%
4	@广州日报	79.74%	@昕薇	65.8%	@2013快乐男声	52.6%	@北京外语广播-趣味青春英语	54.1%
5	@南方周末	77.54%	@南方人物周刊	54.7%	@快乐大本营	51.9%	@活力早班车	53.6%
6	@新闻晨报	76.80%	@南都娱乐周刊	53.7%	@央视共同关注	51.3%	@重庆音乐广播	49.4%
7	@每日经济新闻	73.89%	@中国新闻周刊	52.9%	@职来职往	50.6%	@河南电台新闻今日谈	45.5%
8	@信息时报	68.40%	@南都周刊	51.5%	@CCTV5体育新闻	50.2%	@微博大视野	41.9%
9	@人民日报	63.32%	@英才杂志	50.6%	@康熙来了	49.9%	@937江苏新闻广播	38.6%
10	@华西都市报	58.61%	@费加罗FIGARO	50.2%	@第一时间	48.7%	@第一财经广播	37.6%

数据计算：中国人民大学舆论研究所

从媒体微博的类别来看，报纸作为纸质媒体，其信息量大，很多都是原创信息，因此信息的原创率最高，主要集中在一些都市报和市场化运作的报纸；杂志作为纸质媒体，其原创率也较高，主要集中在新闻期刊、休闲类期刊等；电视微博中卫视金牌娱乐节目和央视新闻栏目的原创率最高；电台微博中以新闻类节目和娱乐类节目为最。

（七）媒体官微加V用户粉丝量TOP20

表7-16 媒体官微加V用户粉丝量TOP20

序次	媒体微博	粉丝中加V用户数量	序次	媒体微博	粉丝中加V用户数量
1	@人民日报	79260	11	@广州日报	65022
2	@三联生活周刊	75823	12	@新京报	62379
3	@新周刊	69035	13	@南都周刊	61720
4	@中国新闻周刊	68428	14	@Vista看天下	60769
5	@凤凰卫视	67972	15	@财经网	60769
6	@南方都市报	67896	16	@人民网	60040
7	@央视新闻	66458	17	@中国新闻网	60040
8	@新闻晨报	66312	18	@创业家杂志	59896
9	@每日经济新闻	66084	19	@大河报	59390
10	@南方周末	65250	20	@扬子晚报	58668

数据计算：中国人民大学舆论研究所

总体来看，各媒体微博粉丝中加V用户的比例较低，一般占到总体的2%以下，就绝对数量来说，@人民日报、@三联生活周刊、@新周刊、@中国新闻周刊、@凤凰卫视是目前拥有加V粉丝量最多的TOP5媒体微博，前四者主要是微博粉丝的基数较大，因此绝对数量也较高；人民日报作为党的中央机关报，其权威度和影响力自不待言。总体来看，加V用户更喜欢关注一些现实生活中权威度高、影响力大的纸质媒介。

表7-17 报纸、杂志、电视和电台媒体官微加V用户粉丝量TOP10

序号	媒体微博	报纸加V粉丝量	媒体微博	杂志加V粉丝量	媒体微博	电视加V粉丝量	媒体微博	电台加V粉丝量
1	@人民日报	79260	@三联生活周刊	75823	@凤凰卫视	67972	@中国之声	50769
2	@南方都市报	67896	@新周刊	69035	@央视新闻	66458	@经济之声	46302

（续表）

序号	媒体微博	报纸加V粉丝量	媒体微博	杂志加V粉丝量	媒体微博	电视加V粉丝量	媒体微博	电台加V粉丝量
3	@新闻晨报	66312	@中国新闻周刊	68428	@安徽卫视	62820	@中央人民广播电台	42228
4	@每日经济新闻	66084	@南都周刊	61720	@山东卫视	59381	@第一财经广播	38513
5	@南方周末	65250	@Vista看天下	60769	@江苏卫视	56131	@环球资讯广播	35124
6	@广州日报	65022	@创业家杂志	59896	@浙江卫视中国蓝	53058	@杭州交通918	32034
7	@新京报	62379	@中国国家地理	55293	@非诚勿扰	50154	@浙江之声	29215
8	@大河报	59390	@环球杂志	51043	@2013快乐男声	47409	@河南新闻广播	26645
9	@扬子晚报	58668	@南风窗	47120	@央视财经	44814	@FM1052羊城交通台	24300
10	@京华时报	53456	@财经杂志	43499	@北京卫视	42361	@北京交通广播	22162

数据计算：中国人民大学舆论研究所

从媒体类别来看，报纸和杂志期刊微博拥有的加V粉丝相对较多，电台加V粉丝数量最少。报纸微博中党报和都市报的加V粉丝数量最多；杂志微博中新闻类期刊类加V粉丝最多；电视微博中国内领先卫视和知名电视栏目加V粉丝最多；电台微博中央广系列频率加V粉丝最多。

（八）媒体官微粉丝活跃度TOP20

表7-18 媒体官微粉丝活跃度TOP20

序次	媒体微博	互动量	序次	媒体微博	互动量
1	@中国歌曲排行榜	4356.7	11	@南方人物周刊	759.7
2	@2013快乐男声	3153.6	12	@Vista看天下	708.3
3	@人民日报	2204.2	13	@南方周末	680.1
4	@快乐大本营	1898.3	14	@米娜	629.1
5	@非诚勿扰	1654.5	15	@南风窗	615.6
6	@新周刊	1261.1	16	@创业家杂志	502.6

（续表）

序次	媒体微博	互动量	序次	媒体微博	互动量
7	@新闻晨报	1147.3	17	@昕薇	491.3
8	@康熙来了	992.9	18	@南都周刊	483.9
9	@三联生活周刊	891.2	19	@广州日报	482.0
10	@南方都市报	800.0	20	@都市快报	466.3

数据计算：中国人民大学舆论研究所

活跃度是衡量粉丝活跃的程度，本蓝皮书是以媒体微博平均每条微博带来的转发和评论量的总和作为活跃度的衡量指标。可以看出，娱乐性较强的栏目和新闻类纸质媒体的互动度最高，尤其是电视娱乐节目等。

表7-19 报纸、杂志、电视和电台媒体官微粉丝活跃度TOP10

序次	媒体微博	报纸互动频度	媒体微博	杂志互动频度	媒体微博	电视互动频度	媒体微博	电台互动频度
1	@人民日报	2204.2	@新周刊	1261.1	@2013快乐男声	3153.6	@中国歌曲排行榜	4356.7
2	@新闻晨报	1147.3	@三联生活周刊	891.2	@快乐大本营	1898.3	@MusicRadio音乐之声	458.7
3	@南方都市报	800	@南方人物周刊	759.7	@非诚勿扰	1654.5	@HITFM	418.5
4	@南方周末	680.1	@Vista看天下	708.3	@康熙来了	992.9	@环球资讯广播	381.8
5	@广州日报	482	@米娜	629.1	@央视新闻	457.8	@北京交通广播	348.3
6	@都市快报	466.3	@南风窗	615.6	@中国好声音	424.7	@民生996	317.8
7	@经济观察报	430.5	@创业家杂志	502.6	@凤凰卫视	394.0	@FM1045女主播电台	289.9
8	@21世纪经济报道	397.4	@昕薇	491.3	@CCTV音乐	365.5	@湖北之声	264.5
9	@中国经营报	366.8	@南都周刊	483.9	@北京卫视	339.0	@fm954汽车广播	241.3
10	@江南都市报	338.6	@时尚芭莎	452.8	@深圳卫视	314.5	@radio931	220.1

数据计算：中国人民大学舆论研究所

相比较而言，报纸的单条微博的平均互动度最高，其次是电视台和期刊等，但电视台和电台的互动表现参差不齐，仅有个别栏目的互动度较高，整体来说，纸质媒体的互动频度一般要高于广电媒体。

（九）媒体官微二次传播力 TOP20

表 7-20　媒体官微二次传播力 TOP20

序次	媒体微博	大众媒体曝光量	序次	媒体微博	大众媒体曝光量
1	@人民日报	20764	11	@每日经济新闻	12565
2	@凤凰卫视	15500	12	@21世纪经济报道	11226
3	@央视新闻	14880	13	@南方日报	10030
4	@南方都市报	14749	14	@潇湘晨报	8961
5	@中国新闻周刊	14403	15	@广州日报	8006
6	@新周刊	14065	16	@南方人物周刊	7153
7	@南方周末	13735	17	@扬子晚报	6390
8	@三联生活周刊	13413	18	@新闻晨报	5709
9	@Vista看天下	13098	19	@成都商报	5101
10	@财经网	12791	20	@新快报	4557

数据计算：中国人民大学舆论研究所

新闻类纸质媒体和新闻类的电视台微博更容易在相关大众媒体报道中被引用和进行二次传播，如都市报和新闻类期刊；再次是一些娱乐节目，如@凤凰卫视和@央视新闻等。

表 7-21　报纸、杂志、电视和电台媒体官微二次传播力 TOP10

序号	媒体微博	报纸二次传播力	媒体微博	杂志二次传播力	媒体微博	电视二次传播力	媒体微博	电台二次传播力
1	@人民日报	20764	@中国新闻周刊	14403	@凤凰卫视	15500	@经济之声	4356
2	@南方都市报	14749	@新周刊	14065	@央视新闻	14880	@中国歌曲排行榜	4213
3	@南方周末	13735	@三联生活周刊	13413	@中国好声音	4551	@央广新闻晚高峰	4075
4	@每日经济新闻	12565	@Vista看天下	13098	@非诚勿扰	4532	@中国之声	3942
5	@21世纪经济报道	11226	@南方人物周刊	7153	@湖南卫视	4375	@神州之声	3714

(续表)

序号	媒体微博	报纸二次传播力	媒体微博	杂志二次传播力	媒体微博	电视二次传播力	媒体微博	电台二次传播力
6	@南方日报	10030	@创业家杂志	4532	@CCTV证券资讯中心	4532	@西湖之声	3499
7	@潇湘晨报	8961	@南都周刊	4375	@央视新闻	4375	@MnetCN	3296
8	@广州日报	8006	@中国国家地理	4224	@CCTV焦点访谈	4532	@微博大视野	3106
9	@扬子晚报	6390	@南风窗	4078	@TVBS	4375	@国际在线	2798
10	@新闻晨报	5709	@环球杂志	3937	@江苏卫视	4532	@浙江交通之声	2521

数据计算：中国人民大学舆论研究所

从媒体微博的类别看，报纸的二次传播力最强，其次是杂志，电台的最弱。报纸中又以都市报和中央党报二次传播力最强，杂志中以新闻类杂志二次传播力最强，电视中以卫视台及其金牌栏目二次传播力最强，电台中以中央人民广播电台各频率二次传播力最强。

三、媒体微博影响力总结

从媒体类别来看，虽然报纸的媒体微博在数量上不如电视、广播台，但其影响力远远超过后两者。纸质媒体具有先天的优势，加上微博的新闻媒体的属性，因此在微博的整体运维水平上超过电视台和电台；杂志微博在制造一些休闲话题、精神按摩方面具有一定的优势。

媒体微博具有很强的社会动员能力。相对于其他机构，由于媒体的公信力通过认证被完整地"平移"到社交网络中，媒体拥有庞大的社会资本和话语权，信任成本相对于其他组织更低，因此能获得社会民众的认可，个别媒体微博的影响力已经超过了其线下媒体。

媒体在微博这一虚拟世界中的影响力一定程度上与线下现实社会的影响力具有关联，2013年出现了一些有影响力的"小媒体微博"，但随着媒体微博的发展和成熟，这种媒体微博的影响力显然不如已经在现实社会拥有影响力的微博更加持续发展，这种格局的出现一定程度上说明以前媒体微博跑马圈地的时代已经结束，未来媒体微博发展和竞争中的"马太效应"会更加明显。

第五节　微博平台特性分析

一、总体情况分析

（一）新浪平台和腾讯平台的差异

新浪微博与腾讯微博是国内最大的两个微博平台。很多研究者都从自身的研究视角对两个平台之间的差异性进行了分析，如认为这两个平台在用户构成、话题类型、使用习惯等各个层面上都存在显著差异，腾讯微博的用户群体远比新浪年轻；腾讯微博的内容比新浪更"文艺"、更娱乐；在表达方式上，新浪微博更为平实，腾讯微博更"炫"，更喜欢发图片，甚至动漫创作型图片；腾讯微博内容也比新浪更琐碎；腾讯微博用户的追星心理更加强于新浪微博用户。还有人认为新浪上面的人"纯"些，腾讯上面比较"杂"。还有总结比较认为：如果微博有性别的话，新浪是男性，腾讯是女性。如果微博有年龄的话，新浪是中老年，腾讯是青少年。如果微博有色彩的话，新浪庄重些，腾讯斑斓些。

在媒体微博方面，新浪显然具有腾讯没有的媒体资源，在策略上，由于原来思维的惯性，新浪微博沿用了新浪博客的名人策略，在较短时间内形成了领先优势，并且新浪本来是做媒体出身的，因此在内容方面的积累也有助于其更好地发现和引导热点事件的传播。腾讯微博则由于其内部竞争、方向模糊和媒体资源相对不如新浪的基础丰厚，在其2013年一季度财报中，腾讯微博的日均活跃账户已经从8700万的最高点下降为8100万。但媒体对于这两个平台都比较重要，很多媒体在这两个平台都开了微博账号，进行双平台运行。

（二）新浪微博与腾讯微博影响力指数TOP20

2013年的蓝皮书将腾讯和新浪两个微博平台按照同一个指标体系计算，两个平台的总体差异可以从两个平台影响力TOP20的媒体上看出一些。

表7-22 新浪微博与腾讯微博两个平台影响力指数TOP20

新浪序次	媒体微博	新浪影响力指数	腾讯序次	媒体微博	腾讯影响力指数
1	@人民日报	99.5	1	@人民日报	64.7
2	@央视新闻	91.5	2	@快乐大本营	64.4
3	@中国新闻周刊	81.3	3	@央视新闻	57.0
4	@新周刊	78.3	4	@非诚勿扰	39.4
5	@财经网	78.3	5	@湖南卫视	30.0
6	@人民网	71.8	6	@南方周末	26.5
7	@三联生活周刊	70.7	7	@南方都市报	26.2
8	@安徽卫视	67.8	8	@凤凰卫视	24.4
9	@南方都市报	66.5	9	@读者	21.9
10	@新闻晨报	66.1	10	@中国新闻周刊	20.5
11	@凤凰卫视	65.7	11	@潇湘晨报	17.1
12	@每日经济新闻	63.7	12	@中国国家地理	14.4
13	@米娜	63.1	13	@广州日报	13.5
14	@快乐大本营	62.4	14	@人民网	12.4
15	@广州日报	58.8	15	@法制晚报	11.4
16	@中国之声	58.6	16	@财经网	11.0
17	@南方周末	58.0	17	@辽沈晚报	10.9
18	@湖南卫视	57.1	18	@三联生活周刊	10.8
19	@2013快乐男声	53.5	19	@齐鲁晚报	9.5
20	@新京报	52.8	20	@北京晚报	9.4

数据计算：中国人民大学舆论研究所

可以看出，@人民日报法人微博在两个平台的影响力指数都是最高的，但差别悬殊很大，按照同一个指标体系，在新浪微博平台其影响力指数为99.5，而在腾讯微博平台仅为64.7，一定程度上也凸显出两个平台上的距离还是蛮大的。

综合来看，两个平台TOP20的媒体总体上差别不大，均是以都市报、新闻期刊、时尚类期刊为主，说明这三类媒体在两个平台上均占据显著的地位。但新浪平台的媒体更为多元，涉及到很多媒体类别，腾讯微博相对比较单一，主要是娱乐节目、都市报和新闻类期刊为主。

关于两个平台的总体发展情况，在第一部分已经有了基本介绍，在此不作赘述。

二、不同类别媒体微博平台特性分析

和 2012 年一样，由于媒体在新浪微博和腾讯微博的注册账号的名称和组织层级不尽相同，因此在比较分类整理时应尽量进行一一对应进行比较，此外这一部分的相关研究均以案例对比为主，即选取不同类别媒体中 TOP5 的媒体账号进行对比。

（一）报纸比较分析

报纸类别选取《人民日报》、《南方都市报》、《新闻晨报》、《广州日报》、《新京报》五家报纸为分析对象，这五家媒体都在新浪和腾讯开设微博。相关比较结果如下表所示。

表 7-23　五家报纸在两个微博平台的比较分析

媒体	关注（收听）人数	粉丝数	微博数	内容重复率	内容定位差异	微博发布时间	发布工具
@人民日报	209	8632038	13663	100%	完全一致	完全一致	以媒体版、专业版微博应用为主
	170	8442254	8914				
@南方都市报	390	4704154	27470	100%，但新浪数量高于腾讯	新浪平台有互动，腾讯基本没有	新浪平台要比腾讯早1-2分钟	以媒体版、专业版微博应用为主
	74	3404980	16468				
@新闻晨报	472	4259736	33253	100%	新浪平台侧重互动 腾讯平台侧重新闻发布	信息发布基本一致，差距1-2分钟	以媒体版、专业版微博应用为主
	227	637595	10384				
@广州日报	870	3659725	36460	100%	完全一样	时间基本一致	以皮皮时光机等第三方应用为主
	94	1758540	28461				
@新京报	784	3391907	23999	100%，但新浪平台数量多于腾讯平台	完全一致	时间基本一致	以新浪微博为主
	121	633853	17792				

注：以上数据未加说明均是第一行为新浪平台数据，第二行为腾讯平台数据

将2013年的数据与2012年的数据进行比较，比较两个平台在粉丝增长速率和微博增长数量两个指标上的变化，因为2013年没有对@人民日报、@新京报等进行考察，因此本报告只对@南方都市报、@新闻晨报和@广州日报进行比较。

表7-24 2013年与2012年粉丝和微博增长变化

	粉丝增长率	微博增长率
@南方都市报	21.3%	38.7%
	5.7%	39.5%
@新闻晨报	31.9%	44.6%
	11.2%	137.0%
@广州日报	18.0%	74.0%
	15.4%	79.5%

通过两年的数据比较，可以看出以下基本特征的变化：一是两个平台内容的统合程度越来越强，内容基本上保持一致，新浪平台的总体数量要多于腾讯平台；二是两个平台发布的时间基本一样，多是采用专业版微博（含媒体版微博）、皮皮时光机等第三方应用，实现一个输入端口，多个平台呈现；三是对媒体微博来说，对新浪平台的重视程度要高于腾讯平台，相比较而言，报纸媒体更加注重在新浪平台的互动，新浪平台的社交功能强于腾讯平台，腾讯平台多作为一种内容发布平台来处理；四是两个平台比较的话，虽然粉丝数量差距不是很大，但在互动程度上，新浪平台的互动程度显然高于腾讯平台，大约高2-3倍。

另外，这三家报纸微博的粉丝增长速率也呈现出新浪平台快于腾讯平台的趋势，但在微博数量增长方面，三家报纸微博因为内容发布进行双平台的统合，再加上腾讯平台本来的基数较小，因此在增长率上腾讯平台超过了新浪平台。

表7-25 五家报纸在两个微博平台的整体实力均值比较

微博平台	平均关注（收听）人群	平均粉丝数	平均微博数	平均转发数	原创微博平均转发数	平均评论数	原创微博平均评论数
新浪	2725	24647560	134845	563.7	669.2	267.4	342.1
腾讯	686	14877222	82019	278.4	291.8	66.8	93.1

数据计算：中国人民大学舆论研究所

将以上五家报纸微博进行各个指标的均值计算，可以看出，媒体腾讯微博在整体实力上与新浪微博还有显著差距，无论在粉丝人群的数量、发布微博的数量还是单条微博引发的互动上。因此相对来说，媒体更加注重在新浪微博平台的建设和运维。

（二）杂志比较分析

在杂志类别中，选取《中国新闻周刊》、《三联生活周刊》、《南方人物周刊》、《中国国家地理》、《青年文摘》五家期刊为分析对象，这五家媒体都在新浪和腾讯开设微博。相关比较结果如下表所示。

表7-26 五家杂志在两个微博平台的比较分析

媒体	关注（收听）人群	粉丝数	微博数	内容重复率	内容定位差异	微博发布时间	发布工具
@中国新闻周刊	1982	5639373	43443	100%	完全一样	更新时间基本一致	以皮皮时光机等第三方应用为主
	491	2672307	41256				
@三联生活周刊	606	8560050	9746	100%	以新浪为主，仅部分信息转到腾讯	相同新闻发布时间一样	以第三方应用为主
	17	1404062	3599				
@南方人物周刊	656	2770055	7459	100%，但新浪平台多于腾讯	新闻发布/个性互动	腾讯微博信息更新速度快于新浪	以第三方应用为主
	159	1053442	4570		新闻发布平台		
@中国国家地理	79	2575019	6568	100%	完全一样	腾讯更新速度晚新浪5小时以上	以第三方应用为主
	103	1881414	2170				
@青年文摘	226	419230	4032	100%	完全一样	腾讯更新速度晚新浪5分钟左右	以第三方应用为主
	101	1065663	3187				

数据计算：中国人民大学舆论研究所

表7-27 2013年与2012年杂志粉丝与微博增长变化

媒体微博	粉丝增长率	微博增长率
@中国新闻周刊	45.5%	33.5%
	28.9%	34.3%
@三联生活周刊	17.1%	23.6%
	7.7%	34.8%

（续表）

媒体微博	粉丝增长率	微博增长率
@南方人物周刊	17.1%	25.6%
	5.8%	24.7%
@中国国家地理	54.8%	28.2%
	23.5%	29.6%
@青年文摘	19.1%	28.3%
	48.0%	32.6%

数据计算：中国人民大学舆论研究所

和报纸微博一样，五家杂志微博也呈现出新浪平台在活跃度和互动程度方面高于腾讯平台的总趋势。需要注意的是，@青年文摘在腾讯微博平台粉丝数量要超过新浪微博，一定程度上说明腾讯平台更适合"软"的信息（如娱乐、情感类等），新浪平台具有"硬"信息（新闻资讯）平台偏好。

2013年相较于2012年，在粉丝增长速率上，除却@青年文摘在腾讯平台增长的速率高于新浪平台外，其余四家微博都是新浪平台的增长速率远远超过腾讯平台，可见杂志微博更加注重新浪平台经营，在微博数量增长比例方面，和报纸微博同样的原因，腾讯平台的增长速率稍高于新浪平台。

表7-28 五家杂志在两个微博平台的整体实力均值比较

微博平台	平均关注（收听）人群	平均粉丝数	平均微博数	平均转发数	原创微博平均转发数	平均评论数	原创微博平均评论数
新浪	3549	19963727	71248	368.2	371.8	114.5	147.3
腾讯	871	8076888	50442	277.6	311.1	72.1	76.4

数据计算：中国人民大学舆论研究所

在上面各个指标中，期刊类新浪微博的指标都超过了腾讯微博的指标，但与报纸比起来差距没那么明显，说明这些"软信息"——即期刊上刊载的信息相对报纸的硬信息更适应腾讯的平台，媒体在新浪平台上更为人性化，积极参与转发和评论，一定程度上也说明媒体对新浪平台更为重视。

（三）电视比较分析

电视类别中，选取凤凰卫视、《非诚勿扰》、浙江卫视中国蓝、湖南卫视、江苏卫视五个电视台（或栏目）为分析对象，这五家媒体都在新浪和腾讯开设微博。相关比较结果如下表所示。

表7-29 五家电视台（栏目）在两个微博平台的比较分析

媒体	关注（收听）人群	粉丝数	微博数	内容重复率	内容定位差异	微博发布时间	发布工具
@凤凰卫视	224	5335874	24328	100%	基本一致	半小时内必有更新	以专业版微博为主，辅以第三方应用
	95	3171600	8803			两个小时才更新一次	以网页微博为主
@非诚勿扰	121	4084531	10668	99.1%	以新浪为主，仅部分信息转到腾讯	相同新闻新浪要快30分钟	以第三方应用为主
	40	5128158	8223				
@浙江卫视中国蓝	900	3768022	24617	100.0%	完全一样	完全同步	以第三方应用为主
	139	732186	24281				
@湖南卫视	369	4832910	13208	100%	内容一致	新浪比腾讯稍微快几分钟	以网页微博为主
	115	3902778	7087				
@江苏卫视	407	3793741	12214	100%	内容一样	完全同步	以媒体版微博、皮皮时光机等为主
	75	3085655	6402				

数据计算：中国人民大学舆论研究所

表7-30 2013年与2012年电视台粉丝与微博增长变化

	粉丝增长率	微博增长率
@凤凰卫视	14.1%	26.1%
	13.6%	26.6%
@非诚勿扰	3.1%	22.0%
	12.8%	24.2%
@浙江卫视中国蓝	11.7%	39.7%
	5.2%	34.8%
@湖南卫视	28.1%	30.5%
	15.6%	40.4%
@江苏卫视	9.8%	21.1%
	2.0%	22.8%

数据计算：中国人民大学舆论研究所

在这五家媒体微博中，@凤凰卫视和@江苏卫视表现比较有特色，感觉是两个团队在进行运作，虽然大体内容一致，但运作思路不同，把新浪平台作为个性化展示，积极参与互动，而把腾讯作为新闻转发平台，基本无互动，表现为卡拉OK式自娱自乐的微博发布。@非诚勿扰腾讯平台粉丝高于新浪，再次印证了腾讯微博平台更适合娱乐等软信息的传播。

在两个平台的差异度上，和报纸微博、杂志微博一样，也存在新浪平台受到较高重视。新浪平台粉丝增长速率上也远远高于腾讯平台。

表7-31 五家电视台（栏目）在两个微博平台的整体实力均值比较

微博平台	平均关注（收听）人群	平均粉丝数	平均微博数	平均转发数	原创微博平均转发数	平均评论数	原创微博平均评论数
新浪	2021	21815078	85035	268.7	297.4	289.8	413.6
腾讯	464	16020377	54796	243.6	271.8	103.5	178.3

数据计算：中国人民大学舆论研究所

总体上看，在电视媒体微博中，腾讯微博与新浪微博之间存在显著性差距，主要表现在粉丝数、微博数上，但是在平均转发数指标上腾讯微博要超过新浪微博，说明这种软信息更容易在腾讯平台引起转发和社会共鸣，凸显腾讯微博偏好娱乐化信息的平台特性。

由于电台的微博共通性很难查找，在此不做研究。

三、微博平台特性总结

通过以上分析，可以看出，2013年的新特点是，媒体微博逐渐将这两个平台进行统合发布，基本特点是"一个输入端口，两个平台"，在信息发布的内容、推送时间等方面基本一致，但在具体运维上则存在"厚此薄彼"的思路，即注重新浪平台，把新浪微博看成"人"，注重互动，注重个性化平台的打造，而把腾讯微博看作"物"，仅是一种新闻信息发布平台。基于这种认识和定位，在具体运维中在以下方面造成一系列的差异：

在粉丝数量的差异上，除个别媒体外，一般来说新浪粉丝数量要高于腾讯，甚至是几倍的差距。

在媒体开设的类别上，在新浪平台上，电视台和电台等广电媒体更为活跃，总体开设比例比较高，但粉丝更喜欢与纸质媒体互动；而在腾讯微博上，报纸和杂志等纸质媒体相对活跃，开设微博的绝对数量要超过广电媒体，但粉丝更喜欢与广电媒体中的娱乐频道或偏重娱乐的卫视互动。

在粉丝的活跃度上，新浪的粉丝互动度和活跃度更高，尤其是在与报纸等纸质媒体之间的互动上；而腾讯的粉丝活跃度相对较低，但娱乐类媒体的互动度远远超过新浪。

在账号的活跃度上，媒体花大量的时间和精力在新浪微博上，以新浪微博为主平台，腾讯微博为副平台，因此在新浪微博上的活跃度较高，个别媒体甚至达到每十分钟左右一条微博的频度。

在发布行为上，一般使用第三方应用发布信息，即使同样的微博信息，新浪要快于腾讯；新浪微博的信息发布时段比较契合微博用户浏览微博的高峰期，腾讯微博发布更新时间稍有随意性。

在内容上，一种情况是腾讯与新浪信息完全一样，另外是腾讯微博的信息仅是新浪微博信息的一部分，主要是一些新闻资讯，不注重用户互动的信息，新浪微博内容就比较多元化，有些是新闻资讯，有些是互动，甚至"打情骂俏"。

第六节 微博案例分析

一、微博账号案例分析

(一) @人民日报法人微博

1. @人民日报法人微博整体发展情况

@人民日报法人微博成立于 2013 年 7 月 22 日, 截止到 2013 年 7 月 26 日, @人民日报法人微博粉丝数 8596427 个, 发布微博 13596 条, 日均发布微博增长 37 条, 日均粉丝增长 23109 个, 内容涉及广泛, 包含了政治、经济、文化、民生、体育、健康等多个方面, 最主要集中于新闻资讯、评论, 尤其是民生新闻及其相关微评。

2. @人民日报法人微博运维特点

本部分数据统计时间段 2013 年 1 月 1 日-2013 年 7 月 1 日, 数据统计显示 2013 年 @人民日报法人微博发布的频率再次提升, 达到日均微博发布 41.4 条, 其中日均原创微博 39.2 条, 日均转发微博 4.6 条。

(1) 日均微博传播情况

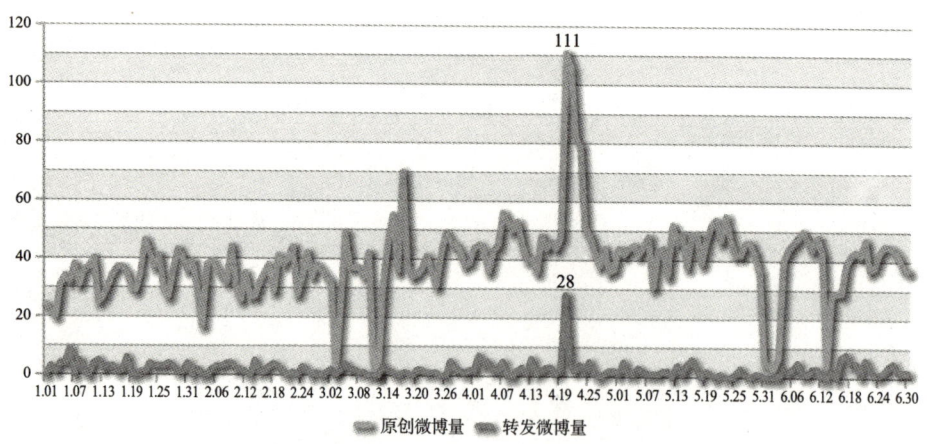

图 7-18 2013 年上半年人民日报日均发布数据

2013 年上半年以来, @人民日报法人微博日均发布原创 40 个左右, 转发微博维持在 5 条左右, 当然也存在一定的极值点日期, 如 4 月 20 号左右, @人民日报法人微博发布原创微博 111 条,转发微博为 28 条左右。

(2)微博受众日均响应情况

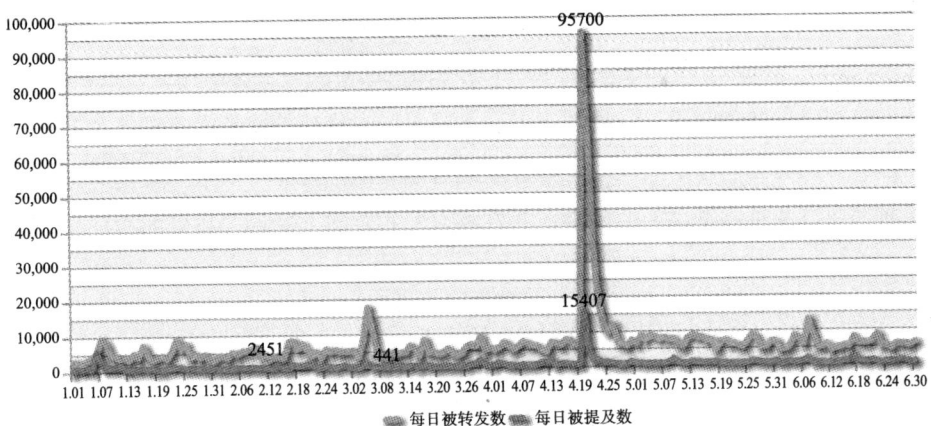

图 7-19　2013 年 @ 人民日报法人微博受众响应日均分布

2013 年,@ 人民日报法人微博日益凸显出其重要的影响力和话题制造能力,从上半年的数据来看,日均微博被转发的次数维持在 4000 次左右的规模,日均被提及的次数在 2000 次左右的规模,其影响力在其灵活的运维机制和对社会热点话题主动评论的作用下不断凸显,曾经在 4 月 20 日因为四川芦山地震一度达到其最高极值点 95700 次左右。

(3)24 小时内微博生产

本报告对 2013 年上半年 @ 人民日报法人微博 24 小时内的微博内容发布情况进行统计,相关结果如下图所示。

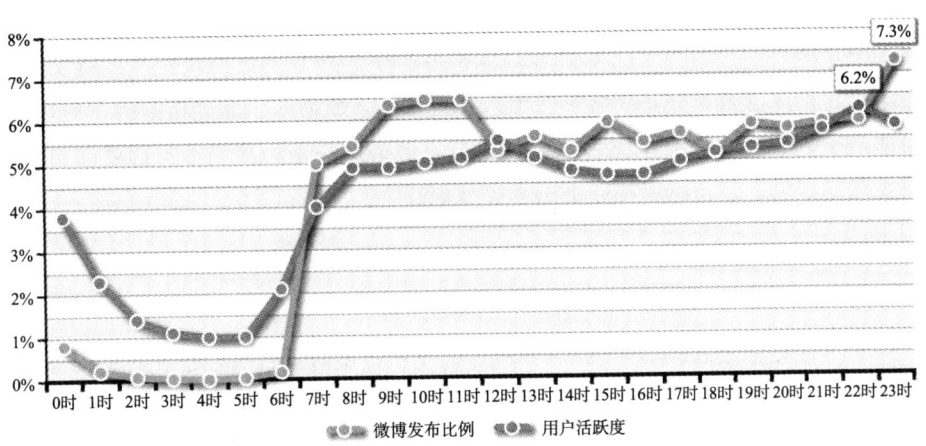

图 7-20　@ 人民日报法人微博 24 小时内发布与用户活跃度

每日 7 时（7:00~7:59）至 23 时（23:00~23:59）是 @ 人民日报法人微博的高发时间，基本上每小时发布频率在 2~5 条间浮动。最高峰出现在上午 11 时和晚上 11 时，也就是说，上午 11 点（11:00~11:59），中午 14-15 时以及夜间 23 时是发布的三个高峰，这和网民休息时间和使用微博的时间习惯基本保持一致。并且，在上午和中午两个时段以硬新闻为多，而晚上则以轻松的软新闻和评论为多，基本符合网民的阅读和信息获取规律。因此可以看出，人民日报法人微博对网民的微博使用习惯进行了深入的研究，并在内容发布时间上进行了科学的布局，获得了较好的传播效果。

（4）每周内微博传播情况

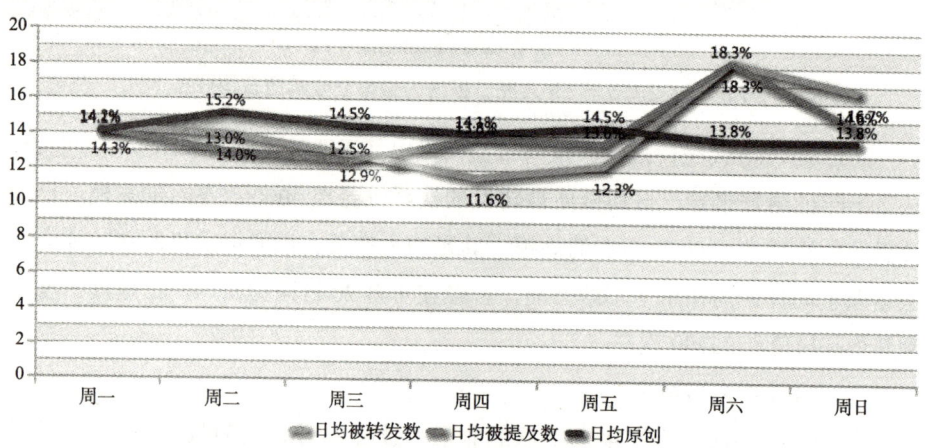

图 7-21　2013 年 @ 人民日报法人微博每周内发布

从日均原创微博数量来看，周一至周五的原创发布微博数量相对比较平均，再结合日均原创数量分布，可以看出人民日报法人微博有一套严格的机制对每天微博的发布量和发布时间进行控制。另外可以看出，周六是一个很特殊的日子，虽然微博发布数量比较平均，但用户互动和转发较为活跃，这主要与周末有密切关系。

（5）微博发布工具分布

@ 人民日报微博近 2/3 的微博是经过人民日报微博发布的，其次是新浪微博，约占到总体的 1/5；再次是媒体版微博和专业版微博，占到总体的 13.9%。

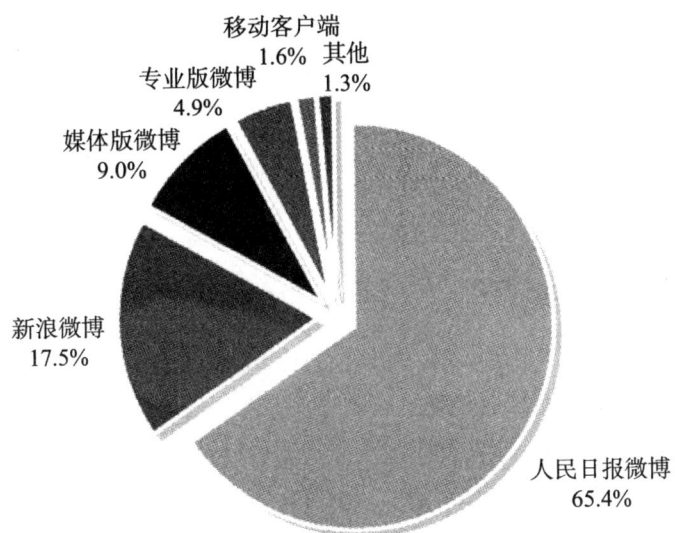

图 7-22 @人民日报法人微博发布工具分布

（6）发布内容

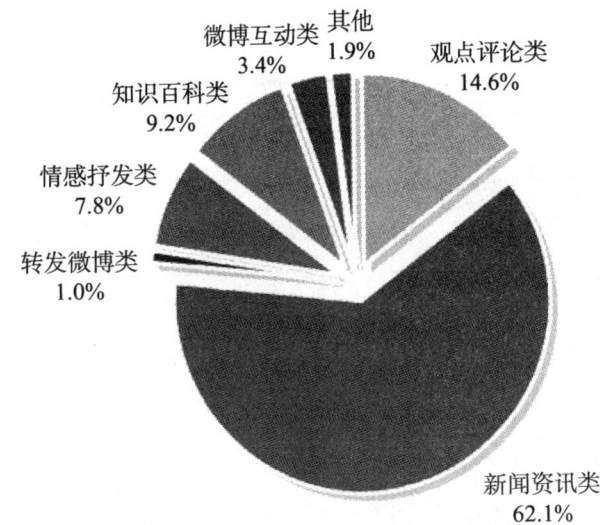

图 7-23 @人民日报法人微博发布内容分布

通过分析，新闻资讯类占了近 2/3，其中不光有来自人民日报的新闻，还有来自新华社、新京报等其他媒体的新闻，以及零星来自网友第一时间发布的热点新闻。值得一提的是，有超过 10% 的新闻咨询为人民日报记者在事件现场发回的最新报道或者对事件进行的最新进展追踪。《人民日报》有强大的记者团队，也是微博突发新闻的坚实后盾,利用《人民日报》的采访渠道和资源及时客观地跟进突发事件的发展状况,巩固了《人民日报》舆论领袖的地位,并且也通过新鲜信息的层层转发累积了更多的粉丝。

此外,观点评论类也是@人民日报法人微博的典型特点,人民日报法人微博每每对于最新的重大事件亮出自己的观点。尤其是每天晚上都以"你好,明天"微栏目结束,对一天的新闻事件进行总结和微评论,传播正能量,形成了自己的特色。

还值得一提的是,情感抒发、知识百科以及微博互动等较为轻松的软性新闻占了近20%,这和人民日报严肃的风格形成对比,符合微博的特性。每天早上,人民日报法人微博基本上以历史上的今天这类知识性的软新闻作为开篇,并在地震、三伏天等新闻中穿插防震自救、健康消暑等应景的知识百科,更突显出人民日报法人微博的人性化。

(7)互动关系

选择7月15日对@人民日报法人微博转发和互动的微博用户之间的传播关系,结果如下图所示。

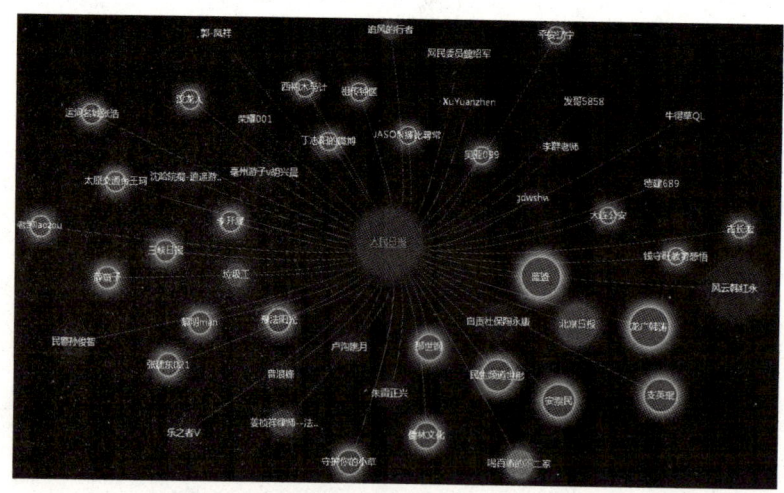

图7-24　@人民日报法人微博7月15日与其他用户互动情况

可以看出,与@人民日报法人微博互动和传播的用户ID一般集中在以下几个类别:其他媒体微博、政府机关人员和个别大V用户等,因此其传播力和覆盖力相对较高。下面是2013年参与转发@人民日报法人微博的TOP10用户的情况。

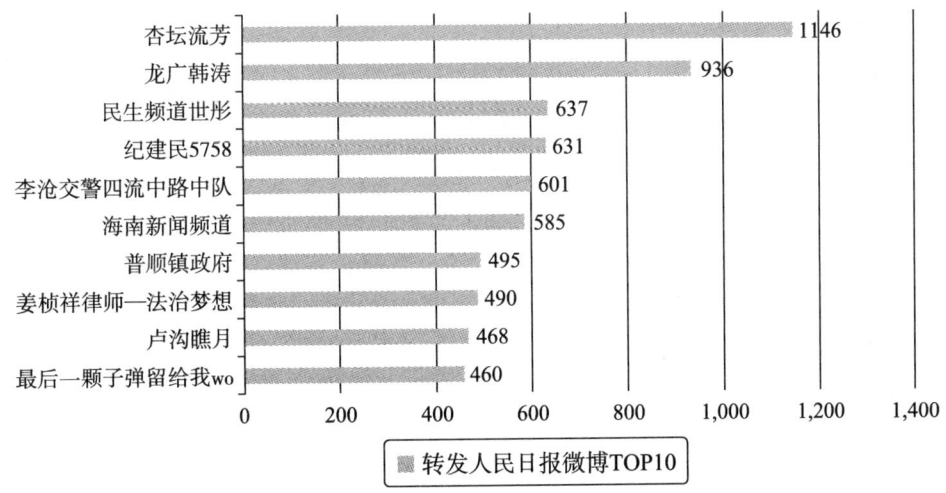

图 7-25 2013 年上半年转发人民日报微博 TOP10

参与转发 @ 人民日报法人微博的 TOP10 用户主要集中在媒体微博、媒体人和政府工作人员等,这类用户相对粉丝比较多元,数量庞大,因此具有很高的传播力和覆盖力。

3. @ 人民日报法人微博采编运维特点分析

"北京暴雨,整夜无眠。《人民日报》法人微博与大家共同守望。为每一位尚未平安到家的人祈福,向每一位仍然奋战在救援一线的人致敬!北京,加油!"2012 年 7 月 22 日,《人民日报》法人微博在新浪微博平台正式上线。之后粉丝数量一直快速增长。短短四个月后,2012 年 11 月 22 日夏季监测是《人民日报》粉丝约为 296 万,截至 2013 年 7 月 22 日已达到 857 万,为全国媒体之最。作为党报的代表性报纸,《人民日报》在微博运维上比较成功的经验在于以下几点。

(1) 语言风格清新与贴近民生

作为党报中的老大哥,《人民日报》一直给网民一种非常严肃的印象,不少网民认为《人民日报》的报道不太接地气,都是大政方针。而《人民日报》法人微博在内容上非常贴近民生,在基层、在草根中打捞出了很多不适宜上版的"沉没的声音",在众声喧哗中,尽可能拓宽公众权利表达渠道,引导弱势群体声音的表达方式,展现了《人民日报》的人文关怀。同时,《人民日报》法人微博语言清新,时不时还有流行的俏皮话出现,和《人民日报》带给网民的传统印象形成了鲜明的对比。

(2) 快速追踪热点新闻

自上线以来,《人民日报》法人微博对很多正在发生的重大新闻事件频繁以"本报记者现场报道"。比如最近的"【北京西城区成立调查组　希望当事人主动联系】《人民日报》记者从西城区获悉:针对什刹海9岁女童摆摊,其父被殴打情况,西城区政府已组织监察、法制、公安等部门成立联合调查组,并邀请什刹海地区人大代表、政协委员参加,核实调查有关情况,依法进行处理。希望当事人也主动与公安机关联系,配合调查。"《人民日报》有强大的记者团队,也是微博突发新闻的坚实后盾,利用《人民日报》的采访渠道和资源及时客观地跟进突发事件的发展状况,巩固了《人民日报》舆论领袖的地位,并且也通过新鲜信息的层层转发累积了更多的粉丝。

(3) 频繁的更新和广泛的内容

进入2013年7月,《人民日报》法人微博已经发表微博约1.3万条,日均发布约36条。从内容上看,不仅有政治、经济等方面的硬新闻,也有体育、生活等方面的软新闻,内容的选择精雕细刻,基本上能够起到门户网站的咨询功能。同时,从微博发布时间来看,每个小时都有更新,满足了网民在移动中的碎片化的时间内随时能获取新鲜新闻和咨询的需求。

(4) 颇具力度和独树一帜的评论

《人民日报》法人微博以其颇具力度的评论而独树一帜,非同凡响。对于最新的重大事件亮出自己的观点。在微博上,时刻产生着新的微博内容,简单的新闻事实很容易被复制。《人民日报》法人微博充分利用了《人民日报》强大的评论资源,这不仅仅是一个事实的提供场地,而且还有新颖的观点和理性的见识。此一特色,恰与其母报《人民日报》的办报风格十分相似。

(5) 打造独特的王牌栏目

打造了特色鲜明的王牌栏目。该条微博属于"你好,明天"栏目。从2013年7月23日深夜起,每天晚上零时前后,《人民日报》法人微博都会以"你好,明天"为题,用道"晚安"的形式和网友告别,并对当天最受社会瞩目的事件予以点评,顺势亮出自己的清晰观点。在该微博获得的全部网友关注中,"你好,明天"栏目获得的转发数和评论量遥遥领先于其他微博,其鲜明的观点、高端的视野、老到的文风,成为网友们争相关注的一个"文化新现象"。此外,"微评论"也成为了一个成熟的栏目,以每天1-2则的频率,主要针对当天备受关注的社会问题作出评论。在作出评论同时,"微评论"也提出问题,引发思考,与大家"共勉",

和网友形成了频繁互动。

（6）打造强大的媒体矩阵，形成媒体合力

@人民日报法人微博形成了强大的媒体矩阵。在《人民日报》编辑部内，有评论、经济、社会、新媒体、文化、农村、海外等各个成熟的板块。在《人民日报》法人微博上，这些特色板块都进行了充分利用。不同的板块分成了一个个子微博，和《人民日报》法人微博这个母微博形成了媒体矩阵。除此之外，《人民日报》的上版文章、短评都在《人民日报》法人微博首页得到了推荐，最大程度兼顾了《人民日报》既有读者群的需求。

（7）灵活的运维机制和体制保证

为办好微博，《人民日报》专门成立了列入正式编制的微博运营室，将其划归编辑部采编工作的"总枢纽"新闻协调部，这就有利于此部在协调调度全报社稿件的同时，也将微博运营纳入其中，宜报则见报，宜网则上网，并能在全体采编人员中有效整合资源，避免了一些纸媒微博运营的无序与边缘化。《人民日报》社领导将微博运营交由新闻协调部负责后，每天所有稿件，均由部门负责人签发，社领导不再审阅。为鼓励编辑部和国内国外各分社记者编辑为微博投稿，报社还制定具体政策，让记者编辑的所有付出，皆能有所回报，并且规定，凡24小时内微博转发量超过1000次以上者，即有一定奖励。这就有效调动了全社的整体力量。

（二）@央视新闻

1. @央视新闻整体运维情况

@央视新闻 2013年3月16日发布第一条微博，一年来已经发布16000多条微博，日均发布微博33条左右，粉丝超过723万，日均粉丝增长量为1.49万个，整体来看，无论是微博数量增长还是粉丝数量增长都比较快速，@央视新闻在新浪媒体微博影响力排行榜上一直稳居前三，"央视新闻"腾讯微博粉丝目前已超过630万。"央视新闻"在新浪、腾讯和央视网的微博内容、更新频次保持一致。

2. @央视新闻运维特点分析

（1）@央视新闻日均微博传播力分析

2013年1月1日-2013年7月1日的@央视新闻发布的原创微博和转发微博数量的日均分布，一定程度上凸显出@央视新闻的日均传播力。

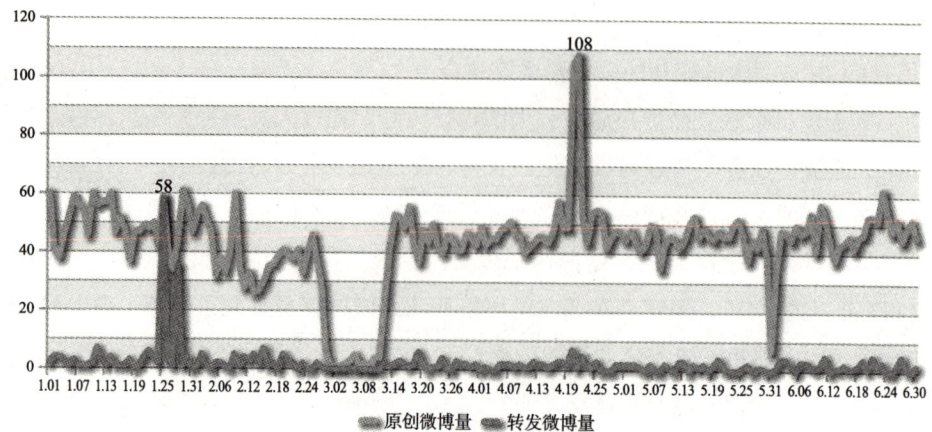

图 7-26 @央视新闻的日均微博传播力分布

可以看出，2013年上半年@央视新闻微博日均原创微博发布在40条左右，超过2013年的日均原创微博数量，4月20日芦山地震期间日均原创微博达到108条，创单日发布原创微博最高值，说明@央视新闻微博积极参与社会热点事件的讨论和社会动员；转发微博来看，@央视新闻日均转发微博在8条左右，在1月24日前后最高转发条数在58条，2月以后日均转发微博数量在逐步下降，原创微博数量在不断上升。

（2）@央视新闻粉丝反响度分析

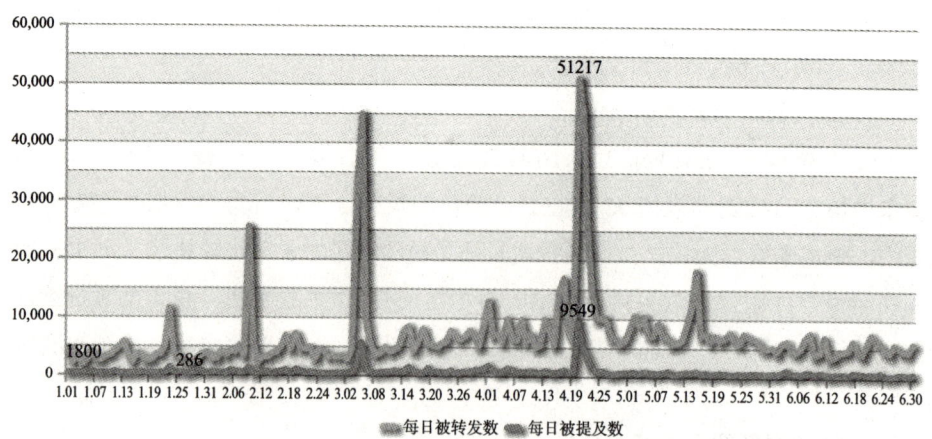

图 7-27 @央视新闻粉丝反响度日均分布

可以看出，2013年上半年，@央视新闻微博出现5个左右的日均转发高值，尤其是4月20日芦山地震期间达到峰值，为51217次；再次是3月6日前后，日均微博被转发数维持在 5000 次左右，说明民众对 @ 央视新闻的关注和反响程度都较高。

（3）@ 央视新闻微博 24 小时内发布情况

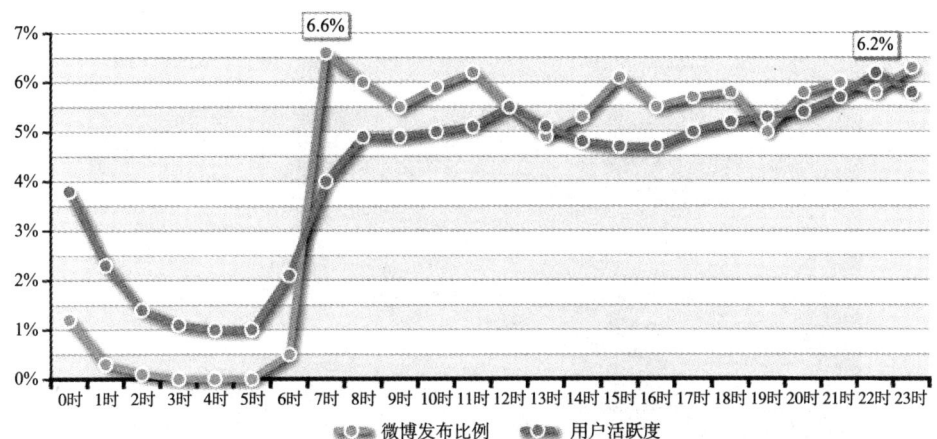

图 7-28　@ 央视新闻微博 24 小时内发布与用户活跃度分布

@ 央视新闻微博发布的整体分布与微博用户活跃度基本一致，尤其是 21 时 -23 时晚上的相关时段，但 @ 央视新闻的微博发布最高点集中在上午 7 时、11 时和下午 15 时，这些时间段与用户活跃度出现了一定时间的偏差。

（4）@ 央视新闻微博发布工具分布

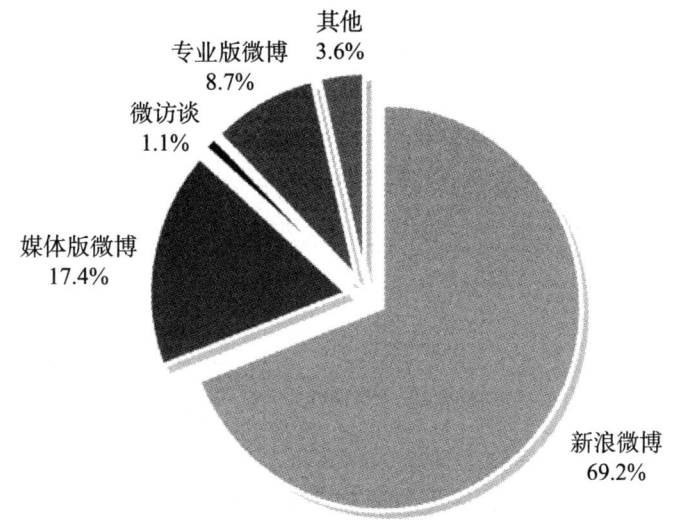

图 7-29　@ 央视新闻微博发布工具分布

@央视新闻主要以新浪微博作为其信息发布工具，媒体版微博仅占到总体的17.4%，其次是专业版微博，说明@央视新闻具有相对完善的值班制度，对第三方应用相对较少。

（5）@央视新闻的互动关系分析

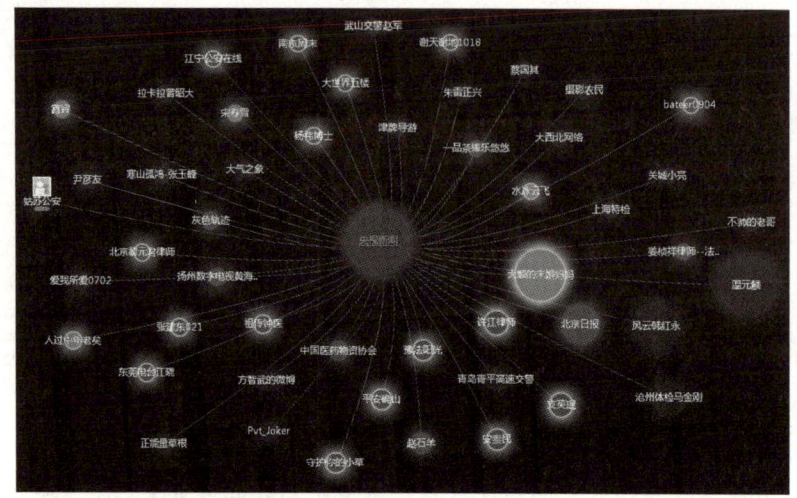

图7-30　@央视新闻7月15日的互动关系分析

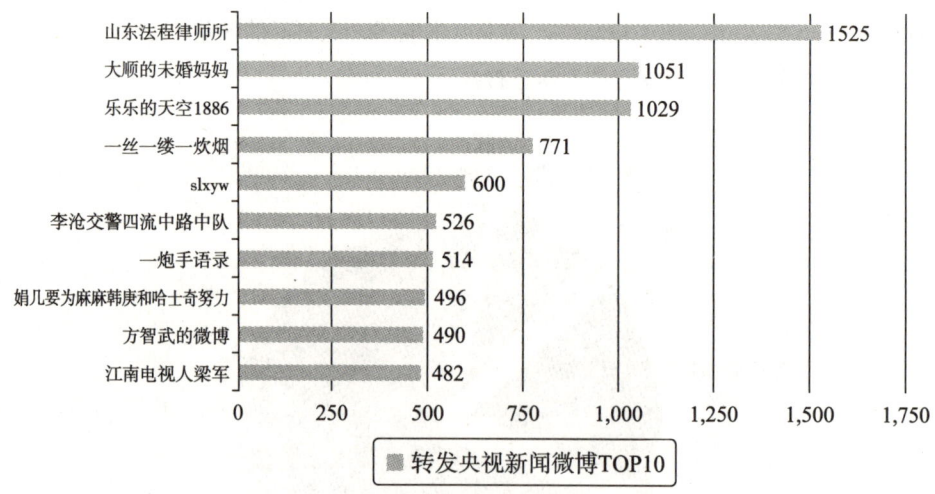

图7-31　转发@央视新闻微博的TOP10用户

与@央视新闻互动比较多的用户和粉丝主要集中在以下几个类别：加V用户、地方电视新闻台及新闻人和一些机构微博，这些粉丝积极参与@央视新闻微博的转发和讨论，体现了@央视新闻微博积极参与公共事件的传播与讨论，一定程度上引导了微博社会话题,搭建了社会对话的平台——尽管里面出现了所谓左右派别的争论。

3. @央视新闻微博运维特色总结

(1)"新媒体新闻首发"制度与"新闻立博"

与新闻立台的要求一样,@央视新闻以新闻性立博。2013年12月29日至30日,习近平到河北省阜平县看望慰问困难群众,央视首次以微博方式报道,此后,微博首发时政新闻成为央视时政新闻报道的常态。网民的微博传播具有"相同的内容不会转第二次"的特点,因此"首发"对于掌握舆论主导权至关重要。以微博为先导的新媒体被中央电视台视作在传统电视、国际视通对外发稿平台之外的第三个发稿平台,也是央视重大新闻、突发事件、重点报道的首发平台。"首发新闻"、"独家内容"、"图像优势"是@央视新闻的核心竞争力。央视自采的新闻占到"央视新闻"微博内容的70%,这些一手新闻信息量大,内容丰富,涉及面广,时效性强,很多重要新闻的发布先于电视,成为网络媒体的主要信息源。

(2)卖萌有理

央视新闻一贯以严肃著称,但在微博上也迎合受众卖萌。比如2013年2月5日"学习粉丝团"这个微博账号真的火起来之时,@央视新闻发布微博"神马情况?比我们快,比我们近!"这种偶尔出现的俏皮话方式让@央视新闻更显人性化,吸引了网民互动。

(3)高端推介平台,台网强势互动

新闻联播是国内传统的优势节目,也是截止目前收视率最高的节目之一,其微小的变化都会引起网民的热烈讨论。而在央视《新闻联播》结束前,新闻主播们多了一项举动——提醒观众关注其官方微博。尽管只是一句"如果你还想获取更多的新闻资讯,可以关注我们的官方微博@央视新闻",却令不少观众颇感新鲜。同时,@央视新闻成为了新闻联播有益的补充。比如2013年12月8日中央电视台《新闻联播》节目出现了直播失误:把哈萨克斯坦念成"哈斯坎",好在她及时调整状态,重新咬字发音后,《新闻联播》得以顺利进行。随后21点9分,@央视新闻发布了一条致歉微博:"今晚《新闻联播》因导播员口令失误,导致画面切换错误,特此向观众朋友表示歉意。"解释了错误发生的原因,态度相当诚恳。引起网友热议,绝大多数声音表示理解。

(4)强力的推介矩阵

央视是国内媒体中当之无愧的巨无霸,除了"央视新闻"官微,新闻中心还有许多栏目独立开通了微博,官微会对他们的微博内容和账号进行推荐。此外,多位主持人和出境记者均是颇有观众缘的国内一线主持人,拥有强大的网民号召力。他们和@央视新闻形成了强大的互动矩阵,相互提高影响力。央视新闻和微博、微信、新闻客户端三个新媒体平台也相互交相辉映。此外,央视需要立体资源支持,仅仅依靠电视台的力量有限,而且门户们需要把自己最新的产品放在央视这个放大镜下进行曝光。新浪微博和腾讯微博等也乐于和央视进行资源交换。在央视举办一些活动之时进行强力推介,比如央视"3·15"晚会。

(5)注意与粉丝进行互动

在荧屏上央视新闻比较注重新闻事实本身的呈现和报道,而微博上则需要采用征集、调查、趣味性话题等方式增加事件的互动性。比如,2013年2月7日,"央视新闻"发布了一条长度为2分10秒的视频微博"《新闻联播》未播出版:小屁孩抢镜李克强",截至7月5日记者截稿时,该微博被转发21090次,评论5964条,并被所有大型网站在首页转载。

(6)母台及高层台领导的重视

以微博为先导的新媒体被中央电视台视作在传统电视、国际视通对外发稿平台之外的第三个发稿平台。为了保证"首发",央视将把新媒体发稿纳入新闻采编、制作、评价的全流程,明确要求新闻中心的本部、驻国内31个记者站和各海外分台、中心站的近千名记者"变身"全媒体记者。此外,"央视新闻"新媒体从选题到发稿严格执行三级审稿制度,央视新闻中心还制定实施了《微博、微信、客户端运行管理办法》,明确规定所发内容必须以事实为基础、以法律为准绳;信源权威、可靠;热点事件不失声、敏感事件不炒作;客观评判、理性引导;有态度、不跟风的"五大原则"。并明确设置了强制性环节——"信息双核实",即核实发布者身份,核实新闻事实准确,全力保障"央视新闻"微博的安全可靠、事实准确。目前,微博日常稿件建立责编初审、制片人定稿和专人校验的三级核发制度;重大新闻、敏感话题由值班主任把关;不能确定的选题报中心值班主任定夺;时政新闻由时政部主任、策划部主任审核并报中心值班主任确认发稿。

(三)@中国新闻周刊

1. @中国新闻周刊整体情况

@中国新闻周刊开通于2009年9月2日,目前总计发布微博43550条,粉丝数量为5649038,日均发布微博30.5条,日均微博粉丝增长量为3955.9,拥有自己个性化的页面布局，整个定位上为"您的信息管家"，与《新周刊》的时尚化和《三联生活周刊》的文化性相比，《中国新闻周刊》以新闻性为牌，微博内容主要集中在新闻热点、知识百科和一些励志小段子等为主，集新闻性、娱乐性、趣味性和实用性为一体。

2. @中国新闻周刊具体运维特点

（1）@中国新闻周刊日均微博传播力分析

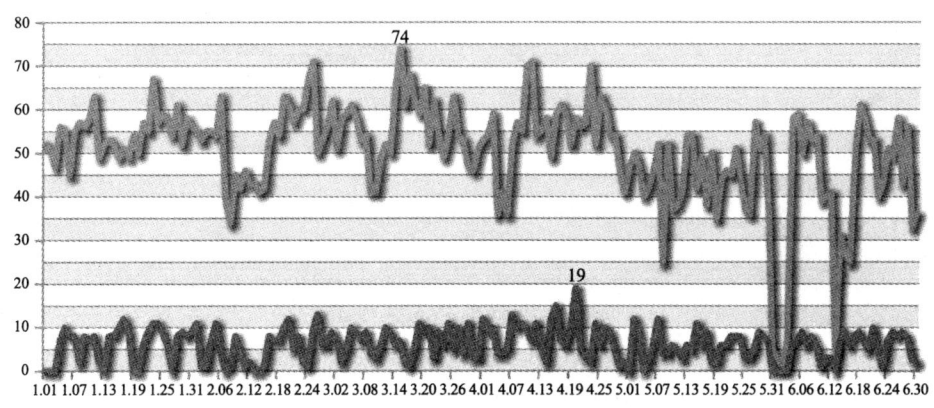

图 7-32　@中国新闻周刊日均微博传播情况

@中国新闻周刊原创微博日均维持在 40 条左右，转发微博日均维持在 8 条左右，传播和更新频度较高；二是从整个上半年来看，5 月份以后的整体更新水平相较于前四个月有所下降。

（2）@中国新闻周刊粉丝反响度分析

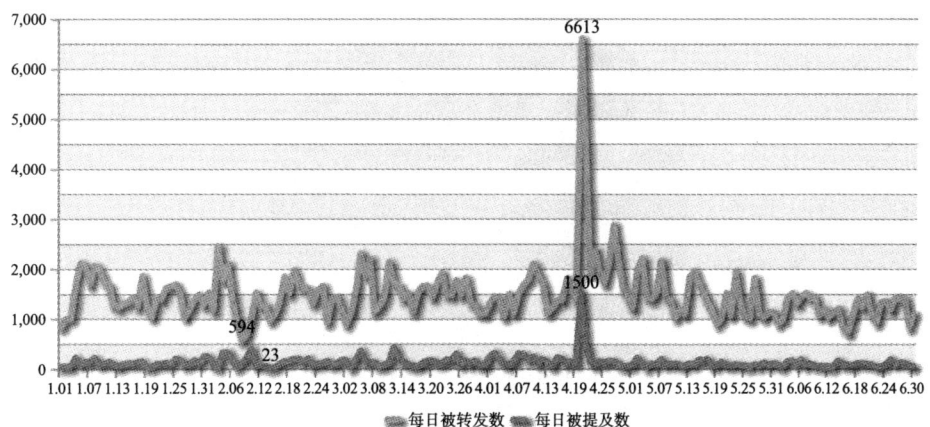

图 7-33　@中国新闻周刊粉丝反响度分布

@中国新闻周刊粉丝的日均反响度水平整体要低于@人民日报和@央视新闻，日均维持在1200次左右的转发，200余次的被提及数量，从时间序列来看，近两个月来，粉丝的反响度随着微博传播数量的下降而有所下降。

（3）@中国新闻周刊24小时内微博发布

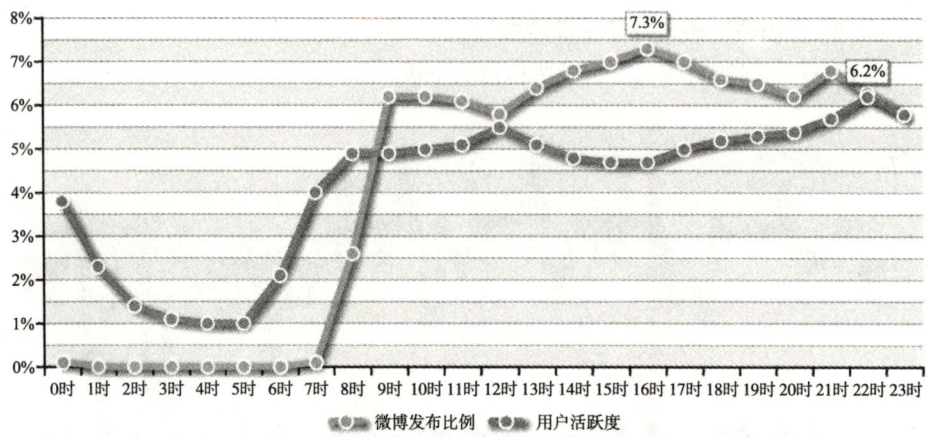

图7-34　@中国新闻周刊24小时内微博发布与用户活跃度

@中国新闻周刊从微博发布的情况来看，与微博用户的活跃度之间存在一定的差距，@中国新闻周刊发布一般集中在下午15时-17时，而这段时间用户活跃度相对不高，而在用户活跃度较高的23时前后，发布微博的比例相对不高，一定程度上不能满足用户的信息需求习惯。

（4）@中国新闻周刊微博发布工具分布

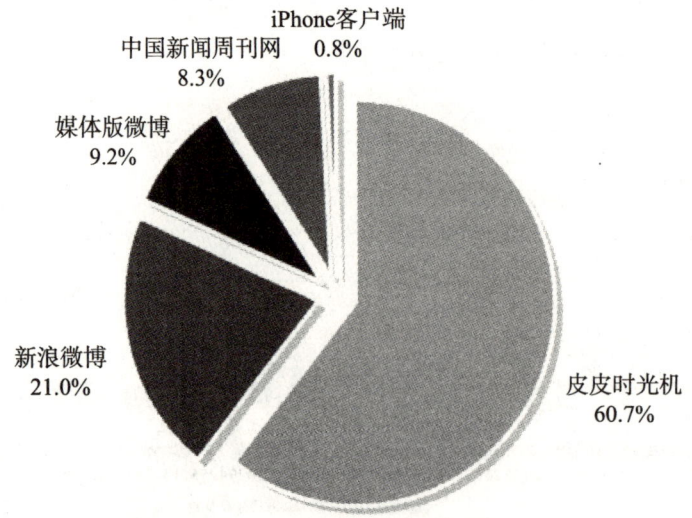

图7-35　@中国新闻周刊微博发布工具分布

@中国新闻周刊微博发布工具主要是第三方应用——皮皮时光机，近6成的信息是由第三方应用来发布的，使用第三方应用发布不能够紧追社会新闻热点，只能发布一些相对比较软性、能够给人心理按摩的信息，一定程度上限制了粉丝的反响度和共鸣度；21%左右使用新浪微博发布，使用媒体版微博发布的仅为10%左右。

（5）@中国新闻周刊互动情况

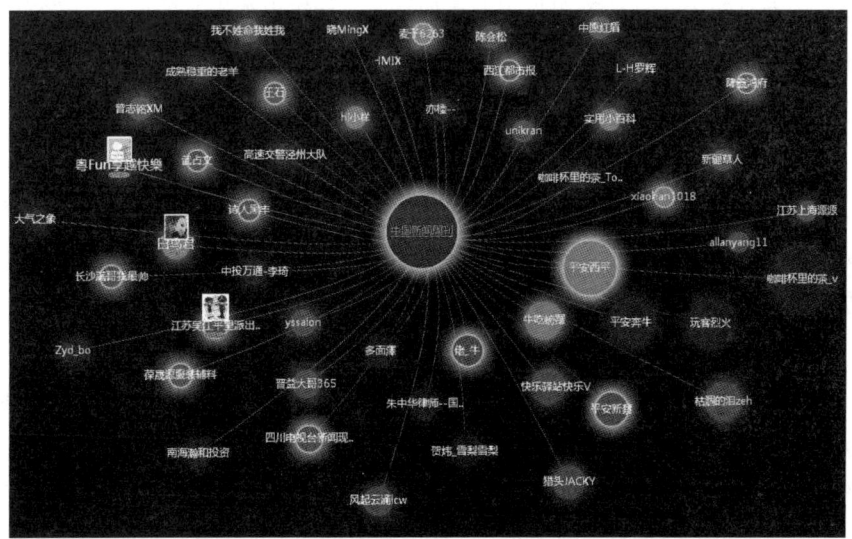

图 7-36　@ 中国新闻周刊 7 月 15 日粉丝互动传播情况

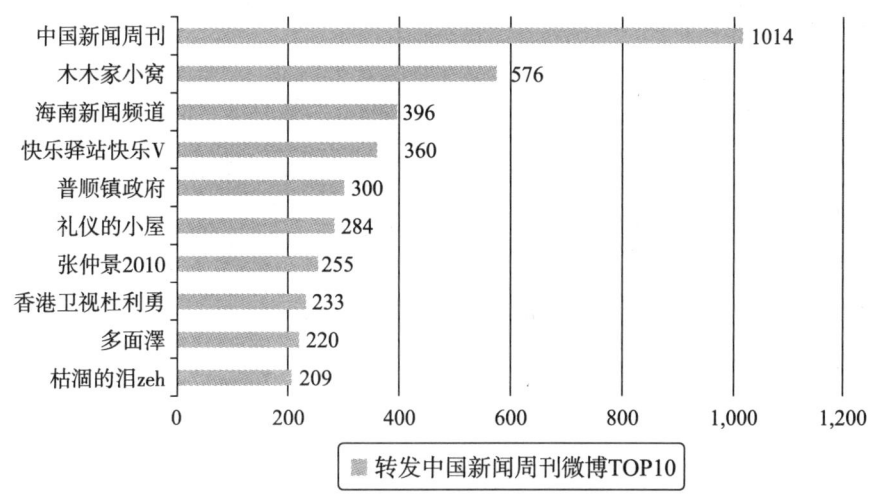

图 7-37　转发 @ 中国新闻周刊微博 TOP10

从互动频度较高的对象类别来看，主要是活跃的软性新闻提供账号，没有加 V 专门运维账号赚取粉丝的，如 @ 实用小百科等；部分活跃的草根用户，不如 @ 人民日报和 @ 央视新闻互动粉丝中加 V 用户的比例高和活跃。

3. @ 中国新闻周刊运维特点总结

（1）微博图文并茂

每则微博都配有图片和链接，图片以新闻图片为主，有些是摄影图片，有些是相关的漫画配图。这样的图片主题更加鲜明、传播更加丰富的信息。这样的形式在微博传播中非常常见，也是微博的主要特点。在整个微博网页中利用鲜明的《中国新闻周刊》的页面，给人视觉冲击和主题回应。

（2）一定的话题策划能力和重视互动

利用 @、转发的形式，加强互动。这样也可以吸引受众，增加粉丝数。互动活动的策划要与人们的生活息息相关，这样才能增加互动，保证主题的积极向上，传递健康向上的价值观。

（3）新闻关注的持续性

通过自身转发之前所发布的微博，将相关信息进一步充实，受众能直观地了解事件的进展。前后新闻相互比较，这与传统媒体的后续报道手法相同，但是微博更为直观。如 3 月"两会"的召开，对一些委员议案的报道，就利用转发的方法，议案的发展充实能直观地让受众了解，同时受众可以通过自己的转发、评论，表达观点，进行互动。这在一定程度上反映了言论自由，相比传统媒体，微博是一个可以便利地发表意见、表达观点的媒介。

在现代传播形势下，人人都可以在微博上发布新闻，一些新闻事件都可能被微博放大，那么作为专业媒体，坚持自己的专业性，坚持客观公正，积极引导正确的舆论导向，不围观不情绪化，利用资源扬长避短，探寻并丰富独有的特色，打造微博媒体中的品牌、名牌。

二、具体运维案例分析

（一）采编层面案例分析

1. 积极传播社会正能量

（1）案例名称：# 帮助寻找失踪孩子 #

【每一次转发 都多一分找到孩子的希望】7月27日中午，河北保定涞源县8岁女童陈硕从城建小区的姑姥姥家出发去找妈妈，这一去就没了消息。陈硕身高1.2米左右，体重30公斤左右，牙齿上排缺颗门牙。走失时头扎马尾，身穿白色打底外面天蓝网状短裙。请扩散！家人联系18233336866。愿孩子早点回家！@河北发布

7月29日 22:33 来自人民日报微博　　(1184) ｜ 转发(30688) ｜ 收藏 ｜ 评论(2548)

图 7-38　@人民日报 # 帮助寻找失踪孩子 # 微博案例截图

（2）案例亮点

通过帮助寻找走失孩子，塑造传播正能量的良好形象，提升影响力。

（3）传播策略

积极转发地方新闻微博，参与传播社会正能量的活动，及时跟进，有利于塑造 @人民日报法人微博不同于《人民日报》严肃古板的社会刻板印象，在微博中建构了良好的媒体形象。

（4）传播效果

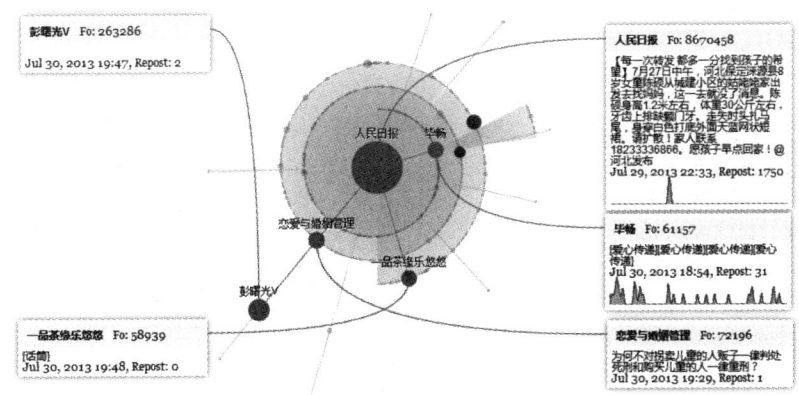

图 7-39　@人民日报 # 每一次转发都多一分找到孩子的希望 # 微博传播效果图

媒体传播力：微博转发量达到30688条，评论量达到2548条，多个加V参与传播转发。

（5）案例启示

媒体微博是一种社会化媒体，其最大的价值在于其嵌套式的传播力和影响力，@人民日报法人微博作为目前影响力最大的媒体微博，借助其影响力积极参与社

会热点，传播正能量，能够塑造其良好的媒体形象，何乐而不为。

2. 发挥媒体评论的传统优势

（1）案例名称：#人民微评#

【人民微评：官员触网，有话好好说】贵州副省长陈鸣明发文反思：微博上，不管有什么样的观点，有话一定要好好说。自媒体时代，表达要考虑受众感受，表达合理才有良性互动。表达不对路，再好的观点也难免不被理解。理不能糙，话也不能糙。官员触网，不妨也走一走群众路线，戒一戒说教话风。

7月29日 21:20　来自人民日报微博｜举报　　　👍(171)｜转发(2856)｜收藏｜评论(1475)

图7-40　@人民日报7月29日#人民微评#微博案例截图

（2）案例亮点

发挥媒体的评论优势，积极参与跟进社会热点事件发出自己的声音

（3）传播策略

通过参与社会热点事件，发出自己的声音，发挥媒体微博的评论优势，以此凸显作为中央党报的态度和声音，改变了以往党报在舆论热点事件面前"缺位"和"噤声"的情况。

（4）传播效果

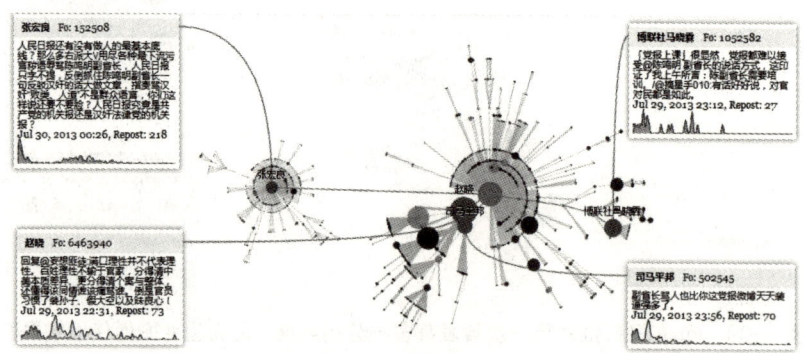

图7-41　@人民日报#人民微评#微博传播效果图

媒体传播力：微博转发量达到2856条，评论量达到1475条，多个加V参与传播讨论

（5）案例启示

在社会化媒体时代，信息或者具体说是新闻资讯已经不再是传统媒体时代那

么稀缺，媒体微博一方面要承担信息传播的重任，另一方面也应该要发出自己的声音，这也是意见多元时代媒体应有的使命感，媒体微博应该定位于"新闻微博＋观点微博"，我们也看到@人民日报微博由于承载太多的历史包袱和刻板印象，粉丝对其评论也有不同的看法甚至谩骂，但在这个多元化时代，应该鼓励更多的媒体为价值多远的时代提供更多的思考。

3. 设置特色固定栏目

（1）案例名称：#你好，明天#

【你好，明天】副省长微博引争议，刘嘉玲照片受围攻。网络正使这个世界扁平透明，官员与名人当谨言慎行。然而也应深省：顺乎吾心，便全盘肯定；逆于己意，就棍棒相加，当情绪左右思考、立场取代理性，除了相互伤害，还能剩下什么？对骂攻讦只能加剧撕裂，包容理性才能弥合分歧。有话好好说，行吗？安。

7月29日 23:55 来自人民日报微博 | 举报　　👍(296) | 转发(4264) | 收藏 | 评论(4060)

图 7-42　@人民日报#你好,明天#栏目微博案例截图

（2）案例亮点

设置属于自己媒体微博特色的栏目，展现媒体微博栏目设置优势。

（3）传播策略

将媒体微博作为一个媒介产品来运作，设置不同的栏目，形成自己的栏目特色，并为不同栏目设置不同的功能点和内容定位，将媒体微博办成有厚度、有深度的微博产品。

（4）传播效果

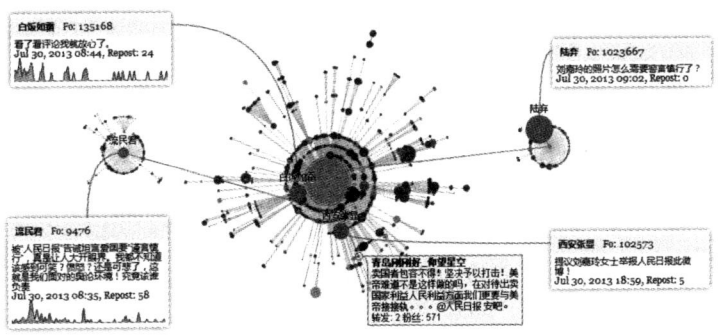

图 7-43　@人民日报#你好,明天#栏目微博传播图

媒体传播力：微博转发量达到4264条，评论量达到4060条，引起不同立场

的用户争论

（5）案例启示

社会化媒体时代，媒体微博应该作为一种有自己特点的媒体产品而存在，媒体微博运维应该和传统的杂志运维一样，需要设置自己的特色栏目和独特定位，将媒体微博办得有厚度。

（二）推广方向案例分析

1. 组织晒图活动，吸引粉丝参与

（1）案例名称：@中国新闻周刊#赛图：喵星人驾到#

图7-44 @中国新闻周刊#赛图:喵星人驾到#微博案例截图

（2）案例亮点

通过晒图卖萌，既组织了活动又传达了@中国新闻周刊卖萌、平易近人的媒体微博形象

（3）传播策略

组织粉丝参与到拍摄喵星人卖萌和发各种搞笑的图片中，一方面使得粉丝有种活动的参与感和在场感，另一方面通过喵星人这一网络用语及网络明星作为形象诉求，将中国新闻周刊作为新闻媒体的严肃的"硬形象"进行了适度软化。

（4）传播效果

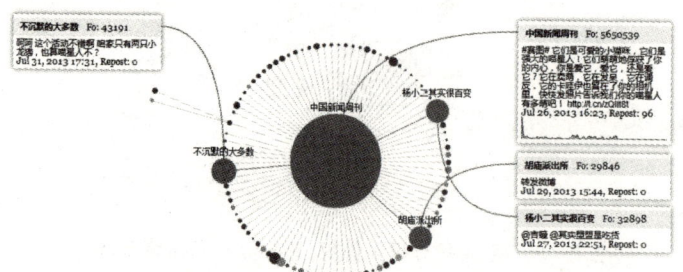

图7-45 @中国新闻周刊#赛图:喵星人驾到#微博传播情况

媒体传播力：组织三天，微博转发量达到103条，评论量达到83条，日均响应60多次引起部分大V用户参与与响应。

（5）案例启示

社会化媒体是一种参与式媒体，与传统媒体时代单向度的宣传有很大的差别，媒体微博必须给用户塑造一定的参与感和体验感，用户的有效参与和良好体验才是维系优质粉丝的基础和根本。

2. 试水私信推送，与粉丝积极互动

（1）案例名称：@暴走漫画 #每周节操一掉# 私信推送

图7-46　@暴走漫画"每周节操一掉"私信推送微图截图

（2）案例亮点

组织优质信息内容，积极试水新浪微博的"私信推送"功能。

（3）传播效果

单在"私信推送"前的预告微博，就收获了3500次的互动，据@暴走漫画提供的数据，在私信发送后不到一天，就收到私信3万条以上，有近95%私信回复表示喜欢。

图7-47　@暴走漫画"每周节操一掉"私信推送的传播效果

通过私信推送后，@包子铺漫画在媒体风云榜网站分类的排名从第 4 为直冲到第 1 名

（4）案例启示

私信推送作为新浪微博 7 月上旬刚上线的功能，其最大作用是将改变以往微博以粉丝量作为考核标准，转为以有效订阅量为考核标准，改变媒体微博以往大字报的粗放传播模式为依靠优质内容的精准推送的精细化传播模式，因此更要求媒体微博生产出更加优质、更加适合用户阅读、精准分类的信息，不然用户会取消订阅，如果再要获得用户的认可成本会更高。

（三）微博商业化案例

1. 私信推送获得认可，导入电商链接吸引流量

（1）案例名称：@米娜 # 每天穿什么 # 私信推送

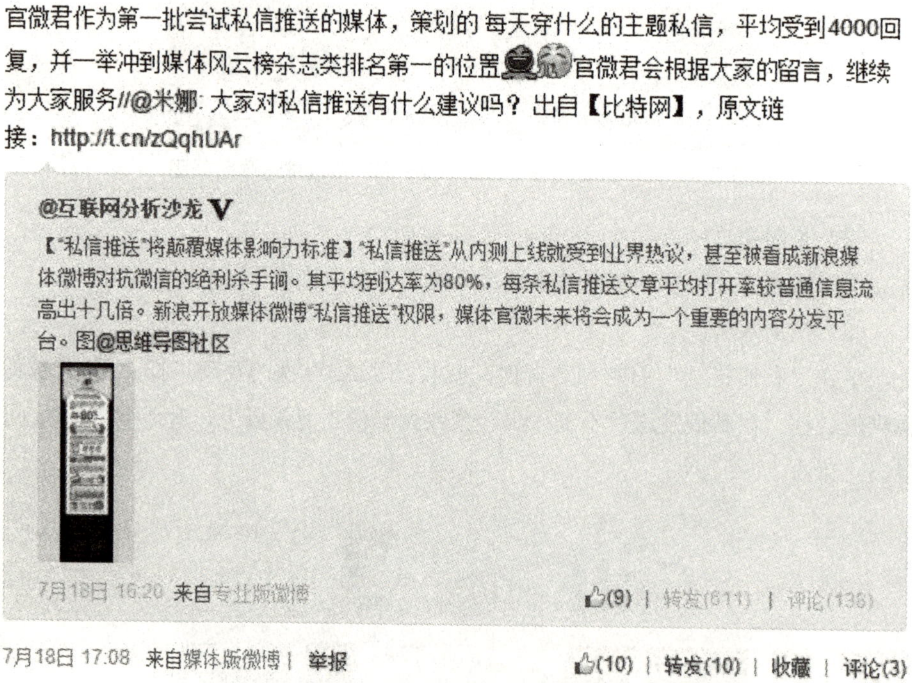
官微君作为第一批尝试私信推送的媒体，策划的 每天穿什么的主题私信，平均受到4000回复，并一举冲到媒体风云榜杂志类排名第一的位置官微君会根据大家的留言，继续为大家服务//@米娜: 大家对私信推送有什么建议吗？出自【比特网】，原文链接：http://t.cn/zQqhUAr

@互联网分析沙龙 V

【"私信推送"将颠覆媒体影响力标准】"私信推送"从内测上线就受到业界热议，甚至被看成新浪媒体微博对抗微信的绝利杀手锏。其平均到达率为80%，每条私信推送文章平均打开率较普通信息流高出十几倍。新浪开放媒体微博"私信推送"权限，媒体官微未来将会成为一个重要的内容分发平台。图@思维导图社区

7月18日 16:20 来自专业版微博　　(9) | 转发(611) | 评论(138)

7月18日 17:08 来自媒体版微博 | 举报　　(10) | 转发(10) | 收藏 | 评论(3)

图 7-48　@米娜"每天穿什么"私信推送后的反馈情况

（2）案例亮点

私信推送生活信息，最后导入电商链接，赚取 IP 流量

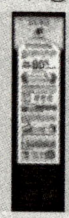

（3）传播效果

少女杂志《米娜》针对微博粉丝策划"每天穿什么"主题，并通过"私信推送"连续一周，推介图文搭配的穿衣指导，米娜提供的数据显示，连续一周蝉联媒体风云榜杂志分类第一名，在最后一天的推送中，米娜加入了电商导流链接，为米娜的在线销售平台直接带去数千 IP 流量。

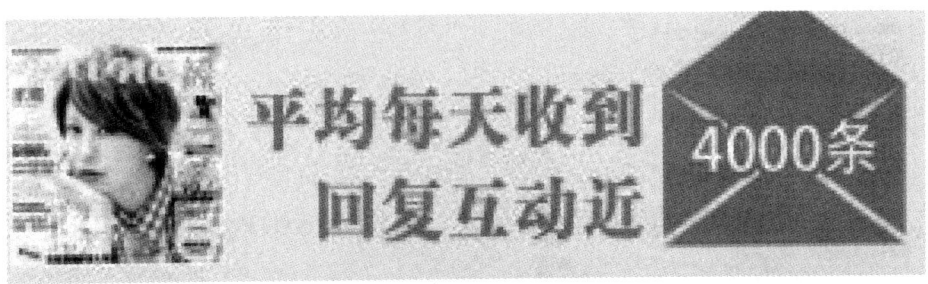

图 7-49　@米娜"每天穿什么"私信推送的传播效果

（4）案例启示

以私信推送作为工具，传播微博用户比较感兴趣的生活信息，最后再植入电商链接，进而起到了推广作用，导入了电商流量，从而增加了销售量和销售额，具有一定的借鉴价值，但要注意，不能造成"以私信推送为名，呈刻意推销之实"，一切商业化活动必须为不引起用户的反感和体验为最低限度。

2. 携手商家，转发抽奖活动，促进销售业绩

（1）案例名称：@昕薇 #我要申领芙袋# 私信推送

图 7-50　@昕薇"我要申领芙袋"活动微博截图

（2）案例亮点

联合商家，鼓励粉丝参与转发赠送礼品，提升商家业绩，赚取粉丝眼球。

（3）传播效果

通过自己的二次转发制造二次热点话题，扩大了传播力，引起了一部分加V的女性用户的关注和响应，传播了美容知识，提升了商家的业绩。

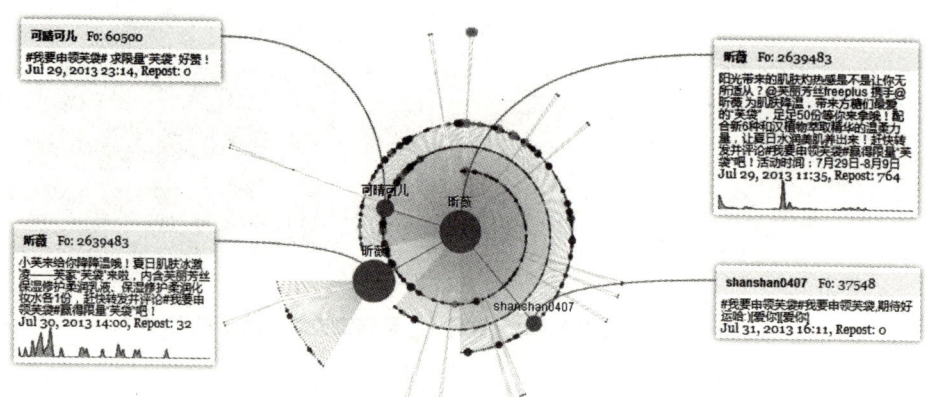

图7-51　@昕薇"我要申领芙袋"活动微博传播情况

媒体传播力：组织2天，微博转发量达到830条，评论量达到442条，日均响应600多次引起部分大V用户参与与响应。

（4）案例启示

通过与商家合作进行相关活动，一方面赚取了一定的经济利益，另一方面也给粉丝带来一定的福利，提升了粉丝的参与感和幸福感，对维护粉丝的忠诚度具有一定的作用，但这种商业活动的永续发展和可持续性有待考验。

第七节　媒体微博营销趋势

一、采编层面趋势分析

（一）目前存在的问题

整体来看，目前在采编层面主要存在的问题概括起来有以下几个方面：一是微博内容选择上没有明显的标准，很少有机构自身的声音；二是微博编辑水平有限，组句、用词、标点的使用较为随意；三是微博发布格式"自由"，很少有微话题、微标题出现；四是微博发布时间没有太大的规律，不符合微博用户接触微博的使用时间；五是微博中缺乏核心传播主题和新闻策划，很多微博率性而为；六是自说自话，卡拉OK式的单向度传播，从来不与粉丝进行互动交流。

（二）未来的趋势和做点

1. 私信推送功能促媒体微博从目前粗放型运维转为精细化操作

随着媒体微博私信推送功能的上线，包括下一步开放一些自媒体账号也具备相关私信推送功能，媒体微博会面临更大挑战，但同时也是一个很好的机遇，对于媒体官微来说，是更加忠诚的用户，把忠诚粉丝变成线上订阅用户，而这部分用户对于媒体更有价值。媒体官微发布的信息之前有可能会被海量信息所淹没，但一旦实现订阅，则意味着信息的有效到达。

但对媒体微博来说，必须改变目前粗放型运维的现状，目前的媒体微博运维有点像大街上供免费取阅的报纸，媒体微博的运维也显得比较粗放，反正众口难调，就做的相对大众化，像黑板报宣传那样，随着媒体微博私信推送功能的上线，订阅信息的权力依然掌握在粉丝手里，在面对这么多家媒体微博，订阅不订阅哪家私信除了品牌的影响，最看重的肯定是信息内容本身，因此要求媒体微博必须改变目前的运维方式，转变为精细化传播，并且随着订阅粉丝数量的增加，可能出现分众化、细致化的信息生产，针对不同群体、不同信息接受偏好时段、不同客户端呈现的粉丝进行精细化运维。另外，一些子媒体账号可能在微博上也成为与媒体微博一样具有影响力的微博，媒体微博面临的竞争对手可能比线下还要多，因此，对媒体微博来说，是一次生存方式的转变，更是一次痛苦的"涅槃"。

2. 在大数据时代，媒体微博更需要微博内容策划和原创性微博

目前很多媒体微博在采编层面多是率性而为，缺乏整个微博CIS标识系统识别，缺乏具有特色的话语表达体系，缺乏属于自己特色的栏目，甚至缺乏原创性微博……归根结底，缺乏内容策划，缺乏前瞻性调研，造成媒体微博成为所属媒体的微博内容发布平台。在大数据时代，信息成为一种社会冗余，媒体微博必须树立新闻策划意识，将微博作为一个独立刊物来看待，增强原创性微博的比例，具有自己常设的栏目，又不断回应社会热点和民众关心问题，建立属于自己媒体微博的"品格"和"品性"，正如报纸有所谓的"报格"一样，不做拾人牙慧的媒体微博，也不做哗众取宠的媒体微博。

3. 将媒体微博作为一个信息产品来策划运行，设置栏目和独特的话语表达体系

媒体微博应该成为媒体机构的一个信息产品，而不应该成为媒体占据微博阵地的一个"棋子"，将媒体微博作为独立的信息产品来运营，只有在思维方式上进行了转变，才能在具体的运维手段和方法上有所创新，将媒体微博作为一个刊物来运维，必须有自己独立的栏目和内容定位，甚至在话语表达上都表现出其独立的特性出来。

4. 增加与粉丝互动，变内容发布平台为社交工具

目前很多媒体微博运维与粉丝互动还比较缺乏，在实际运作中不排除出现个别粉丝谩骂等言辞，但对理性的话语沟通应该进行回应，形成良好的粉丝关系，在互动中构建互信关系，只有这样，才能培养出优质粉丝，才能应对私信推送时代带来媒体微博的挑战，将现在单纯的内容发布转变为"内容传播＋社交"一体的综合化平台。

二、商业化方面的趋势分析

（一）目前存在的问题

从目前媒体微博商业化运作的实践来看，主要存在以下几个问题和误区：一是媒体微博依然按照传统媒体的思路在运维，商业意识跟不上形势；二是急于依靠微博盈利，伤害了用户的使用体验，无异于杀鸡取卵；三是媒体微博营销手段单一，跳不出传统的依靠广告的思维窠臼，从目前微博大平台的运行来看，无论展示类广告还是信息流广告都没有取得预期的效果；四是部分媒体微博定位和内容运维同质化，营销手段也同质化，又缺乏与用户的互动，商业化进展步履维艰；五是过度看重粉丝数量，只有数量没有质量，粉丝质量不优质，商业化缺乏受众基础。

（二）未来的趋势和做点

1. 微博广告推送的效力逐步下降，成为"鸡肋"

随着阿里巴巴的强势介入，新浪微博目前的广告具有一定精准性，但是技术相对简单粗暴，方式不够人文。在未经允许的情况下，强行向用户推送广告，如广州江门一大学生听宿舍好友说淘宝网卖棺材，而且包邮。闲来无事忍不住去淘宝网搜了一下，在接下来一个月里，该大学生只要登录新浪微博，在右侧的广告栏，就会出现大大小小的寿衣、骨灰盒、棺材。对媒体微博来说也同样面临这样的问题，粉丝们的商业辨别能力不断提升，哪怕媒体微博中稍微有些"加塞"都被粉丝一顿鞭挞。媒体微博单纯依靠卖广告及位置去盈利，会影响微博用户的体验，时间一长便会产生反感，用户索性看都不看了——这对于媒体微博的长期发展，是没有任何促进作用的。

2. 事件炒作做活动等传统营销手段逐步落伍

通过事件炒作做活动的营销手段很多，如转发抽奖、幸运转盘、优惠券等，虽然看起来挺热闹的，转发的人很多，效果不错，但真正的营销价值和效力有多高真的需要打个大大的问号，这种营销手段属于典型的"赔钱赚吆喝"，很多用户是奔着那点奖品过去的，颇有"拿三分闪人"的架势，这种活动所带来的粉丝真正价值也是不高的。

3. 用户良好的体验是未来商业化的基础和命脉

无论是线下媒体市场还是微博平台，媒体所有做的努力都是为用户创造良好的使用体验，在信息爆炸的时代，在移动互联网大环境的今天，用户体验绝对是需要放在第一位的。苹果手机之所以风靡全球，很大程度上它不仅给用户带来了良好的使用体验，而且还不断创造用户新的体验。互联网时代是体验经济时代，只有给用户带来了良好体验，用户才会买账。媒体微博用户在商业化之前必须进行很好商业策划，如何给用户带来良好的使用体验，至少来说不能给用户带来反感，这是商业化的前提和基础。

4. 微关系维护是未来商业化的着力点

社会化媒体时代是"微关系大生意"的时代，关系超过信息成为社会化媒体时代的核心资源,因此微关系的维护是一切商业化的基础,媒体微博必须将与用户的关系维护嵌入到日常的微博运维中来,至少不能让媒体微博与用户处于对立状态,媒体微博必须型塑自己独立的微博品性和"博格",必须有自己的节操,不能过多地屈从于商业利益的俘虏,与用户进行良好的关系互动。

5. 大数据是未来商业化的技术基础

未来,一切商业化的技术基础都必须是大数据作为支撑,如今微博用户已突破十亿,已具备大数据的基础,但是每天收到的微博消息依然显得杂乱无章,那么如何通过大数据改善用户体验,让用户认为自己从微博上获取的信息更智能更准确更有效,将是微博成长中最为重要的一环。所以微博的后商业时代将是通过大数据演变而来的商业化,甚至微博的未来也将是大数据的未来。

因此无论是广告投放还是商业推广,都必须重视"大数据",在大数据的技术基础之上,走精准化营销之路,走不破坏用户体验的营销之路才是媒体微博未来商业化的必由之路。

第八节 媒体微博运营指导

一、媒体微博运营指导：从账号到云平台，从媒体到产品

随着移动互联时代的来临，未来几个移动趋势正在变得越来越明显：一是移动分享，从新闻类APP到微博、微信，到社区类APP，基本都具有分享功能，未来移动分享将会超越社交互动，随着移动技术及其广泛的使用，让人们通过APP保持联通，让分享更便利，是未来移动应用发展的一个最重要方向之一，新浪微博也打通了分享到微信的功能，便是这一趋势的最佳例证；二是云平台和大数据，从流媒体内容APP到实用性工具类APP，都可以把我们的数据保存起来便于分享和检索，但不占用设备的空间。那些过去为微博、微信等社交媒体提供一键分享功能的APP也开始采用Evernote、DropBox等云存储APP的接口，云计算现已成为移动应用的标配。访问线上存储的意义不仅便利我们在任何设备上获取数据，还鼓励了更多的个人联网的行为；三是跨平台，多屏时代的来临催生了跨平台APP应用的出现，这也是未来的一个趋势。

基于以上趋势变化，媒体微博应该改变目前的账号运维模式，改为云平台运维模式，将微博作为媒介组织内部"云平台"一个信息出口，在媒体组织内部搭建基于大数据支撑的云平台，作为原料库，设置包括传统媒体在内的多个信息出口，将微博作为最重要的信息出口而不是作为目前简单的账号运维。

媒体微博在未来可能称为微博信息产品，其最终定位应该是信息产品，而不仅是微博账号，按照现在新闻生产标准来运维，而不应该成为简单的"剪刀加浆糊"的小作坊生产，不论是在媒介组织内部的信息生产链条中还是在整个社会信息生产布局中，媒体微博都应该称为一个独立的产品形态来运维。

二、媒体微博运维建议及策略

（一）产品策略

产品策略即将媒体微博运维作为一种产品生产方式，产品策略有很多种，可以将微博打造为内容分发平台，也可以把微博打造成为社交平台，也可以打造成

为增值平台……无论是哪种产品策略都是将媒体微博产品化、平台化，切实改变目前媒体微博运维中的粗放化、简单化，只有将媒体微博作为一种产品运维时才真正具备了微博平台本身的价值。

（二）内容策略

内容是媒体微博运维的基础和关键，随着私信推送功能的推广，媒体微博目前的功能有可能进一步演化和延伸，从原来的报刊亭式的走马观花式传播到未来精准化的定向推送，内容就成为媒体微博生存的生命线。内容策略主要可以细划为以下几个方面：

1. 栏目意识

好的栏目是一个媒体产品的卖点和呈现方式，和田忌赛马一个道理，好的内容组织方式是将信息传播出去的重要呈现形式，因此对媒体微博来说，结合传统媒体的优势，设置符合自身定位的栏目是媒体微博出奇制胜的法宝，也是培养粉丝在万千媒体账号中的忠诚度的重要手段，当媒体微博有了自己的栏目就有了自己的核心竞争力。

2. 产品线意识

媒体微博的内容按照其生产的周期性大致有如下类别：一是"易碎品"，亟待传播出去、争取第一时间发布的微博内容；二是深度挖掘、精心编排的深度内容，这类信息的时效性不高，但有趣或有深度，这类信息就不一定通过微博发布，可以形成自己的私信推送产品，针对订阅用户；三是观点性信息。将媒体微博生产的信息作为产品线来处理，上下游产品紧密结合起来，才能真正做到不同信息不同产品形态，推送给不同用户，形成良好的信息生产生态群落。

3. 评论意识

在传统的报纸卖点中，已经从所谓"新闻纸"演变为"观点纸"，在微博平台，新闻资讯一定程度上成为一种社会信息熵，媒体微博内容同质化现象严重，如何从浩若烟海的信息中脱颖而出，媒体微博应该发挥其公信力优势，做微博用户的意见领袖，增强评论意识，对社会热点问题及时发声，积极参与，观点立场可能引起部分用户的杯葛，但微博平台本身是讨论对话的平台，只要媒体微博放低身段，积极真诚地参与讨论和对话，一定能够赢得粉丝的尊重和拥趸。

4. 精品意识

内容生产方式应该由原来的粗放生产转变为精细化生产，粉丝为王时代，粉丝们在用自己手中的票为不同媒体微博投票，只有在精品意识的指导下，将不同的信息内容进行策划，要么卖深度，要么卖萌，要么卖搞笑……找出符合自己的精品定位，才能在未来自媒体也具备私信推送的大背景下依然保持自己的优势地位。

（三）粉丝策略

在上面的讨论中，本报告已经提出微关系的维护是未来媒体微博制胜的法宝，微关系不同于传统媒体时代读者（观众）关系，微关系是勾连整个社交媒体时代的基础，好的微关系对媒体微博的发展具有举足轻重的作用，因为媒体微博必须构建良好的粉丝沟通策略和微关系维系机制，改变目前单向度传播、缺乏与粉丝沟通的运维现实。

（四）扩展策略

扩展策略主要包括以下几个方面：一是产品形式的扩展，改变目前只发微博的现状，应该出版微刊、微聚合；二是粉丝的扩展，粉丝的主体永远都是成长着的新新网民，这些人是互联网的"原住民"，必须时刻研究这类群体的喜怒哀乐，积极地介入到他们的生活和关系中去；三是接入端口的扩展，移动共享为未来社交网络发展的方向，必须将媒体微博的产品进行深度加工，多端口扩展，形成复合优势产品；四是APP产品的扩展，媒体微博是一种产品形式，但不是最终形式，随着移动互联时代，要积极地扩展移动互联APP产品，未雨绸缪。

（五）大数据与云平台策略

大数据和云平台无疑是2013年下半年以来最为时髦的科技名词，对于媒体微博来说应该借助新浪云平台（SAE）的"东风"，在传统的内容发布的基础上，增强技术人员的力量，尽早搭建相关云平台，实现数据与母媒体之间的无缝对接，在大数据支撑的基础上，实现工作考核、品牌监测、商业推广等于一体的综合性开发和应用。

附录：媒体官微综合影响力 TOP500

序号	媒体微博	影响力指数	序号	媒体微博	影响力指数
1	@人民日报	99.5	251	@河南新闻广播	22.5
2	@央视新闻	91.5	252	@健康时报	22.4
3	@中国新闻周刊	81.3	253	@CCTV今日说法	22.3
4	@新周刊	78.3	254	@商业价值杂志	22.3
5	@财经网	78.3	255	@直播生活官方微博	22.2
6	@人民网	71.8	256	@证券市场周刊	22.2
7	@三联生活周刊	70.7	257	@你最有才大导演	22.2
8	@安徽卫视	67.8	258	@青岛新闻网	22.2
9	@南方都市报	66.5	259	@美丽俏佳人	22.1
10	@新闻晨报	66.1	260	@商业周刊中文版	22.1
11	@凤凰卫视	65.7	261	@Lens杂志	22.1
12	@每日经济新闻	63.7	262	@路透中文网Reuters	22.1
13	@米娜	63.1	263	@商都网	22.1
14	@快乐大本营	62.4	264	@三湘都市报	22.0
15	@广州日报	58.8	265	@东广新闻台	22.0
16	@中国之声	58.6	266	@TimeOut北京	22.0
17	@南方周末	58.0	267	@佛山电视台小强热线	22.0
18	@湖南卫视	57.1	268	@悦己女性网	22.0
19	@2013快乐男声	53.5	269	@爱范儿	22.0
20	@新京报	52.8	270	@北京日报	22.0
21	@南都周刊	52.1	271	@大连晚报	21.9
22	@央视财经	52.1	272	@FM中国好声音	21.9
23	@Vista看天下	51.7	273	@嘉人美妆官方微博	21.9

（续表）

序号	媒体微博	影响力指数	序号	媒体微博	影响力指数
24	@创业家杂志	50.4	274	@现场帮你忙	21.8
25	@大河报	50.3	275	@香港成报	21.7
26	@浙江卫视中国蓝	50.2	276	@央视财经是真的吗	21.7
27	@扬子晚报	50.0	277	@凤凰博报	21.7
28	@新快报	49.8	278	@南都深圳读本	21.6
29	@楚天都市报	49.5	279	@新财富杂志	21.6
30	@中国新闻网	49.2	280	@新闻大连	21.6
31	@非诚勿扰	48.8	281	@沈阳地铁第一时间	21.6
32	@中国企业家杂志	48.7	282	@中华美食频道	21.6
33	@都市快报	47.2	283	@东莞时报	21.6
34	@南方人物周刊	45.7	284	@凤凰网体育	21.2
35	@钱江晚报	45.1	285	@新疆都市消费晨报	21.2
36	@山东卫视	45.0	286	@苏州日报	21.1
37	@京华时报	44.9	287	@天府早报	21.1
38	@潇湘晨报	44.1	288	@联合国电台	21.1
39	@羊城晚报	43.6	289	@海峡都市报	21.1
40	@华尔街日报中文网	43.5	290	@北京交通广播	21.0
41	@MusicRadio音乐之声	42.9	291	@我是大美人	21.0
42	@江苏卫视	42.8	292	@第一财经广播	21.0
43	@经济之声	42.7	293	@女刊瘦美人	21.0
44	@南方日报	42.7	294	@城市画报	21.0
45	@现代快报	42.4	295	@福建日报	21.0
46	@环球资讯广播	42.3	296	@新闻晨报汽车周刊	20.9
47	@经济观察报	41.9	297	@南都评论	20.8
48	@CCTV音乐	41.7	298	@中国青年报	20.8
49	@环球时报	41.5	299	@凤凰读书	20.8
50	@昕薇	41.5	300	@中国播音主持网	20.8
51	@中国歌曲排行榜	41.4	301	@中国宁波网	20.8
52	@电商报	41.3	302	@美味人生	20.8

（续表）

序号	媒体微博	影响力指数	序号	媒体微博	影响力指数
53	@精品购物指南	41.0	303	@大公報-大公網	20.7
54	@新华网	41.0	304	@新锐杂志	20.6
55	@中国经营报	40.5	305	@21世纪英文报	20.6
56	@中国国家地理	39.7	306	@新视线	20.6
57	@东方早报	39.7	307	@娱乐加油赞	20.6
58	@21世纪经济报道	39.5	308	@TopGear中国	20.6
59	@楚天金报	38.4	309	@最体育社区	20.6
60	@北京卫视	38.1	310	@五星体育	20.6
61	@法制晚报	37.9	311	@南国早报微博	20.5
62	@郑州晚报	37.4	312	@辽视第一时间	20.5
63	@CCTV证券资讯博览	37.4	313	@天津交通广播官方微博	20.5
64	@美东侨报	36.9	314	@凤凰网历史	20.5
65	@CCTV5	36.8	315	@新闻大求真	20.4
66	@新浪韩娱	36.5	316	@嘉人	20.4
67	@中央人民广播电台	36.4	317	@春城频道	20.4
68	@第一财经周刊	36.2	318	@余杭新闻网	20.3
69	@CCTV电视剧	36.0	319	@新京报评论	20.3
70	@北京电视台	35.9	320	@汽车912	20.3
71	@新民晚报新民网	35.6	321	@MiLK雜誌	20.3
72	@凤凰视频	35.2	322	@1048苏州交通广播	20.2
73	@南风窗	35.2	323	@第一财经	20.2
74	@贝太厨房	34.8	324	@汕头新鲜事	20.2
75	@成都商报	34.7	325	@辽视说天下	20.1
76	@江南都市报	34.5	326	@iWeekly周末画报	20.1
77	@旅游卫视官方微博	34.5	327	@COOL_MUSIC	20.0
78	@东方卫视梦立方	34.4	328	@大案	20.0
79	@河南商报	34.3	329	@1039温州交通广播	20.0
80	@深圳卫视	34.2	330	@超级演说家	20.0
81	@华西都市报	34.1	331	@计算机世界	20.0

（续表）

序号	媒体微博	影响力指数	序号	媒体微博	影响力指数
82	@中国好声音	34.1	332	@中国江苏网	19.9
83	@英才杂志	34.0	333	@河北音乐广播	19.9
84	@辽宁卫视	33.7	334	@完美孕妇杂志	19.8
85	@看电影周刊	33.7	335	@豆瓣FM	19.8
86	@东方卫视番茄台	33.5	336	娱乐现场	19.8
87	@财新网	33.3	337	淘最上海	19.8
88	@南都娱乐周刊	32.9	338	@旅游休闲杂志社	19.7
89	@香港新浪娱樂	32.8	339	YNTV都市条形码	19.7
90	@北京青年周刊	32.8	340	@民生996	19.7
91	@华商报	32.8	341	@西藏旅游杂志社	19.7
92	@在首尔杂志社	32.7	342	@fm954汽车广播	19.7
93	@杭州交通918	32.6	343	1626潮流双周刊	19.7
94	@中国网络电视台	32.5	344	@凤凰网围观	19.7
95	环球杂志	32.5	345	华商网	19.7
96	@北京青年报	32.4	346	大河网	19.7
97	@信息时报	32.4	347	@央广新闻晚高峰	19.6
98	@齐鲁晚报	32.3	348	@都市报道扩大版	19.6
99	@2013亚洲偶像盛典	32.2	349	@新娱乐在线	19.6
100	@重庆商报	32.1	350	@外滩画报	19.6
101	@ELLE	31.9	351	@天天看余杭	19.6
102	@第一财经日报	31.6	352	@人民微博	19.6
103	@HITFM	31.6	353	@湖南交通频道官方微博	19.6
104	家人杂志	31.6	354	@中国新声代官博	19.5
105	@凤凰娱乐	31.3	355	@影像视觉杂志	19.5
106	@男人装	31.2	356	@世界建筑	19.4
107	@安徽卫视剧乐部	31.1	357	@小强热线-浙江教科	19.4
108	@计算机应用文摘	31.1	358	@Voyage新旅行	19.4
109	@康熙來了	30.9	359	@凤凰网星座	19.4
110	@凤凰周刊	30.8	360	@都市现场	19.3

（续表）

序号	媒体微博	影响力指数	序号	媒体微博	影响力指数
111	@生命时报	30.7	361	@旅游天地官方微博	19.2
112	@Hello 悦己	30.6	362	@半岛网	19.2
113	@辽沈晚报	30.6	363	@FM1045 女主播电台	19.2
114	@时尚 COSMO	30.2	364	@城市零距离官方微博	19.2
115	@央视综艺	30.2	365	@映象网	19.1
116	@乐视网	30.1	366	@冲关我最棒	19.1
117	@时尚芭莎	30.0	367	@河南交通广播	19.1
118	@山西卫视	29.9	368	@华夏地理	19.1
119	@轻松调频 EZFM	29.7	369	@新周书房	19.1
120	@中国梦之声	29.7	370	@俄罗斯之声	19.1
121	@河北经视	29.3	371	@北京新闻广播	19.0
122	@重庆晨报	29.2	372	@宠物世界杂志	19.0
123	@陕西都市快报	29.2	373	@ETtoday 新聞雲	18.9
124	@我爱记歌词	29.2	374	@汕头电台快乐 123	18.9
125	@青年时报	29.1	375	@看看新闻网	18.9
126	@北京晚报	29.0	376	@龙虎网	18.9
127	@CCTV 争奇斗艳	28.9	377	@中国国家旅游杂志	18.8
128	@瑞丽服饰美容	28.8	378	@SOLE 官方微博	18.8
129	@浙江交通之声	28.8	379	@FM1052 羊城交通台	18.7
130	@最体育	28.8	380	@中国爱大歌会	18.7
131	@时代报	28.7	381	@最小说	18.7
132	@电脑报	28.6	382	@足球周刊	18.7
133	@湖南卫视娱乐无极限	28.6	383	@FM1031 济南交通广播	18.6
134	@好莱坞电影网	28.6	384	@FM104 襄阳之声	18.6
135	@宁波晚报	28.4	385	@环球科学杂志社	18.5
136	@安徽卫视我为歌狂	28.4	386	@广东电台新闻台	18.5
137	@佛山日报	28.4	387	@直播南京官方版	18.5
138	@FT 中文网	28.3	388	@STV 新闻夜线	18.5
139	@春城晚报	28.3	389	@收获	18.4

（续表）

序号	媒体微博	影响力指数	序号	媒体微博	影响力指数
140	@沈阳晚报	28.0	390	@销售与市场杂志社	18.4
141	@河北经视我为购物狂	27.9	391	@灌篮杂志	18.4
142	@环球企业家杂志	27.8	392	@江苏交通广播网	18.3
143	@凤凰财经	27.8	393	@合肥搜房网	18.2
144	@杨澜访谈录	27.7	394	@江西交通广播	18.2
145	@国际在线	27.7	395	@Discover发现城市	18.2
146	@新闻日日睇	27.7	396	@湖北美食帮	18.1
147	@河南日报	27.6	397	@文艺小两口节目	18.1
148	@Discovery探索频道	27.5	398	@湖北之声	18.0
149	@音乐风云榜	27.5	399	@Autobeta汽车杂志	18.0
150	@香港文匯網	27.5	400	@金鹰955电台	18.0
151	@财经杂志	27.5	401	@最美乡村教师2013	18.0
152	@CCTV5体育新闻	27.4	402	@中国乐清网	17.9
153	@解放日报	27.4	403	@贵州旅游广播	17.8
154	@贵州卫视非常完美	27.4	404	@广东电视查娱饭后	17.7
155	@南都深度	26.9	405	@俄新网	17.7
156	@看历史	26.8	406	@直通990	17.7
157	@重庆晚报	26.8	407	@北京体育广播FM1025	17.7
158	@青岛交通广播FM897	26.3	408	@心理月刊	17.6
159	@Vogue服饰与美容	26.3	409	@中国乡村之声	17.6
160	@环球人物杂志	26.2	410	@今日近日墨尔本	17.5
161	@中国经营者俱乐部	26.0	411	@博客天下	17.4
162	@商界杂志	26.0	412	@天山网	17.4
163	@直播新疆	26.0	413	@凤凰科技	17.4
164	@每日新闻报	26.0	414	@沈一点	17.3
165	@晶报	25.9	415	@环球网	17.3
166	@重庆时报	25.8	416	@iLOOK杂志	17.2
167	@摄影之友	25.7	417	@1024星光慢摇吧	17.1
168	@福布斯中文网	25.7	418	@青檬音乐台	17.1

（续表）

序号	媒体微博	影响力指数	序号	媒体微博	影响力指数
169	@成都晚报	25.6	419	@楚天音乐广播	17.1
170	@羊城地铁报	25.6	420	@UED城市环境设计	17.1
171	@读者	25.6	421	@温州网	17.1
172	@今晚报	25.5	422	@微博大视野	17.0
173	@新安晚报	25.5	423	@豆花吧YoonjaeloveBAR	17.0
174	@垄上频道	25.5	424	@天津音乐广播	16.9
175	@名车志	25.4	425	@安徽网	16.9
176	@时尚先生Esquire	25.3	426	@radio931	16.9
177	@下厨房	25.3	427	@XFun吃货俱乐部	16.9
178	@东方今报	25.3	428	@FM88山西交通广播	16.9
179	@在青岛	25.3	429	@西湖之声	16.9
180	@江西日报	25.2	430	@文汇报	16.8
181	@央视网新闻	25.2	431	@糖蒜广播	16.8
182	@南京零距离	25.1	432	@贵州交通广播	16.8
183	@创业邦杂志	25.0	433	@青春975	16.8
184	@江苏卫视一站到底	24.9	434	@汕头电台大笑江湖	16.8
185	@东南卫视娱乐乐翻天	24.9	435	@大嘴帮您选饭店	16.8
186	@MrJ台湾官方	24.8	436	@CITYFM城市之音	16.8
187	@天天向上官方微博	24.8	437	@芒果娱乐	16.8
188	@河南旅游新生活杂志	24.7	438	@人民日报海外版-海外网	16.7
189	@新民周刊	24.6	439	@父母网	16.7
190	@937江苏新闻广播	24.5	440	@太原交通台	16.7
191	@河南电台演艺中心	24.5	441	@辽宁经济广播官方微博	16.7
192	@博物杂志	24.4	442	@绍兴网络电视台	16.6
193	@半岛晨报	24.4	443	@考拉FM	16.5
194	@壹读	24.3	444	@YOHOCN	16.5
195	@最美和声	24.3	445	@重庆晚报好吃狗	16.4
196	@参考消息	24.3	446	@政务通	16.3
197	@温州晚报	24.3	447	@吃遍赣州	16.2

（续表）

序号	媒体微博	影响力指数	序号	媒体微博	影响力指数
198	@证券时报网	24.2	448	@私家车美食导航	16.2
199	@红秀GRAZIA	24.2	449	@950MusicRadio	16.1
200	@1818黄金眼	24.2	450	@青岛音乐体育广播	16.1
201	@武汉晚报	24.1	451	@国际在线新闻	16.0
202	@意林杂志	24.0	452	@PPS音乐	16.0
203	@南都广州	24.0	453	@每日甘肃网	16.0
204	@VOGUE时尚网	23.8	454	@FM985扬州新闻广播	16.0
205	@中国日报	23.8	455	@私家车107	15.9
206	@湖北卫视	23.8	456	@南报网	15.9
207	@金陵晚报	23.8	457	@东方都市广播	15.8
208	@Easy_Magazine	23.8	458	@中国经济网	15.8
209	@深圳特区报	23.8	459	@郑州新闻广播	15.8
210	@新文化网	23.7	460	@亚心网	15.8
211	@宁波日报	23.7	461	@中国广播网	15.7
212	@MnetCN	23.7	462	@新闻89杭州之声	15.7
213	@中时娱乐网	23.6	463	@宝鸡音乐广播FM1053	15.5
214	@河北青年报	23.6	464	@海峡都市报968111	15.4
215	@炎黄春秋编辑部	23.5	465	@苏州新闻网	15.4
216	@瑞丽网	23.5	466	@湖北资讯广播	15.4
217	@F1速报	23.5	467	@楚天交通广播	15.3
218	@浙江之声	23.4	468	@fm1007福建交通广播	15.3
219	@青春剧透社	23.4	469	@东方网新闻中心	15.3
220	@东南商报	23.4	470	@IBTimes中文网	15.2
221	@天津美食探店	23.3	471	@今晚网	15.2
222	@安徽卫视粉丝网微博	23.3	472	@988超级麦克风	15.2
223	@小资风尚	23.3	473	@长江网官方微博	15.1
224	@NBTV看看看	23.3	474	@城市至尊音乐榜	15.1
225	@都市频道	23.3	475	@河南电台私家车999	15.1
226	@凤凰时尚	23.2	476	@孙悦中文网	15.1

（续表）

序号	媒体微博	影响力指数	序号	媒体微博	影响力指数
227	@瞭望	23.2	477	@988陕西音乐广播	15.1
228	@央视夜线	23.2	478	@青岛新闻广播FM1076	15.1
229	@中原网	23.1	479	@新疆961新闻广播	15.0
230	@东南快报	23.1	480	@宁波交通广播FM939	15.0
231	@莆田福房网	23.1	481	@日本新闻网微博	15.0
232	@王牌谍中谍	23.0	482	@1074交通台	14.9
233	@华商晨报	23.0	483	@MyRadio	14.9
234	@东方卫报	23.0	484	@优乐912	14.9
235	@淡蓝同志新闻	23.0	485	@凤凰网华人佛教	14.9
236	@IT经理世界杂志	23.0	486	@爱奇艺-青春那些事儿	14.8
237	@青年文摘	22.9	487	@智勇在线	14.8
238	@华龙网	22.9	488	@动听968	14.7
239	@新闻晨报-健康周刊	22.8	489	@911苏州新闻广播	14.7
240	@半岛都市报	22.8	490	@郑州人民广播电台	14.7
241	@第一时间	22.7	491	@中国日报-英语点津	14.7
242	@新北方官方微博	22.7	492	@i黑马	14.7
243	@中国周刊	22.7	493	@HYPEBEAST時尚生活雜誌	14.7
244	@我们约会吧	22.6	494	@99艺术网	14.6
245	@CCTV1开讲啦	22.6	495	@深圳新闻网	14.6
246	@申江服务导报	22.6	496	@海阳现场秀	14.4
247	@经视直播官方微博	22.5	497	@音乐下午茶的微博	14.4
248	@温州都市报	22.5	498	@广州交通电台	14.4
249	@河北电视台	22.5	499	@叶文工作室	14.3
250	@2013男声学院	22.5	500	@瑞安电台食乐天天	14.3